Birgit Ertl-Wagner

Sabine Steinbrucker

Bernd C. Wagner

Qualitätsmanagement & Zertifizierung

Praktische Umsetzung in Krankenhäusern, Reha-Kliniken und stationären Pflegeeinrichtungen

Birgit Ertl-Wagner
Sabine Steinbrucker
Bernd C. Wagner

Qualitätsmanagement & Zertifizierung

Praktische Umsetzung in Krankenhäusern, Reha-Kliniken und stationären Pflegeeinrichtungen

Mit 48 Abbildungen und 22 Tabellen

PD Dr. Birgit Ertl-Wagner
Institut für klinische Radiologie
Universität München – Großhadern
Campus
Marchioninistr. 15
81377 München

Mag. Sabine Steinbrucker
Stabsstelle für Qualitäts- und Risikomanagement
Universität München – Großhadern
Campus
Marchioninistr. 15
81377 München

Dr. Bernd C. Wagner
Kagerbauerstr. 15
82049 Pullach

ISBN 978-3-540-89084-3 Springer Medizin Verlag Heidelberg

Bibliografische Information der Deutschen Nationalbibliothek
Die Deutsche Nationalbibliothek verzeichnet diese Publikation in der Deutschen Nationalbibliografie;
detaillierte bibliografische Daten sind im Internet über http://dnb.d-nb.de abrufbar.

Springer Medizin Verlag.
springer.de

Planung: Hinrich Küster
Projektmanagement: Gisela Zech, Meike Seeker
Lektorat: Bettina Arndt, Gorxheimertal
Layout und Einbandgestaltung: deblik Berlin
Einbandabbildungen: links: Fotolia © Paco Ayala; rechts: photos.com
Satz: Crest Premedia Solutions (P) Ltd., Pune, India

SPIN: 12172337

Gedruckt auf säurefreiem Papier   2126 – 5 4 3 2 1 0

Für Sophie, Hannah und Clara. Und unsere Eltern.
Birgit Ertl-Wagner,
Bernd C. Wagner

Für meinen Großvater. Und für Paul.
Sabine Steinbrucker

Vorwort

Qualität bleibt bestehen, wenn der Preis längst vergessen ist.
(H. Gordon Selfridge)

Der Begriff »Qualität« erlangt eine zunehmende Bedeutung im Gesundheitswesen, nicht zuletzt durch die Forderungen des Gesetzgebers. Qualitätsmanagement sollte aber nicht zur reinen Pflichtübung werden – wer es nur als lästiges Muss empfindet, verpasst die Chance zu tiefgreifenden, dauerhaften Veränderungen zum Positiven. Zwar kostet die Einführung eines Qualitätsmanagementsystems zu Beginn viel Schweiß, Geld und Mut, doch sind diese Anstrengungen meist rasch vergessen, wenn sich erst die positiven Auswirkungen der gesteigerten Qualität etabliert haben.

In der Wirtschaftswelt hat sich Qualitätsmanagement schon seit längerem flächendeckend durchgesetzt – einfach weil es sich lohnt, insbesondere auch finanziell.

Im Gesundheitswesen kann die Einführung eines Qualitätsmanagementsystems ungleich schwieriger sein. Es sind hier sehr stark vernetzte Strukturen und Beziehungen zu beachten und im Mittelpunkt steht der Mensch in seiner Komplexität. Doch gerade im Gesundheitswesen, das seinen Fokus auf einem der höchsten Güter der Menschheit – nämlich der Gesundheit und Unversehrtheit – hat, ist es eine ethisch-moralische Verpflichtung, die höchst mögliche Qualität anzuzielen. Der Patient soll eine optimale Diagnostik und Behandlung bekommen. Hierzu zählen selbstverständlich Fachkompetenz und neuester medizinischer Fortschritt mit den entsprechenden Sicherheitsstandards. Nicht außer Acht zu lassen ist aber auch die für den Gesundungsprozess sehr wichtige Beziehungsebene, also auch emotionale und zwischenmenschliche Faktoren. Zudem ist auch an die Serviceebene zu denken, also an die Leistungen, die einen Krankenhausaufenthalt so angenehm wie möglich gestalten, wie beispielsweise das Essen und die Patientenzimmer.

Um eine tiefgreifende, dauerhafte Qualität in Gesundheitseinrichtungen zu erzielen, sollte man sich das Zitat von Philip B. Crosby vergegenwärtigen: »Qualität beginnt beim Menschen, nicht bei den Dingen. Wer hier einen Wandel herbeiführen will, muss zuallererst auf die innere Einstellung aller Mitarbeiter abzielen.«

Wir haben uns zu dritt als interdisziplinäres Team aus ärztlichem, pflegerischem und wirtschaftswissenschaftlichem Bereich zusammengefunden, um dieses Buch zu schreiben. Unser Ziel war es, ein wirklich praxisnahes Buch zu erstellen, das für alle gut verständlich ist. Es soll eine Einführung in das Thema bieten, aber zugleich auch ein ganz praktischer Leitfaden sein, wie die Einführung eines Qualitätsmanagementprojekts im Krankenhaus bis zu einer Zertifizierung zu schultern ist.

In abendlichen Sitzungen haben wir gemeinsam Kapitel für Kapitel erarbeitet, hatten dabei viel Spaß und haben viel voneinander gelernt. Unterstützt wurden wir durch die stete gute Laune von Labrador Felix.

Wir hoffen, dass die Leser so viel Spaß beim Lesen haben, wie wir beim Schreiben hatten.

München, im April 2009
Birgit Ertl-Wagner
Sabine Steinbrucker
Bernd C. Wagner

In diesem Text wird der Einfachheit halber nur die männliche Form verwendet.
Die weibliche Form ist selbstverständlich immer mit eingeschlossen.

Danksagungen

Wir möchten uns bei allen Kolleginnen und Kollegen bedanken, die uns über die Jahre hinweg begleitet haben und mit denen wir spannende, lehrreiche und zum Teil auch kritische Diskurse über das Qualitätsmanagement geführt haben. Ganz besonderer Dank gilt dabei den Mitarbeiterinnen und Mitarbeitern, die immer optimistisch waren, die Ärmel hochkrempelten und gemeinsam mit uns an die Wichtigkeit der Qualität geglaubt haben und glauben.

Bedanken möchten wir uns auch bei Prof. Dr. Dr. h.c. Maximilian Reiser, Ärztlicher Direktor des Instituts für Klinische Radiologie und Dekan der Medizinischen Fakultät der Ludwig-Maximilians-Universität, und bei Peter Jacobs, Pflegedirektor und Vorstandsmitglied des Klinikums der Ludwig-Maximilians-Universität, die uns in unseren Vorhaben und in der täglichen Praxis stets unterstützt und gefördert haben.

Auch bei den Mitarbeitern des Springer-Verlags – insbesondere Frau Zech und Herr Dr. Küster – möchten wir uns für die professionelle Begleitung unseres Projektes bedanken.

Nicht zuletzt bedanken wir uns bei unseren Familien. Ihnen ist das Buch in Liebe und Dankbarkeit gewidmet.

Inhaltsverzeichnis

1	**Gründe und Hintergründe des Qualitätsmanagements**	1
1.1	Wegbereiter	2
1.2	Entwicklungsetappen	11
1.3	Warum ist Qualitätsmanagement in der Wirtschaft so wichtig?	12
2	**Qualitätsmanagement im Gesundheitswesen**	15
2.1	Warum braucht die Medizin ein Qualitätsmanagement?	16
2.2	Entwicklungsgeschichte	17
2.3	Gesetzliche Grundlagen und Anforderungen	18
2.4	Strukturierter Qualitätsbericht nach § 137 SGB V	22
2.5	Externe vergleichende Qualitätssicherung/BQS-Verfahren	26
3	**Modelle des Qualitätsmanagements**	29
3.1	DIN/EN/ISO-Familie	30
3.2	Modell der Joint Commission International (JCI)	34
3.3	KTQ-Katalog	35
3.4	proCum Cert	39
3.5	EFQM-Modell	40
3.6	TQM-Ansatz	44
3.7	Integriertes Managementsystem	46
3.8	Qualitätsmodell Krankenhaus	47
3.9	DEGEMED und deQus	49
3.10	Modelle für Praxen	52
3.11	Zertifizierungen von onkologischen Zentren	57
3.12	Weitere Normen	59
3.13	GCP, GLP und GMP	60
3.14	Welches Modell eignet sich für mich?	65
4	**Begleitkonzepte des Qualitätsmanagements**	71
4.1	Failure Mode and Effects Analysis (FMEA)	72
4.2	Quality Function Deployment (QFD) und House of Quality	74
4.3	Statistical Process Control (SPC)	77
4.4	Balanced Scorecard	79
4.5	Six Sigma	80
5	**Voraussetzungen für Qualitätsmanagement**	83
5.1	Definition von Kunden, Lieferanten und interessierten Parteien	84
5.2	Anforderungen an die Führungsebene	85
5.3	Personalführung und -entwicklung	87
5.4	Prozessentwicklung	89

6   Entwicklung einer Prozesslandschaft 93
6.1   Welche Prozesse sind vorhanden? Erfassung des Ist-Zustandes 94
6.2   Was sind Führungs-, Kern- und Unterstützungsprozesse? 95
6.3   Wie gewichte ich meine Prozesse? Wertschöpfungsanalyse 96
6.4   Wie erfasse und dokumentiere ich meine Prozesse? 98
6.5   Wer hat welche Rolle im Prozessmanagement? 106

7   Einführung eines Qualitätsmanagement-Systems 111
7.1   Welche Dokumente habe ich? »Dokumentensturz« 112
7.2   Wie verwalte ich meine Dokumente? Dokumentenlenkung 112
7.3   Wie dokumentiere ich mein Qualitätsmanagement? Handbuch 115
7.4   Was muss ich tun? Initiierung von Maßnahmenplänen 117
7.5   Wie beurteile ich meinen Fortschritt? Controlling 121
7.6   Wie sorge ich für breite Akzeptanz? Kommunikation 122
7.7   Wie bilde ich aus und weiter? Schulung und Training 123
7.8   Wie reagiert mein Umfeld auf das Projekt? Stakeholderanalyse 124
7.9   Wie gehe ich mit Widerständen um? 127
7.10   Nicht zu vergessen – Gesetzliche Anforderungen 130

8   Qualitätswerkzeuge 137
8.1   Moderationstechniken und weitere Werkzeuge für Qualitätsmanagement 138
8.1.1   Werkzeuge zur Ideenfindung 138
8.1.2   Werkzeuge zur Priorisierung und Sortierung 138
8.1.3   Werkzeuge zum Projektmanagement 141
8.2   Knowledge Management – wie verwalte ich das Wissen? 143
8.3   Best Practice Sharing – wie multipliziere ich Qualität? 144
8.4   Qualitätszirkel – was ist das? 145
8.5   Netzwerke für Qualitätsmanagement 145

9   Umgang mit Fehlern und Beschwerden 147
9.1   Warum sind Fehler so wichtig für eine Entwicklung? 148
9.2   Offener Umgang mit Fehlern und Beschwerden 149
9.3   Grundlagen des Fehlermanagements 150
9.4   Critical Incident Reporting System (CIRS) 152
9.5   Risikomanagement 154
9.6   Grundlagen des Beschwerdemanagements 156

10   Überprüfungsmethoden 159
10.1   Funktioniert mein Qualitätsmanagement? Die Rolle von Audits 160
10.2   Wie wird mein Qualitätsmanagement wahrgenommen? Befragungen 165

11   Fragen und Fakten 169
11.1   Soll ich mich zertifizieren lassen? 170
11.2   Was kostet Qualitätsmanagement? 171
11.3   Brauche ich externe Hilfe? 172
11.4   Wie finde ich den richtigen Berater? 172

11.5 Was kommt bei der Implementierung eines QM-Systems
und Zertifizierung auf mich zu? 174
11.6 Wie finde ich die richtige Zertifizierungsgesellschaft? 176
11.7 Was passiert zwischen Zertifizierung und Rezertifizierung? 176
11.8 Wann und warum sollte ich auf andere Systeme umsteigen? 177

Anhang 179
A Glossar 180
B Internetadressen 190
C Weiterführende Literatur 198

Sachverzeichnis 201

Abkürzungen

AA	Arbeitsanweisung
ArbSchG	Arbeitsschutzgesetz
ArbStättV	Arbeitsstättenverordnung
ASiG	Arbeitssicherheitsgesetz
ÄZQ	Ärztliches Zentrum für Qualität
BÄK	Bundesärztekammer
BAQ	Bayerische Arbeitsgemeinschaft für Qualitätssicherung in der stationären Versorgung
BDSG	Bundesdatenschutzgesetz
BG	Berufsgenossenschaft
BGB	Bürgerliches Gesetzbuch
BGI	Berufsgenossenschaftliche Informationen
BGR	Berufsgenossenschaftliche Regeln für Sicherheit
BGV	Berufsgenossenschaftliche Vorschriften
BGW	Berufsgenossenschaft für Gesundheitsdienst und Wohlfahrtspflege
BQS	Bundesgeschäftsstelle Qualitätssicherung
BWA	Betriebswirtschaftliche Auswertung
CAQ	Computer-Aided Quality Assurance
CEN	Comité Européen de Normalisation
CIRS	Critical Incident Reporting System
CMI	Continuous Medical Improvement
CQI	Continuous Quality Improvement
DAR	Deutscher Akkreditierungsrat
DEGEMED	Deutsche Gesellschaft für Medizinische Rehabilitation e. V.
deQus	Deutsche Gesellschaft für Qualitätsmanagement in der Suchttherapie e.V.
DGHM	Deutsche Gesellschaft für Hygiene und Mikrobiologie
DIN	Deutsches Institut für Normung
DIMDI	Deutsches Institut für medizinische Information und Dokumentation
DMP	Disease Management Programme
DRG	Diagnosis Related Group
EBM	Evidenzbasierte Medizin
EDV	Elektronische Datenverarbeitung
EFQM	European Foundation for Quality Management
EN	Europäische Norm
FMEA	Failure-Mode-Effect-Analysis (Fehler-Möglichkeiten-Einfluss-Analyse)
FMES	Failure-Mode-Effect-Summary
G-BA	Gemeinsamer Bundesausschuss
GKV	Gesetzliche Krankenversicherung
IfSG	Infektionsschutzgesetz
IQWIG	Institut für Qualität und Wirtschaftlichkeit im Gesundheitswesen
ISO	International Standardisation Organisation
JCAHO	Joint Commission on the Accreditation of Hospitals
JCI	Joint Commission International
KBV	Kassenärztliche Bundesvereinigung

KEP	Kontinuierlicher Erneuerungsprozess
KTQ	Kooperation für Transparenz und Qualität im Gesundheitswesen
KV	Kassenärztliche Vereinigung
KVP	Kontinuierlicher Verbesserungsprozess
MPBetreibV	Medizin-Produkte-Betreiber-Verordnung
MPG	Medizin-Produkte-Gesetz
PDCA-Zyklus	Plan-Do-Check-Act Zyklus, auch als Deming-Zyklus oder Qualitätskreislauf bezeichnet
QEP	Qualität und Entwicklung in Praxen
QFD	Quality-Function Deployment (Merkmal-Funktions-Darstellung)
QM	Qualitätsmanagement
QMB	Qualitätsmanagement-Beauftragter
QMH	Qualitätshandbuch
QMK	Qualitätsmanagement-Koordinator
QMS	Qualitätssystem
QS	Qualitätssicherung
QZ	Qualitätszirkel
RCA	Root Cause Analysis
RKI	Robert-Koch-Institut
SGB	Sozialgesetzbuch
SMART-Regel	Spezifisch, messbar, attraktiv, realistisch und terminierbar; Anforderung für Qualitätsziele
SPC	Statistical Process Control (Statistische Prozesskontrolle)
TGA	Trägergemeinschaft für Akkreditierung
UAW	Unerwünschte Arzneimittelwirkungen
VA	Verfahrensanweisung

Die Autoren

Birgit Ertl-Wagner

ist Fachärztin für Radiologie und Neuroradiologie mit Zusatzbezeichnung Ärztliches Qualitätsmanagement und habilitierte Oberärztin am Institut für Klinische Radiologie des Klinikums der Universität München. Sie war bis 2008 Qualitätsmanagementsbeauftragte des Instituts und hat in dieser Funktion die Erstzertifizierung der Abteilung nach DIN EN ISO 9001:2000 verantwortet.

Sabine Steinbrucker

hat die Stabsstelle der Direktion für Qualitäts- und Risikomanagement am Klinikum der Universität München inne. Sie ist Mitglied des Lenkungsausschusses Qualitätsmanagement und stellvertretende oberste CIRS-Verantwortliche am Klinikum der Universität München. Sie ist TQM-Auditorin und EFQM-Assessorin und leitet den interdisziplinären Lehrgang Qualitätsmanagement am Klinikum.

Bernd C. Wagner

ist promovierter Historiker. Nach einer Tätigkeit als Consultant in einer großen Strategieberatung wechselte er zu einem großen IT-Dienstleistungsunternehmen. Nach mehreren Jahren im Management Consulting und der Corporate Strategy ist er derzeit u.a. für das Competence Center Customer Relationship Management verantwortlich.

Gründe und Hintergründe des Qualitätsmanagements

1.1   Wegbereiter – 2

1.2   Entwicklungsetappen – 11

1.3   Warum ist Qualitätsmanagement in der Wirtschaft so wichtig? – 12

1.1   Wegbereiter

Der Begriff »Qualität« ist Jahrtausende alt, während »Qualitätsmanagement« moderner Herkunft ist.

Qualität entspringt etymologisch dem lateinischen Wortstamm »qualis«, der nach der Art und Weise der Beschaffenheit fragt. Der lateinische Begriff »qualitas« bedeutet übersetzt so viel wie »Eigenschaft«. Hier kommt auch das Verhältnis zu Dingen und Prozessen zum Ausdruck.

Der Ausdruck »Qualität« selbst ist demzufolge wertneutral, im Allgemeinen wird er jedoch mit guter Qualität gleichgesetzt. Die ISO 9000:2005 definiert Qualität als den Grad, in dem ein Satz inhärenter Merkmale Anforderungen erfüllt (▶ Kap. 3.1).

Doch auch schon früher kannte man vergleichbare Prinzipien. **Lao-Tse** vertritt bereits im 4. Jahrhundert vor Christus in seinem Werk »Tao-Te King« einen Qualitätsbegriff der Güte, den er dann in ausgewählten Situationen beschreibt und bewertet. Beispielsweise zeigt sich die Güte beim Denken in der Tiefe, beim Schenken in der Liebe, beim Reden in der Wahrheit oder beim Wirken in der Fähigkeit. Seine Methode, den Qualitätsbegriff zu definieren, ist dabei intuitiv und ergebnisorientiert.

 Lao-Tse vertritt im 4. Jahrhundert vor Christus einen Qualitätsbegriff der Güte.

Die Vorsokratiker beschreiben Qualität als Bestheit, Tugend, Tüchtigkeit. Sie beziehen den Begriff also auf das gute Leben. Bei den Vorsokratikern ereignet sich Qualität, man besitzt die Tugend oder eben nicht.

Bei Sokrates und Platon hingegen wird die Qualität zu einer Aufgabe. Hier ereignet sich die Qualität nicht mehr wie bei den Vorsokratikern, sondern sie wird ereignet. Hier findet eine Auseinandersetzung mit der Lehrbarkeit der Bestheit, also mit der Möglichkeit, die Tugend zu unterrichten und weiterzugeben, statt.

 Bei den Vorsokratikern ereignet sich Qualität als Bestheit oder Tugend, bei Sokrates und Platon findet hingegen eine Hinwendung zur Lehrbarkeit der Qualität statt – die Qualität ereignet sich nicht, sie wird ereignet.

Aristoteles unterteilt das menschliche Wirken in die Poesis und die Techné. Im Rahmen der Poesis kommt es zu einem Schaffensprozess, hier kommt die kreative Seite des menschlichen Wirkens zum Tragen. Bei der Techné hingegen geht es um die Fähigkeiten, die in Kategorieformen eingeteilt werden. Hierbei ist es wichtig, dass sowohl Poesis als auch Techné im menschlichen Wirken in einem ausgewogenen Verhältnis stehen. Übertragen auf die Gegenwart und die Einführung von Qualitätsmanagementsystemen (QM-Systemen), kann eine Überbetonung der reinen Techné zu einer unerwünschten Überbürokratie führen, in der sich Mitarbeiter nicht mehr entfalten können, sondern ausbrennen.

 Aristoteles unterteilt das menschliche Wirken in die Poesis und die Techné – eine Überbetonung der Techné, also der reinen Fähigkeiten, kann zu einer Überbürokratie und zu einem Ausbrennen der Mitarbeiter führen.

Nach Aristoteles befassten sich weitere Denker, so etwa Cicero oder die Scholastiker, mit dem Thema Qualität. Allerdings wurde der Begriff dabei nicht grundlegend weiterentwickelt. Erst in der Neuzeit beschäftigten sich Philosophen beginnend mit Galileo wieder mit dem Qualitätsbegriff und fokussieren dabei insbesondere auf die Unterscheidung von objektiven (Größe, Gestalt, Bewegung etc.) und subjektiven (Farben, Töne etc.) Qualitäten. Dieser Materie-Geist-Dualismus bestimmt das Denken für geraume Zeit, bis Hume argumentiert, dass Qualität nicht in den Dingen selbst existiert, sondern nur vermittelt über Sinneswahrnehmungen: dies ist die Vorstufe zum Empirismus.

Bei Kant schließlich taucht Qualität als eine der vier Funktionen des Verstandes auf, nach denen die Kategorien gebildet werden. Ohne objektive Erkenntnis von Qualitäten ist bei Kant die Kategorie der Qualität nicht denkbar, die menschliche Erkenntnis bestimmt den Gegenstand.

Zu Beginn des 20. Jahrhunderts beginnt sich ein moderner Qualitätsbegriff zu etablieren. In

1900	1925	1950	1975	2000
(1911) Taylor: Scientific Management (1913) Ford: Fließbandfertigung (Montageband)				
	(1924) Shewhart: Industriestatistik/Control Chart			
		(1949) Deming: PDCA/Managementgrundsätze (1950) Ishikawa: Qualitätszirkel, Ishikawadiagramm, Problemlösetechniken (1950) Ohno: TPS/Qualitätstechniken (1960) Crosby: 0 - Fehler, QM Grundsätze		
			(1970) Masing: Qualitätskreis (1970) Geiger: QTK Kreis, Q-Lehre 3. Aufl. (1970) Kamiske: TQM Pionier, Hrsg. QZ, Publikationen	
			(1980) Shainin: DoE, stat. Versuchsplanung (1984) Kano: Kano-Modell (1986) Zink: Leiter TQM-Studiengänge, TQM Pionier (1986) Imai: Kaizen-Philosophie	
				(1993) Stauss: Beschwerdemanagement (1997) Malorny: Business Excellence, 2. Auflage

◘ **Abb. 1.1.** Wegbereiter des modernen Qualitätsmanagements

◘ Abb. 1.1 sind die Wegbereiter des modernen Qualitätsmanagements zusammengefasst.

Frederick Winslow Taylor (1856–1915) war der eigentliche Erfinder der industriellen Ablauforganisation und der wissenschaftlichen Betriebsführung (»scientific management«), die auch im heutigen Qualitätsmanagement noch eine Bedeutung haben. Seine Erkenntnisse hat er in seinem Hauptwerk »Die Grundsätze wissenschaftlicher Betriebsführung« niedergelegt.

Taylor führte erstmalig eine Facharbeiterebene zwischen einfachen Arbeitern und Unternehmensführung ein. Er hat ein zentrales Arbeitsbüro etabliert, in dem Arbeitsprozesse vernünftig neu gestaltet und die täglichen Arbeitsvorbereitungen organisiert wurden. Diese Arbeitsbüros wurden durch Funktionsmeister ergänzt, die in den Werkstätten tätig waren – diese Funktionsmeister konnten sich allerdings gegenüber den dort arbeitenden Spezialisten nur schwer behaupten.

Ein weiteres wichtiges Merkmal des »Taylorismus« ist die Trennung zwischen Kopfarbeit und Handarbeit, die als disponierende und ausführende Arbeiten bezeichnet werden. Hierbei wird die Kopfarbeit ausschließlich von der Unternehmensführung und dem Management geleistet, die Handarbeit hingegen von den Arbeitern. Ein eigenständiges Planen oder Disponieren der Arbeiter war hierbei nicht möglich – sie durften ausschließlich die Befehle der »Kopfarbeiter« ausführen. Die Tätigkeiten im Rahmen der Handarbeit wurden dabei bis ins Kleinste segmentiert und detailliert vorgeschrieben. Letztlich blieben kleinste Einzeltätigkeiten übrig, wie an einem Fließband.

Taylors Erkenntnisse lassen sich prinzipiell auf alle Arbeitsbereiche anwenden. Wichtig war hierbei ein festes Programmieren von Arbeitsabläufen mit einer genauen Festlegung von Art, Ort und Zeit der Leistung. Die Bezahlung erfolgte dabei leistungsabhängig. Im Prinzip kam hier erstmalig der »Plan, Do, Check, Act«-Zyklus zur Anwendung, auf den im Unterkapitel zu Deming genauer eingegangen werden soll.

Taylors Hobby war Baseball – im College hatte ihm dies den Spitznamen »Speedy« eingebracht. Beim Spiel hat er Bewegungsabläufe genau studiert und minutiös protokolliert. Es ergab sich hieraus das Bild einer »Menschen-Maschine«. Den Taylorismus sollte man jedoch nicht auf dieses Prinzip der »Mensch-Maschine« reduzieren. Dies wird diesem vielschichtigen und auch heute in Teilen noch durchaus aktuellen Ansatz in keiner Weise gerecht.

❯❯ **Frederick Winslow Taylor gilt als einer der Vordenker der Fließbandarbeit. Er trennt streng zwischen Hand- und Kopfarbeit und etabliert verschiedene Führungsebenen innerhalb von Unternehmen.**

Henry Ford (1863–1947) begründete die automatisierte Automobilherstellung auf der Basis einer Fließbandproduktion. Er gründete Anfang des 20. Jahrhunderts seine eigene Firma, mit der er das berühmte »Modell T« auf den Markt brachte. Alleine von diesem Modell produzierte er 15 Millionen Stück. Zuvor waren Automobile in Manufakturarbeit angefertigt worden.

Ford gilt als der Vater der Fließbandarbeit und der Massenproduktion zu erschwinglichen Preisen. Die Fließbandarbeit zeichnet sich durch eine Standardisierung von Arbeitsabläufen in schneller und festgelegter Reihenfolge aus. Auch die Produkteigenschaften werden dabei in hohem Maße standardisiert.

Ford entwickelte 4 Grundprinzipien, die seine Produktionsweise kennzeichnen:
1. Du sollst die Zukunft nicht fürchten und die Vergangenheit nicht ehren. Wer die Zukunft, den Misserfolg, fürchtet, zieht seinem Wirkungskreis selber Grenzen.
2. Du sollst die Konkurrenz nicht beachten. Wer eine Sache am besten macht, der soll sie verrichten.
3. Du sollst die Dienstleistung über den Gewinn stellen. Ohne Gewinn kein ausbaufähiges Geschäft. Dem Gewinn haftet von Natur aus nichts Böses an.
4. Produzieren heißt nicht billig einkaufen und teuer verkaufen. Es heißt vielmehr, die Rohstoffe zu angemessenen Preisen einkaufen, und sie mit möglichst geringen Mehrkosten in ein gebrauchsfähiges Produkt verwandeln und an die Konsumenten verteilen.

Ein Kernkonzept in Fords Weltbild ist die Massenfertigung gebrauchsfertiger Produkte, die von großen Anteilen der Gesellschaft konsumiert werden.

Er schafft somit eine der Grundlagen für die heutige Konsumgesellschaft.

Ford selbst und seine Ansichten sind allerdings nicht unumstritten. Er gilt als Antisemit und hat dies auch in Publikationen niedergeschrieben, wofür er sich allerdings später entschuldigte. Durch ein Gewerkschaftsverbot provozierte er in seinen Fabriken blutige Arbeitskämpfe.

❯❯ **Henry Ford etablierte erfolgreich die Fließbandproduktion in der Automobilindustrie. Er legte eine der Grundlagen für unsere heutige Konsumgesellschaft.**

Walter Andrew Shewhart (1881–1967) war der erste Statistiker, der für die Etablierung des Qualitätsmanagements wichtige Beiträge geleistet hat. Shewhart war der Lehrer von Deming und hat diesen maßgeblich beeinflusst. Ihm wird die Erfindung des sog. »Deming-Zyklus« (s. u.) durch Deming selbst zugeschrieben.

Zudem hat Shewhart 1924 die Qualitätsregelkarte (»control chart«) erfunden, die darauf basiert, dass zur Qualitätserhaltung auch die Erfassung von Fehlern gehört, um über eine Fehleranalyse eine hohe Ausschussproduktion zu vermeiden. Seine Methode basiert auf Stichproben – er hat hierfür geeignete Stichprobenpläne entwickelt, um Voraussagen über Fehlerwahrscheinlichkeiten treffen zu können. Die Qualitätsregelkarte prüft, ob der Prozess, mit dem das Produkt erstellt wird, überhaupt qualitätsfähig ist. Dazu werden die einzelnen Prozessschritte auf ihr qualitatives Ergebnis hin beobachtet.

Das Novum dieser Vorgehensweise liegt darin, dass unvermeidbare Qualitätsabweichungen, wie sie jeder Prozess in sich birgt, im Produktionsprozess frühzeitig erkannt und Gegenmaßnahmen getroffen werden können. Hier schließt sich wiederum der bereits mehrfach erwähnte Regelkreis des Deming-Zyklus.

❯❯ **Walter Andrew Shewhart gilt als Begründer der Vorbeuge- und Korrekturmaßnahmen. Er hat Deming entscheidend beeinflusst.**

William Edwards Deming (1900–1993) hat gemeinsam mit Shewhart statistische Methoden und Prozesskontrollen auf Bereiche außerhalb der

Produktion übertragen. Nach dem 2. Weltkrieg unterstützte Deming als Statistiker General Douglas McArthur beim Wiederaufbau der japanischen Wirtschaft. Später führte er japanische Manager, Ingenieure und Studenten in die Prinzipien der Qualitätssicherung ein.

Bislang wurde in der Produktion vorwiegend auf die Massenproduktion ohne Rücksicht auf die Kundenbedürfnisse fokussiert. Erst Deming führte das Prinzip der Kundenzufriedenheit ein und appellierte an die Unternehmen, sich stärker mit dem Kunden zu befassen.

❯ **William Edwards Deming fokussiert als erster auf Kundenbedürfnisse.**

Deming entwickelte eine sog. Reaktionskette. Folgende Grundhaltungen sind dabei wichtig:
- In seinem jeweiligen Aufgabengebiet ist jeder Mitarbeiter für Qualität verantwortlich.
- Jeder Mitarbeiter hat mit Qualität zu tun und hat damit Einfluss auf die Qualität des Endergebnisses.
- Qualität besteht aus Technik und Geisteshaltung.

Im Rahmen der Deming-Reaktionskette kommt es durch eine Qualitätsverbesserung zu einer Kostenreduktion, einer erhöhten Produktivität und einer Sicherung der Marktposition (❑ Abb. 1.2). Bei dieser Reaktionskette geht es ausschließlich um Zahlen, Daten und Fakten. Zum heutigen Qualitätsbegriff gehörende Themen wie das Image eines Unternehmens kamen erst später auf.

Deming etablierte ein Managementsystem, das er in 14 Eckpunkten wie folgt zusammenfasste:
1. Schaffe ein **unverrückbares Unternehmensziel** in Hinblick auf eine ständige Verbesserung von Produkt und Dienstleistung.
2. Qualitätsverbesserung erfordert eine **neue Denkhaltung.** Wende diese neue Denkhaltung an, um wirtschaftliche Stabilität sicherzustellen.
3. Beende die Notwendigkeit und Abhängigkeit von Vollkontrollen, um Qualität zu erreichen.
4. Beende die Praxis, Geschäfte auf Basis des niedrigsten Preises zu machen.
5. Suche ständig nach Ursachen von Problemen, um alle Systeme in Produktion und Dienst-

❑ **Abb. 1.2.** Reaktionskette nach Deming

leistung sowie alle anderen Aktivitäten im Unternehmen beständig und immer wieder zu verbessern (**ständige Verbesserung**).
6. Schaffe moderne Methoden des **Trainings** und des Wiederholungstrainings direkt **am Arbeitsplatz** und für die Arbeitsaufgabe.
7. Setze **moderne Führungsmethoden** ein, die sich darauf konzentrieren, den Menschen (und Maschinen) zu helfen, ihre Arbeit besser auszuführen.
8. Beseitige die **Atmosphäre der Angst** durch effektive horizontale und vertikale Kommunikation.
9. **Beseitige die Abgrenzung** der einzelnen Bereiche voneinander.
10. Beseitige den Gebrauch von Aufrufen, Plakaten und Ermahnungen.
11. **Beseitige Leistungsvorgaben**, die zahlenmäßige Quoten und Ziele für den Mitarbeiter festlegen, und ersetze diese durch Qualitätsprämien, persönliche Belobigungen oder Qualitätspreise.
12. **Beseitige alle Hindernisse**, die den Mitarbeitern und den Vorgesetzten das Recht nehmen, auf ihre Arbeit stolz zu sein.

13. Schaffe ein durchgreifendes **Ausbildungsprogramm** und ermuntere zur **Selbstverbesserung** für jeden einzelnen.
14. Definiere deutlich die dauerhafte **Verpflichtung des Top-Managements** zur ständigen Verbesserung von Qualität und Produktivität.

Als Ergänzung zu diesen 14 Managementprinzipien beschrieb Deming die folgenden 7 tödlichen Krankheiten von Managementsystemen, die bisweilen auch als die 7 Todsünden des Managements bezeichnet werden:

1. Fehlen von feststehenden Organisationszielen
2. Betonung des kurzfristigen Gewinns
3. Jährliche Bewertung, Leistungsbeurteilung, persönliches Beurteilungssystem
4. Hohe Fluktuation in der Organisationsleitung, Springen von Firma zu Firma
5. Verwendung von Kenngrößen durch das Management – ohne Berücksichtigung von solchen Größen, die unbekannt oder nicht quantifizierbar sind
6. Überhöhte soziale Kosten
7. Überhöhte Kosten aus Produkthaftpflichturteilen

Deming ist besonders für den nach ihm benannten Deming-Zyklus bekannt. Dieser wird auch als Plan-Do-Check-Act- oder PDCA-Zyklus bezeichnet. Letztlich war dieser Zyklus – auch nach Angaben von Deming selbst – schon von Shewhart erarbeitet worden und auch in den Arbeiten Taylors finden sich bereits Ansätze hierzu. Dieser Zyklus verfolgt eine Problemlösungsstrategie und die Etablierung einer Denkhaltung im Management.

Der Deming-Zyklus besteht aus den folgenden Phasen (◘ Abb. 1.3):
- Planen (**P**lan)
- Ausführen (**D**o)
- Überprüfen (**C**heck)
- Verbessern (**A**ct)

Ein solcher Prozess ist ein Zyklus, hört also niemals auf. Diese kontinuierlichen Verbesserungsprozesse haben eine enorm wichtige Bedeutung im heutigen Qualitätsmanagement.

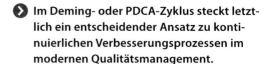

❯ **Im Deming- oder PDCA-Zyklus steckt letztlich ein entscheidender Ansatz zu kontinuierlichen Verbesserungsprozessen im modernen Qualitätsmanagement.**

Die Japaner erkannten schon früh die Bedeutung Demings für die japanische Wirtschaft und etablierten bereits 1951 den Deming-Preis. Der Deming-Preis ist die älteste Auszeichnung für Unternehmen und Organisationen mit einem umfassenden Qualitätsverständnis.

Kaoru Ishikawa (1915–1989) entwickelte eine Form des umfassenden Qualitätsmanagements, die als »company-wide quality control« (CWQC) bezeichnet wird.

Er arbeitete eng mit William Edwards Deming zusammen und erweiterte den klassischen Deming-Zyklus (Plan-Do-Check-Act) um zwei weitere Schritte, in dem er einen zweiten Plan-Schritt und einen zweiten Do-Schritt hinzufügte. Sein erweiterter PDCA-Zyklus sah dann wie folgt aus:
- Plan 1: Bestimme die Zielsetzungen.
- Plan 2: Beschreibe die Methoden zur Zielerreichung.
- Do 1: Bilde aus und trainiere die Mitarbeiter.
- Do 2: Setze die Vorhaben in die Praxis um.
- Check: Überprüfe die Auswirkungen.
- Act: Reagiere entsprechend.

Zudem entwickelte er verschiedene Qualitätswerkzeuge. Insbesondere geht auf Ishikawa das berühmte Fischgrätdiagramm zurück.

Das Ishikawa-Diagramm ist die Methode, die am häufigsten in Problemlösungs-Teams oder Qualitätszirkeln angewendet wird. Es geht dabei darum, Ursachen und Wirkungen für Abläufe, Fehler und daraus entstehende Ereignisse zu untersuchen.

Basis des Ishikawa-Diagramms sind die fischgrätartig aufgezeichneten Hauptursachen für eine Problementstehung, aus denen sich dann weitere Nebenursachen ableiten lassen (◘ Abb. 1.4). Die Hauptachse des Diagramms ist ein horizontal orientierter Pfeil nach rechts, an dessen Spitze das präzise formulierte Problem steht.

Ursprünglich hatte das Ishikawa-Diagramm zur Klärung der Ursachen-Wirkungs-Beziehung nur 4 Äste, nämlich:
- Mensch
- Material

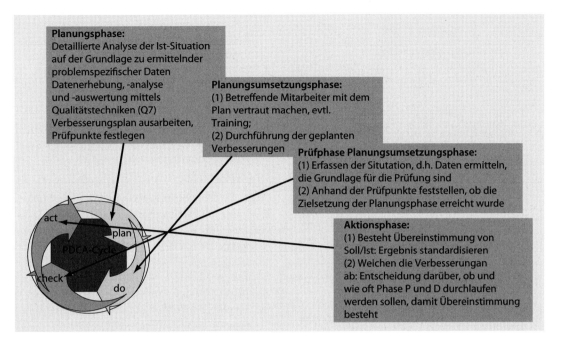

Planungsphase:
Detaillierte Analyse der Ist-Situation auf der Grundlage zu ermittelnder problemspezifischer Daten
Datenerhebung, -analyse und -auswertung mittels Qualitätstechniken (Q7)
Verbesserungsplan ausarbeiten, Prüfpunkte festlegen

Planungsumsetzungsphase:
(1) Betreffende Mitarbeiter mit dem Plan vertraut machen, evtl. Training;
(2) Durchführung der geplanten Verbesserungen

Prüfphase Planungsumsetzungsphase:
(1) Erfassen der Situation, d.h. Daten ermitteln, die Grundlage für die Prüfung sind
(2) Anhand der Prüfpunkte feststellen, ob die Zielsetzung der Planungsphase erreicht wurde

Aktionsphase:
(1) Besteht Übereinstimmung von Soll/Ist: Ergebnis standardisieren
(2) Weichen die Verbesserungan ab: Entscheidung darüber, ob und wie oft Phase P und D durchlaufen werden sollen, damit Übereinstimmung besteht

act
plan
PDCA-Cycle
check
do

◻ **Abb. 1.3.** PDCA-Zyklus nach Shewhart und Deming

━ Mittel bzw. Mitwelt oder Umwelt – teils wird dies auch als Milieu bezeichnet.
━ Maschine bzw. Ressourcen

Dieses Diagramm wurde später von ihm selbst auf insgesamt 6 Äste erweitert, und zwar um:
━ Messung und
━ Methode.

Prinzipiell sind die Äste des Diagramms beliebig erweiterbar, sofern dies der Ursachenklärung dient.

Im Rahmen der Company-Wide Quality Control (CWQC) legte Ishikawa 8 Elemente fest, die für das gesamte Unternehmen und alle Mitarbeiter gelten:
1. Qualität steht höher als kurzfristiger Gewinn
2. Kundenorientierung
3. Lieferantenorientierung
4. Einbeziehung aller Mitarbeiter in das Management
5. Kontinuierliche Verbesserung
6. Berücksichtigung von sozialen und humanitären Gesichtpunkten
7. Qualitätszirkel auf allen Ebenen
8. Statistische Methoden zur Messung

Letztlich war Ishikawa der Erfinder der Qualitätszirkel. Er war schon früh Mitglied der Japanese Union of Scientists and Engineers (JUSE), als deren Präsident er auch zeitweilig fungierte.

Taichi Ohno (1912–1990) hat das sog. Toyota Production System (TPS) etabliert. In den 1950er Jahren entwickelte er das Just-in-Time (JiT) Konzept. Ziel des JiT ist die Produktion im Kundentakt mit einer möglichst geringen Verschwendung von Ressourcen während des Produktionsprozesses. Dies wird im Deutschen auch als fertigungssynchrone Materialwirtschaft bezeichnet.

❯ **Wichtige Bestandteile des Toyota Production Systems sind das Just-in-Time-Konzept und die Kanban-Karten.**

Ein wichtiges Konzept im Rahmen des TPS waren die sog. Kanban-Karten. Diese sind Methoden der Produktionsablaufsteuerung nach dem »Pull-Prinzip« – man orientiert sich dabei ausschließlich an dem Bedarf der verbrauchenden Stelle. Über die Kanban-Karten werden Informationen über die Produktionshöhe vom vor- an den nachgelagerten Bereich weitergegeben. Es wird also nur das produziert, was zu diesem Zeitpunkt gerade gebraucht

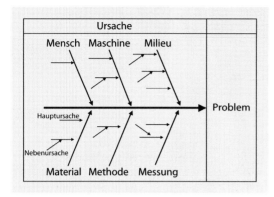

🔲 **Abb. 1.4.** Ishikawa- oder Fischgrätdiagramm

wird. Hieraus resultiert eine Minimierung der Materialbestände im Rahmen des Produktionsprozesses.

▶ **Ohnos Konzepte werden auch als schlanke Produktion (»lean production«) bezeichnet, also als ein Produktionsmanagement, das auf eine möglichst niedrige Verschwendung abzielt.**

Philip B. Crosby (1926–2001) ist der Begründer der »Null-Fehler-Theorie«. Sein erklärtes Ziel war es, die Menschen möglichst nah an das Ziel der Perfektion zu führen.

Crosbys Theorie fokussiert auf die folgenden zwei Konzepte:
1. Qualitätskosten und
2. Qualitätscontrolling.

Die Definition von Qualität ist bei Crosby die Erfüllung von Anforderungen. Hierbei kostet die Qualität nichts – »Quality is free«, wie auch sein Standardwerk betitelt ist.

Crosby hat vier Grundsätze der Qualität aufgestellt:
1. Qualität ist die Erfüllung von Anforderungen (»conformance to requirements«).
2. Das Qualitätssicherungssystem zielt darauf ab, eine richtige Produktion bereits beim ersten Versuch sicherzustellen. Qualität wird dabei durch Vorbeugung, nicht durch Überprüfung erreicht.

3. Die Maßgröße für Qualität sind die Kosten der Nichterfüllung – die Qualität wird anhand des Preises der Abweichung gemessen.
4. Der Grenzwert von Leistung ist null Fehler (»zero defects«).

▶ **Philip B. Crosbys Null-Fehler-Theorie zielte darauf, dass die richtige Produktion durch Vorbeugung schon beim ersten Versuch sichergestellt wird.**

Philip Crosby beantwortet Demings 14-Punkte-Programm mit weiteren 14 Schritten zur Qualitätsverbesserung, die ausschließlich dem Management obliegen:
1. Das gesamte Management muss sich auf Qualität verpflichten.
2. Qualitätsverbesserungsteams mit Stellvertretern aus jeder Abteilung sollen die Verbesserungsprozesse steuern.
3. Qualitätsmessungen sind ein wichtiger Bestandteil des Qualitätsmanagements.
4. Qualitätsbezogene Kosten sind als langfristige, positive Investition zu sehen.
5. Das Qualitätsbewusstsein soll bei allen Beschäftigten gestärkt werden.
6. Korrekturmaßnahmen sollen entdeckte Probleme zeitnah beheben.
7. Aufsetzen eines Kommunikationsprogramms zur Etablierung des Qualitätsgedankens – bei Crosby wurde dies durch die Etablierung eines Komitees für ein Null-Fehler-Programm beschrieben.
8. Die Mitarbeiter müssen im Verbesserungsprozess fachkundig ausgebildet und angeleitet werden.
9. An einem Tag, der bei Crosby als »Null-Fehler-Tag« bezeichnet wird, soll sich das Management zum Qualitätsmanagement verpflichten und positive Veränderungen kommunizieren.
10. Zielsetzungen sollten nach Möglichkeit von einer gesamten Gruppe erarbeitet werden und von allen Mitarbeitern abrufbar sein.
11. Probleme sollen dem Management von Mitarbeitern auf kurzen Kommunikationswegen mitgeteilt werden.
12. Mitarbeiterleistungen müssen anerkannt und belobigt werden.

13. Regelmäßige Qualitätsmeetings sollen eine effektive Kommunikation und gemeinsames Lernen sicherstellen.
14. Ständige Wiederholungen sind notwendig, damit sich der Qualitätsgedanke vertieft und die Mitarbeiter wissen, was von ihnen erwartet wird.

Noriaki Kano (geb. 1945) leitete 1978 aus der Analyse von Kundenwünschen ein Modell ab, das die Kundenanforderungen in drei unterschiedliche Ebenen der Qualität gliedert:
1. Grundforderungen, die so grundlegend und selbstverständlich sind, dass sie dem Kunden erst bei Nichterfüllung bewusst werden. Werden die Grundanforderungen nicht erfüllt, so entsteht Unzufriedenheit. Werden sie erfüllt, entsteht jedoch keine Zufriedenheit.
2. Leistungs- und Qualitätsforderungen. Diese Forderungen sind dem Kunden bewusst. Die Zufriedenheit steigt hier erst, wenn die Erwartungen übertroffen werden.
3. Begeisterungsmerkmale. Dies sind Merkmale, mit denen der Kunde nicht unbedingt rechnet, die aber ein überproportionales Ausmaß an Zufriedenheit, ja an Begeisterung hervorrufen. Hierdurch kann sich ein Produkt gegenüber Konkurrenten besonders abheben.

Auch im deutschsprachigen Raum haben sich zahlreiche Qualitätsexperten etabliert, die sich dauerhaft dem Thema des Qualitätsmanagements verschrieben haben (◘ Tab. 1.1).

Walter Masing (1915–2004) war einer der deutschen Vordenker des Qualitätsmanagements. Er war 20 Jahre lang Vorsitzender der Deutschen Gesellschaft für Qualität (DGQ) und erhielt das Bundesverdienstkreuz erster Klasse. Masing hat das deutsche Qualitätsmanagement entscheidend geprägt. Von ihm wurde das »Handbuch Qualitätsmanagement« herausgegeben. Die DGQ vergibt seit 1988 den »Walter-Masing-Preis« für herausragende Nachwuchskräfte.

Gerd F. Kamiske (geb. 1932) folgte 1988 dem Ruf der Technischen Universität Berlin zum Aufbau des ersten Lehrstuhls für Qualitätswissenschaft, wo er die Wissenschaftsrichtung Qualitätsmanagement gründete. Kamiske legte den Grundstein für das

Total Quality Management in Deutschland – diesen Gedanken hat er durch zahlreiche Publikationen verankert. Besonders herausragend sind dabei die Bücher »Die hohe Schule des Total Quality Managements« (1994) und »Unternehmenserfolg durch Excellence« (2000). Zudem ist er Herausgeber der Fachzeitschrift »Qualität und Zuverlässigkeit« und der Buchreihe »Pocket Power«. Kamiske ist dabei besonders an einem Umdenken der Führungskräfte gelegen, wobei er Qualität als Summe aus Geisteshaltung und Technik definiert.

Christian Malorny (geb. 1965) ist ein Schüler Kamiskes, der bei ihm an der TU Berlin promovierte und inzwischen als Unternehmensberater tätig ist. Er hat Kamiskes Konzept des Total Quality Management konsequent weiterentwickelt und wurde 1996 mit dem European Quality Award ausgezeichnet.

Walter Geiger (geb. 1915) hat sich aktiv in der Normungsarbeit auf dem Gebiet des Qualitätsmanagements engagiert. 1980 wurde er hierfür mit der DIN-Ehrennadel ausgezeichnet.

Klaus J. Zink (geb. 1947) hat seit 1980 den Lehrstuhl für Industriebetriebslehre und Arbeitswissenschaft an der Technischen Universität Kaiserslautern inne. Zusammen mit dem Zentrum für universitäre Weiterbildung der Technischen Universität Kaiserslautern hat er nationale und europäische Studiengänge zum Thema Total Quality Management und Personalentwicklung etabliert.

Qualitätsdenken ist schon seit Jahrtausenden im menschlichen Denken und Handeln verankert. Zu Beginn des 20. Jahrhunderts begann sich der moderne Qualitätsbegriff herauszukristallisieren. Frederick Winslow Taylor war einer der Vordenker der Fließbandarbeit, die dann von Henry Ford in der Automobilindustrie umgesetzt wurde. Walter Andrew Shewhart gilt als Begründer der Vorbeuge- und Korrekturmaßnahmen und hat Deming entscheidend beeinflusst. Nach William Edwards Deming ist der Deming- oder PDCA-Zyklus mit den Phasen Plan, Do, Check, Act benannt, der ein entscheidender Ansatz zu kontinuierlichen Verbesserungsprozessen im modernen Qualitätsmanagement ist. Kaoru Ishikawa entwickel-
▼

▣ Tabelle 1.1 Vordenker des Qualitätsmanagements im deutschsprachigen Raum

Manfred Bruhn, Prof. Dr. rer. pol. Ordinarius für BWL am WWZ in Basel. Marketingfachmann	Verbindung Marketing und QM (Bruhn/Homburg 2001) QM für Dienstleistungen, 3. Auflage (Bruhn 2001)
Walter Geiger, Prof. Dr. Ing. Beratender Ingenieur mit Spezialgebiet QM, Publikationen, Normungsarbeit, Beratungen, Honorarprofessur 72–88 Hannover	Die hohe Schule des TQM (1994), Unternehmenserfolg durch Excellence (2000, Der Weg zur Spitze (2000), Rentabel durch TQM
Gerd F. Kamiske, Prof. Dr. Ing. Herausgeber der QZ der DGQ. 30 Jahre Praxis, Leiter QS Volkswagen, 1988 Gründung der Wissenschaftsrichtung QS Berlin, zahlreiche Forschungen, nat. intern. Preise, Fülle an Publikationen	Qualitätslehre (Geiger 1998)
Christian Malorny, Dr. Ing. Partner bei Mc Kinsey & Company, Inc., Office Berlin, Promotion Lehrstuhl Qualitätswissenschaft	
Walter Masing, Prof. Dr. rer. nat. 20 Jahre Vorsitz der DGQ; Honorarprofessor für Q-Lehre TU Berlin und Stuttgart, Ehrungen und Bundesverdienstkreuz, Förderpreis der DGQ (Walter-Masing-Preis)	Handbuch des Q-Management (1991) 4. Auflage
Tilo Pfeifer, Prof. Dr. Ing. Lehrstuhlinhaber Fertigungsmesstechnik und QM an der RWT Aachen. Mitglied der International Academy of Quality (IAQ), wiss. Beirat der DGQ, mehrere Auszeichnungen, QM als ganzheitliches Konzept	Qualitätsmanagement Strategien, Methoden, Techniken (2001) 3. Auflage
Klaus Zink, Prof. Dr., Kaiserslautern (Lehrstuhl für Industrie/Arbeitswissenschaft) Bedeutung des japanischen QM, Integration des St. Gallener Modells in QM, Einrichtung von nat./europ. Studiengängen zu TQM. Beratend im In- und Ausland, Jury EQA, Sprecher des LEP	Zahlreiche Publikationen u. a. TQM als integratives Managementkonzept (2002) 2. Auflage
Herbert Schnauber, Prof. D. Ing. habil. Inhaber des Lehrstuhls Arbeitswissenschaft Ruhr-Uni, Bochum. Gründungsmitglied der FQS und der GQW, dort Vorstandsmitglied und stellv. Präsident. Mitinitiator des LEP, Organisation der Q-Tage in Bochum, QM, UM und AGS EFQM (1998)	

te das Fischgrätdiagramm – auch als Ishikawa-Diagramm bezeichnet – als Instrument zur Fehleranalyse, das klassischerweise die sechs Haupt-»Gräten« Mensch, Methode, Mitwelt, Maschine, Messung und Methode enthält. Taichi Ohno hat das Toyota Production Systems begründet, das das Just-in-Time-Konzept und die Kanban-Karten beinhaltet. Auf seinen Konzepten basiert die schlanke Produktion (»lean production«). Philip B. Crosby etablierte

▼

das Null-Fehler-Konzept, in dem das Qualitätsmanagement vorbeugend Fehler vermeiden sollte. Noriaki Kano schließlich unterteilte drei Ebenen der Qualität: Grundforderungen, Leistungsforderungen und Begeisterungsmerkmale.
Wichtige deutsche Vordenker auf dem Gebiet des Qualitätsmanagements sind Walter Ma-

▼

sing, Gerd F. Kamiske, Walter Geiger, Klaus Zink und Christian Malorny.
Alle hier aufgeführten Personen haben das Qualitätsmanagement entscheidend geprägt, wenn auch wie ersichtlich mit unterschiedlichen Schwerpunktsetzungen. Hieraus konnten in Folge unterschiedliche Modelle und Systeme entstehen.

1.2 Entwicklungsetappen

In den 1920er Jahren rückte der Begriff der Qualität erstmals in der westlichen Welt in das Zentrum des Interesses. Zu diesem Zeitpunkt wurde jedoch noch kein umfassendes Qualitätsmanagement durchgeführt. Der Schwerpunkt lag vielmehr auf der Qualitätskontrolle, also darauf, die erzielte Qualität zu überprüfen. Ein wichtiger Schritt hierfür war das Erkennen von Fehlern. Zudem führte man Endkontrollen ein, um die Qualität des hergestellten Produkts zu überprüfen. Fehlerhafte Produkte wurden aussortiert. Der Begriff der Qualität war zu diesem Zeitpunkt ausschließlich auf die produzierende Industrie bezogen und fand noch keine Anwendung im Dienstleistungssektor. Zudem war das Prinzip rein reaktiv und nicht proaktiv, d. h. man reagierte nur auf vorhandene Qualitätsmängel, handelte aber nicht vorausschauend, um diese zu vermeiden (◘ Abb. 1.5, nach Zollondz 2002).

> In den 1920er Jahren bezog sich der Begriff der Qualität vorwiegend auf die Qualitätskontrolle in der produzierenden Industrie.

In den 1940er Jahren wurde das Verständnis für Qualität erweitert – man begann, aktiv die Qualität zu steuern. Hierfür wurden die Produkte geprüft. Es wurde nun aber auch auf eine Fehlerkorrektur, nicht nur auf eine Fehlerentdeckung geachtet. In diese Zeit fällt der Beginn der Qualitätsplanung. Zu diesem Zeitpunkt war das Prinzip noch ein rein reaktives. Auf Fehler und Mängel wurde zwar reagiert, ein proaktives Management zur Fehlerver-

meidung und ein Planungs- und Durchführungsmanagement fehlten jedoch noch.

> In den 1940er Jahren wurde aus der reinen Qualitätskontrolle eine Qualitätssteuerung.

In den 1960er Jahren wurde schließlich eine Qualitätssicherung eingeführt. Der Begriff der Qualitätsplanung wurde fortgeführt und erweitert. Es wurden erstmals Qualitätssicherungssysteme eingeführt, im Rahmen derer die Handlungen in Qualitätssicherungshandbüchern verschriftet wurden. Zudem wurden verschiedene Qualitätstechniken etabliert. Hierzu zählten die Fehler-Möglichkeiten-Einfluss-Analyse (»failure-mode-effect-analysis«, FMEA) sowie die statistische Prozesskontrolle (»statistical process control«, SPC). Es wurde also erstmalig eine Fehlervermeidung etabliert, die schon im Vorfeld Vorbeugemaßnahmen ergreift, um bereits erkannte Fehler nicht mehr auftreten zu lassen.

> In den 1960er Jahren begann man erstmals, eine Fehlervermeidung und nicht nur eine Fehlererkennung und -korrektur zu praktizieren.

In den 1980er Jahren spielten erstmalig in sich geschlossene QM-Systeme eine Rolle. QM-Systeme definieren sich als Systeme zum Leiten und Lenken einer gesamten Organisation bezüglich Qualität (vgl. ISO 9000:2005). Hierbei kommen vermehrt Qualitätstechniken wie FMEA oder SPC, aber auch Design of Experiments (DoE) oder Quality Function Deployment (QFD) zur Anwendung. In diese Zeit fällt eine beginnende Orientierung zum Kunden hin. Eine Fehlervermeidung wird zunehmend umgesetzt.

> In den 1980er Jahren kommen erstmals in sich geschlossene QM-Systeme zur Anwendung.

In der ersten Dekade des neuen Jahrtausends findet nun eine zunehmende Orientierung hin zum umfassenden Qualitätsmanagement (»total quality management«, TQM) statt. Das Qualitätsbewusstsein rückt in den Mittelpunkt des Denkens. Ein wichtiger Kernbegriff des TQM ist die kontinuierliche Verbesserung, also die unablässige Optimie-

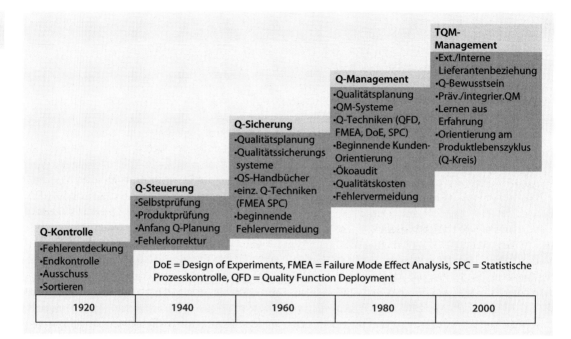

Die folgende Tabelle zeigt die Entwicklungsetappen:

Q-Kontrolle	Q-Steuerung	Q-Sicherung	Q-Management	TQM-Management
				·Ext./Interne Lieferantenbeziehung
			·Qualitätsplanung	·Q-Bewusstsein
			·QM-Systeme	·Präv./integrier.QM
		·Qualitätsplanung	·Q-Techniken (QFD, FMEA, DoE, SPC)	·Lernen aus Erfahrung
		·Qualitätssicherungs systeme	·Beginnende Kunden-Orientierung	·Orientierung am Produktlebenszyklus (Q-Kreis)
	Q-Steuerung	·QS-Handbücher	·Ökoaudit	
	·Selbstprüfung	·einz. Q-Techniken (FMEA SPC)	·Qualitätskosten	
	·Produktprüfung	·beginnende	·Fehlervermeidung	
	·Anfang Q-Planung	Fehlervermeidung		
·Fehlerentdeckung	·Fehlerkorrektur			
·Endkontrolle		DoE = Design of Experiments, FMEA = Failure Mode Effect Analysis, SPC = Statistische		
·Ausschuss		Prozesskontrolle, QFD = Quality Function Deployment		
·Sortieren				
1920	1940	1960	1980	2000

▢ Abb. 1.5. Entwicklungsetappen des Qualitätsmanagement

rung der Prozesse in einer Organisation. Im Rahmen des TQM werden die Beziehungen zwischen Kunden und Lieferanten genau definiert, und zwar sowohl innerhalb als auch außerhalb einer Organisation. Es wird ein vorausschauendes, integriertes Qualitätsmanagement betrieben. Dabei wird großer Wert auf ein Lernen aus Erfahrung gelegt. Die integrierten QM-Systeme werden in Teilaspekten durch Begleitkonzepte, wie die oben erwähnten FMEA, QFD oder SPC, gestützt.

❯ In den letzten Jahren findet eine Zuwendung zum umfassenden Qualitätsmanagement (»total quality management«, TQM) statt.

Im 20. Jahrhundert hat sich das Konzept des Qualitätsmanagements stetig weiterentwickelt. Lagen zunächst vorwiegend eine Qualitätskontrolle bzw. eine Qualitätssteuerung vor, so fand zunehmend eine Hinwendung zum Qualitätsmanagement und schließlich zum umfassenden Qualitätsmanagement (»total quality management«, TQM) statt. Ein solches

▼

umfassendes Qualitätsmanagement erfasst das gesamte Unternehmen mit Führung, Mitarbeitern und Prozessen. Unterstützt werden solche QM-Systeme durch Begleitkonzepte wie der Fehler-Möglichkeiten-Einfluss-Analyse (»failure-mode-effect-analysis«, FMEA) der statistischen Prozesskontrollen (»statistical process control«, SPC) oder der Merkmal-Funktions-Darstellung (»quality function deployment«, QFD).

1.3 Warum ist Qualitätsmanagement in der Wirtschaft so wichtig?

Warum betreiben Wirtschaftsunternehmen zunehmend Qualitätsmanagement? Die Antwort ist relativ einfach und nicht wirklich verblüffend: weil es sich für sie rechnet. Zu dieser Erkenntnis gelangten die meisten Unternehmen zunächst allerdings nicht durch genaue Analyse und Überlegung, sondern durch die schmerzhafte Erfahrung, welche Kosten mangelnde Qualität verursachen kann. Auch wenn sich die Einsparungen durch ein funktionierendes Qualitätsmanagement für große und komplexe Unternehmen nur sehr schwer und mit großem Aufwand bewerten lassen, gibt es nun auch hierfür den wissenschaftlichen Nachweis. Am eindrucksvollsten wurde dies in einer Studie von Singhal (Georgia Institute of Technology) und Hendricks (University of Western Ontario) im Jahr 2000 belegt. Die beiden Wissenschaftler hatten knapp 600 Sieger bei Qualitätswettbewerben über 5 Jahre hinweg in ihrer jeweiligen Vergleichsgruppe beobachtet. Im Durchschnitt lagen die Qualitäts-Champions sowohl beim Börsenwert (44%), beim Betriebsergebnis (48%) sowie beim Umsatz (37%) sehr deutlich vorne (mehr Informationen hierzu bei http://www.efqm.org). Umgekehrt sind die Kosten von schlechter Produktqualität erheblich und dies nicht nur bei klassischen Produkten. So konstatierte die Beratungsfirma Mummert Consulting AG, dass die jährlichen Kosten von »schlechter Software« in Deutschland bei ca. 190 Mio. Euro lägen (2003).

Der Ursprung des systematischen Qualitätsmanagements lag freilich in der produzierenden Industrie, insbesondere verursacht durch die zunehmende Standardisierung der Produktionsprozesse etwa um 1900. Die hohe Vergleichbarkeit der auf dem Fließband produzierten Waren machte Abweichungen in den Produkteigenschaften viel transparenter. Hierdurch entstand die Notwendigkeit, durch Qualitätskontrolle bzw. Qualitätssicherung ein Mindestmaß an Qualität zu gewährleisten. Wichtig ist dabei der Begriff Mindestmaß, da es für wirtschaftlich agierende Unternehmen nicht um die bestmögliche Qualität geht, sondern um das bestmögliche Verhältnis von Aufwand und Nutzen. In der Massenproduktion lässt sich dieser Zusammenhang relativ einfach herstellen, indem die Kosten der auszusondernden, fehlerhaften Produkte dem Aufwand für Qualitätssicherung im Produktionsprozess gegenübergestellt werden. Das Ziel des Qualitätsmanagers muss es hierbei sein, das in der Gesamtschau niedrigste Kostenniveau für ein Produkt zu erzielen. Dazu wurden ab den 1930er Jahren statistische Verfahren angewandt, um nicht jedes einzelne Produkt kontrollieren zu müssen, sondern über die Qualitätsprüfung einer repräsentativen Anzahl die gleiche Information mit vermindertem Aufwand zu erhalten.

Die sehr erfolgreiche Entwicklung der japanischen Industrie nach dem 2. Weltkrieg, die mit neuen Produktionsanlagen und großer Lernbereitschaft von westlichen Vorbildern in manchen Feldern die USA zu überflügeln drohte, führte zur nächsten großen Entwicklungswelle des Qualitätsmanagements. In Japan spielte Qualität schon seit den 1950er Jahren eine enorme Rolle im Wirtschaftsleben, sicher nicht unbeeinflusst von dem Zwang, mit begrenzten Ressourcen effizient arbeiten zu müssen. Qualität wurde nun als das Ergebnis von komplexen, sich über das Gesamtunternehmen erstreckenden Prozessen verstanden. Damit gerieten nun neben dem reinen Produktionsgeschehen auch unterstützende Prozesse sowie das Management in den Fokus der Qualitätsbetrachtung. In den USA wurde die Bedeutung von Qualität erst mit den Anfängen der Globalisierung um 1980 neu bewertet, dann allerdings auf dramatische Weise: japanische Konsumgüter drängten auf die westlichen Märkte, die den Produkten der etablierten Marktführer ebenbürtig und in manchen Bereichen sogar überlegen waren. Um gegen diesen enormen Wettbewerbsdruck bestehen zu können, setzten nun viele amerikanische Industrieunternehmen auf die QM-Lehren, die mit Hilfe von Amerikanern (u. a. Deming) in Japan entwickelt und erprobt worden waren (z. B. six sigma).

Das zunehmende Aufbrechen von traditionellen Wertschöpfungsketten seit den 1990er Jahren verstärkt die Bedeutung des Themas Qualität für die Wirtschaft kontinuierlich: das Auslagern bestimmter Teile des Produktionsprozesses an spezialisiertere und damit häufig effizientere Unternehmen sowie die Optimierung der Kapitalbindung über Just-in-time Materialwirtschaft machen enge Qualitätstoleranzen unabdingbar. Die durch diese Konzepte angestrebten Effizienzsteigerungen lassen sich natürlich nur dann realisieren, wenn die zugelieferten Produkte direkt, ohne aufwendigen eigenen Kontrollprozess in die Produktion einfließen können. Damit müssen sich Unternehmen auf die Qualität der Zulieferer beinahe blind verlassen können. Zu Beginn des 20. Jahrhunderts wäre so etwas noch auf Basis von Vertrauen möglich gewesen, in der modernen globalisierten Wirtschaft mit einer Vielfalt von Zulieferern ist dies nur über einen systematischen Ansatz möglich.

Es dürfte deshalb kein Zufall gewesen sein, dass sich zeitgleich Qualitätsnormen bzw. -normungssysteme entwickelt haben. Eine QM-Norm wie z. B. ISO 9000ff. beschreibt, welche Anforderungen das Management eines Unternehmens erfüllen muss, um einem definierten QM-Standard gerecht zu werden. Unternehmen, die sich z. B. einer Zertifizierung nach ISO 9000ff. unterzogen haben, müssen über die gesamte Prozesskette das Einhalten des QM-Standards nachweisen können. Damit kommen als Zulieferer praktisch nur ebenfalls zertifizierte Unternehmen in Frage. Mit klar definierten Qualitätsstandards und den entsprechenden Kontrollmechanismen lassen sich somit qualitativ hochwertige Erzeugnisse auch mit Zulieferungen aus kostengünstigen »Offshore«-Ländern sicherstellen.

Auch wenn die großen Bewegungen im Qualitätsmanagement von Japan über die USA nach Europa kamen, ist das Thema Qualität nicht erst seitdem für deutsche Unternehmen relevant. Nicht umsonst steht der Begriff »Made in Germany« weltweit für qualitativ hochwertige Produkte, die den allerhöchsten Ansprüchen genügen. Qualität und Qualitätsmanagement sind eben nur indirekt miteinander verbunden.

> Qualitätsmanagement dient in der Wirtschaft zur Optimierung der Kosten-Nutzen-Relation. Es zielt damit nicht zwangsläufig auf ein höherwertiges Endprodukt, sondern stellt die Erreichung eines vorgegebenen Qualitätsstandards sicher. Auch ein Billigprodukt kann das Resultat eines vollständig qualitätskontrollierten Prozesses sein, dessen Qualitätsparameter eben entsprechend niedrig sind.

Qualitätsmanagement im Gesundheitswesen

2.1   Warum braucht die Medizin ein Qualitätsmanagement? – 16

2.2   Entwicklungsgeschichte – 17

2.3   Gesetzliche Grundlagen und Anforderungen – 18

2.4   Strukturierter Qualitätsbericht nach § 137 SGB V – 22

2.5   Externe vergleichende Qualitätssicherung/BQS-Verfahren – 26

2.1 Warum braucht die Medizin ein Qualitätsmanagement?

Die Begriffe Qualitätssicherung und Qualitätsmanagement sind in der Wirtschaft seit vielen Jahrzehnten etabliert. Im Gesundheitswesen sind Qualitätssicherungsmaßnahmen und Qualitätsmanagement jedoch erst seit den 1980er Jahren bzw. durch die gesetzlichen Forderungen zu einem Thema geworden.

Die Forderung nach Qualitätsmanagement im Krankenhaus ist eng verbunden mit den Finanzierungsproblemen des bundesdeutschen Gesundheitswesens und der daraus entstandenen Gesundheits- und Sozialpolitik, aus der eine entsprechende Gesetzeslage entstanden ist.

Da die Qualitätssicherungsmaßnahmen Eingang in die Sozialgesetzgebung gefunden haben, ist speziell für den Krankenhausbereich die Verankerung der Qualitätssicherung und die Verpflichtung zur Einführung eines QM-Systems in den §§ 135–137 SGB V festgelegt.

> ❯ **Durch §§ 135–137 SGB V gewann Qualitätsmanagement im Gesundheitswesen zunehmend an Bedeutung.**

Diese gesetzlichen Regelungen haben zur Einführung von Qualitätssicherungsmaßnahmen und -systemen mit unterschiedlicher Struktur und unterschiedlichem Anspruchsniveau im Gesundheitswesen geführt, weil derzeit die Systeme frei wählbar sind und keine Zertifizierungspflicht besteht. Ist eine Zertifizierung geplant, haben die Zertifikate für das Krankenhaus zwei wichtige Aspekte. Das eine ist der Marketingeffekt. Das Zertifikat dient den Kunden als Beleg für die Qualität und die Sicherheit der Behandlung. Zum anderen ermöglicht dies ein Benchmarking mit anderen Kliniken.

Zur Einführung sowohl eines QM- als auch eines Risikomanagementsystems sind Krankenhäuser gesetzlich verpflichtet. Doch dies reicht bei weitem nicht aus.

Die Herausforderungen der Zukunft für die Krankenhäuser basieren zunehmend auf einer effizienten Krankenhausführung, einem wirksamen QM-System und einer gezielten Personalentwicklung. Kennzeichen sind die steigenden Anforderungen an die Leistungserbringung, ein konkurrierender Wettbewerbsdruck sowie ökonomische und gesetzliche Vorgaben. Dies ist gleichzeitig auch der Kerngedanke oder anders gesagt die besondere Herausforderung im Qualitätsmanagement: die Herstellung eines ausgewogenen Verhältnisses zwischen Qualität, Kosten und Zeit.

> ❯ **Um dem stetig zunehmenden wirtschaftlichen und gesetzlichen Druck standhalten zu können, müssen Krankenhäuser durch effiziente Krankenhausführung, ein wirksames QM-System und eine gesunde Personalentwicklung gegensteuern.**

Qualitätsmanagement ist im Krankenhaus aber vor allem auch dazu da, gesundheitlichen Nutzen zu erzeugen und die Patienten vor vermeidbaren versorgungsbedingten Schäden zu bewahren. Im Mittelpunkt des Qualitätsmanagements im Gesundheitswesen stehen:

- Patientenorientierung
- Mitarbeiterorientierung
- Prozessorientierung
- Beleuchtung interner Strukturen
- Präventives Fehler- und Risikomanagement
- Kontinuierliche Verbesserung

Bei der Kundenorientierung wird die Zielgruppe und deren Bedürfnisse ermittelt mit dem Ziel, eine Kundenzufriedenheit zu erreichen. Im Krankenhausbereich ist in erster Linie der Patient der Kunde. Zum anderen sind aber auch Kostenträger, Zuweiser und insbesondere auch Mitarbeiter als Kunden anzusehen.

Der Fokus bei der Mitarbeiterorientierung liegt auf der Realisierung einer möglichst hohen Behandlungsqualität. Diese soll durch das Zusammenwirken der verschiedenen Berufsgruppen und die Aufgabenverteilung auf einzelne Gruppen erreicht werden. Wichtig ist eine gezielte Personalentwicklung. Qualitätskonferenzen und Qualitätszirkel haben hierbei eine zentrale Bedeutung.

Ein wichtiger Aspekt bei QM-Konzepten ist die Prozessorientierung. Gerade im Krankenhausbereich ist das Denken in Prozessen nicht sehr ausgeprägt. Das Denken in Funktionen ist vorherrschend. Der Patient als Kunde muss so begriffen werden, dass ein klarer Behandlungsablauf von der Aufnahme über die eigentliche Behandlung bis hin zur Entlassung mit einer konkreten Zielsetzung festgelegt wird.

Bei der Einführung eines QM-Systems werden zudem interne Unternehmensstrukturen beleuchtet. Hieraus lassen sich kontinuierliche Qualitätsverbesserungen ableiten. Kosteneinsparungen und höhere Kosteneffizienz sind weitere wichtige Gesichtspunkte eines Qualitätsmanagements.

Qualitätsmanagement weist eine präventive Orientierung auf. Dies bedeutet, dass die Vermeidung von Fehlern, die Suche nach Fehlerursachen und ihre Beseitigung im Vordergrund stehen. Ein Qualitätsmanagement geht immer mit der kontinuierlichen Verbesserung von Behandlungsabläufen einher, z. B. durch Qualitätsverbesserungsprojekte oder durch die Vereinbarung zu erreichender Qualitätsziele.

Krankenhäuser sind keine konkurrenzfreie Zone mehr. Eine Entwicklung vom Universalkrankenhaus zum Krankenhaus mit unverwechselbarem Profil ist nicht mehr abzuwenden. Jedes Krankenhaus muss sich eine eigene Position im Wettbewerb sichern. Dies bedeutet, das Leistungsspektrum und die individuellen Stärken zu definieren und diese für die Öffentlichkeit sichtbar werden zu lassen. Ein Krankenhaus braucht ein unverwechselbares Marketingprofil und eine entsprechende Marketingstrategie, denn in Zukunft entscheidet der Patient zunehmend durch seine Wahl über das Bestehen oder Nichtbestehen von Krankenhäusern – nicht nur der privaten Kliniken. Integrierte Therapiekonzepte fordern andere Arbeitsteilungen zwischen Einweisern und Klinik, die es kompetent zu steuern gilt.

Ein QM-System kann die Rahmenbedingungen schaffen, um direkte wertschöpfende Prozesse am Patienten beherrschbar zu machen und Leistungs- und Qualitätsfähigkeit zu erhöhen.

> ❯❯ **Ein gut implementiertes QM-System hilft, Chancen und Risiken im Krankenhaus frühzeitig zu erkennen.**

> Zur Einführung sowohl eines QM- als auch eines Risikomanagementsystems sind Krankenhäuser inzwischen gesetzlich verpflichtet,
> ▼

bei den Systemen haben sie jedoch bislang noch freie Wahl. Eine Zertifizierungspflicht besteht momentan nicht.

Wichtige Aspekte eines QM-Systems sind Patienten-, Mitarbeiter- sowie Prozessorientierung, hinzu kommen die Beleuchtung interner Strukturen, ein präventives Fehler- und Risikomanagement und eine kontinuierliche Verbesserung.

In Zukunft muss sich jedes Krankenhaus zunehmend seine eigene Position im Wettbewerb sichern. Ein gut implementiertes QM-System bildet eine wichtige Entscheidungsgrundlage für die Zukunftsorientierung.

2.2 Entwicklungsgeschichte

Die Anstrengungen, ein umfassendes Qualitätsmanagement im Gesundheitswesen zu etablieren, begannen Anfang der 1990er Jahre. In den 1950er Jahren hatte man zunächst mit einer reinen Qualitätskontrolle begonnen. Diese war rein ergebnisorientiert und stützte sich vorwiegend auf Stichprobenverfahren. Das Ziel war dabei, die Strukturen im Gesundheitswesen zu verbessern. In den späten 1960er Jahren wurde mit einer systematischen Qualitätssicherung begonnen. Diese war prozessorientiert. Im Zuge dieser traditionellen Qualitätssicherung wurden spezielle Qualitätssicherungs-Abteilungen ins Leben gerufen. Im Rahmen dieser Qualitätssicherung wurden zahlreiche Verfahrensanweisungen etabliert. In den 1990er Jahren wandte man sich dann einem umfassenden Qualitätsmanagement zu. Im Gegensatz zu den vorherigen Verfahren ist dieser Ansatz sowohl kunden- als auch ergebnisorientiert. Es werden alle Mitarbeiter und alle Geschäftsprozesse miteinbezogen. In diesem umfassenden Qualitätsmanagement kommt der PDCA-Zyklus (**P**lan-**D**o-**C**heck-**A**ct) zum Tragen (▶ Kap. 1).

Die Gesundheitsministerkonferenz nahm im Jahr 1999 Empfehlungen auf, durch Qualitätsberichte ein Instrument zur Motivation, Reflexion von Qualität und zur Etablierung künftiger Qualitätsziele aufzubauen. Vorläufer hierfür war die Initiati-

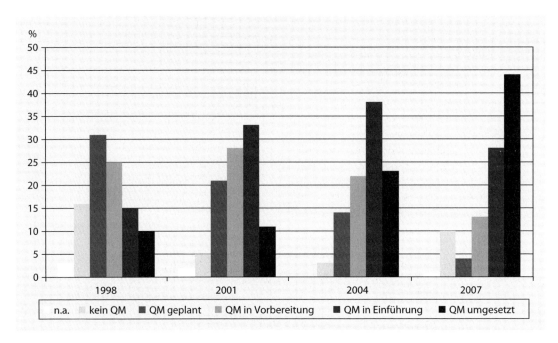

□ **Abb. 2.1.** Die Entwicklung des Qualitätsmanagements in deutschen Akutkrankenhäusern 1998–2007

ve »Vertrauen durch Qualität«, die von 5 städtischen Kliniken in München von 1989–1993 durchgeführt wurde. Von 1989–2001 wurde dann an 44 Kliniken in 10 Verbünden das Demonstrationsprojekt »Qualitätsmanagement im Krankenhaus« durchgeführt – dieses wurde auch als DemoPro abgekürzt. Durch den Gesetzgeber gab es eine bundesweite Ausschreibung zur Teilnahme an diesem Projekt. Im Rahmen dieser Initiative wurden zahlreiche Stabsstellen für Qualitätsmanagement etabliert. Ziel des Projektes war es letztlich, zu demonstrieren, dass die Einführung eines QM-Systems samt Zertifizierung in Krankenhäusern möglich ist.

Im Jahr 2001 hatten 20% der Akutkrankenhäuser einen Qualitätsbericht verfasst – dieser war zu diesem Zeitpunkt noch freiwillig. Diese Qualitätsberichte wurden an Interessenten verschickt bzw. im Internet eingestellt. Sie dienten u. a. auch der Positionierung des jeweiligen Krankenhauses am Markt und boten den Kostenträgern einen Einblick (□ Abb. 2.1).

Anfang 2004 wurde dem Gemeinsamen Bundesausschuss die Aufgabe übertragen, Inhalt und Umfang der dann verpflichtenden strukturierten Qualitätsberichte zu beschließen (SGB V § 137

Nr. 6 Satz 3 Absatz 1). Teilnehmer dieses Bundesausschusses waren die gesetzlichen und privaten Krankenversicherungen, die Bundesärztekammer, die Deutsche Krankenhausgesellschaft sowie der Deutsche Pflegerat. Im Jahr 2005 wurde die Erstellung des Qualitätsberichtes dann verpflichtend (▶ Kap. 2.4).

> ❯ **Seit 2005 sind Krankenhäuser in Deutschland verpflichtet, alle 2 Jahre einen strukturierten Qualitätsbericht zu erstellen.**

2.3   Gesetzliche Grundlagen und Anforderungen

In den letzten Jahren wurde die Verpflichtung, ein QM-System zu etablieren und weiterzuentwickeln, gesetzlich verankert. Medizinische und pflegerische Leistungen dürfen nur noch dann angeboten werden, wenn die Anforderungen an die Qualitätssicherung erfüllt sind, und sich das Krankenhaus an allen Maßnahmen zur externen Qualitätssicherung beteiligt. Diese Maßnahmen zur externen Qualitätssicherung sind ebenfalls im Sozialgesetzbuch

(SGB) V der gesetzlichen Krankenversicherung (GKV) festgeschrieben.

Die Verpflichtung zum Qualitätsmanagement wird im SGB V im § 135 festgelegt. Wörtlich heißt es hier:

1. »Die Leistungserbringer sind zur Sicherung und Weiterentwicklung der Qualität der von ihnen erbrachten Leistungen verpflichtet. Die Leistungen müssen dem jeweiligen Stand der wissenschaftlichen Erkenntnisse entsprechen und in der fachlich gebotenen Qualität erbracht werden.

2. Vertragsärzte, medizinische Versorgungszentren, zugelassene Krankenhäuser, Erbringer von Vorsorgeleistungen oder Rehabilitationsmaßnahmen und Einrichtungen, mit denen ein Versorgungsvertrag nach § 111a besteht, sind nach Maßgabe der §§ 136a, 136b, 137 und 137d verpflichtet:
    1. sich an einrichtungsübergreifenden Maßnahmen der Qualitätssicherung zu beteiligen, die insbesondere zum Ziel haben, die Ergebnisqualität zu verbessern, und
    2. einrichtungsintern ein Qualitätsmanagement einzuführen und weiterzuentwickeln«

> ❯ Das SGB V schreibt in § 135 die Einführung und Weiterentwicklung eines Qualitätsmanagements und die Teilnahme an Maßnahmen der Qualitätssicherung vor.

Die Anforderung an ein solches einrichtungsinternes Qualitätsmanagement wurden im Bundesanzeiger Nr. 242 vom 22.12.2005 bekannt gemacht. Das QM-System kann von der Einrichtung frei gewählt werden. Es muss aber nach dem Prinzip des umfassenden Qualitätsmanagements ausgestaltet sein. Diese Ausgestaltung wird mit folgenden Elementen näher definiert:

- Patientenorientierung
- Verantwortung und Führung
- Wirtschaftlichkeit
- Prozessorientierung
- Mitarbeiterorientierung und –beteiligung
- Zielorientierung und Flexibilität
- Fehlervermeidung und Umgang mit Fehlern
- Kontinuierlicher Verbesserungsprozess

In § 137 des SGB V wird die Qualitätssicherung bei nach § 108 zugelassenen Krankenhäusern geregelt. Als nach § 108 zugelassene Krankenhäuser gelten:

- Hochschulkliniken im Sinne des Hochschulbauförderungsgesetzes
- Krankenhäuser, die in den Krankenhausplan eines Landes aufgenommen sind (Plankrankenhäuser)
- Krankenhäuser, die einen Versorgungsvertrag mit den Landesverbänden der Krankenkassen und den Verbänden der Ersatzkassen abgeschlossen haben

Dies bedeutet, dass auch psychiatrische Krankenhäuser bzw. Landeskrankenhäuser sowie Rehabilitationskliniken eine Verpflichtung zum Qualitätsmanagement haben, da sie einen Versorgungsauftrag haben.

Im Absatz 1 des § 137 des SGB V heißt es wörtlich:

»Der Gemeinsame Bundesausschuss beschließt unter Beteiligung des Verbandes der privaten Krankenversicherung, der Bundesärztekammer sowie der Berufsorganisationen der Krankenpflegeberufe, Maßnahmen der Qualitätssicherung für nach § 108 zugelassene Krankenhäuser einheitlich für alle Patienten. Dabei sind die Erfordernisse einer sektor- und berufsgruppenübergreifenden Versorgung angemessen zu berücksichtigen.«

Im Weiteren werden Einzelheiten, wie der Qualitätsbericht, Vergütungsabschläge etc., geregelt. Im Einzelnen heißt es hier wörtlich:

»Die Beschlüsse nach Satz 1 regeln insbesondere
1. Die verpflichtenden Maßnahmen der Qualitätssicherung nach § 135a Abs. 2 sowie die grundsätzlichen Anforderungen an ein einrichtungsinternes Qualitätsmanagement,
2. Kriterien für die indikationsbezogene Notwendigkeit und Qualität der im Rahmen der Krankenhausbehandlung durchgeführten diagnostischen und therapeutischen Leistungen, insbesondere aufwändiger medizintechnischer Leistungen; dabei sind auch Mindestanforderungen an die Strukturqualität einschließlich im

Abstand von fünf Jahren zu erfüllender Fortbildungspflichten der Fachärzte und an die Ergebnisqualität festzulegen,

3. einen Katalog planbarer Leistungen nach den §§ 17 und 17b des Krankenhausfinanzierungsgesetzes, bei denen die Qualität des Behandlungsergebnisses in besonderem Maße von der Menge der erbrachten Leistungen abhängig ist, Mindestmengen für die jeweiligen Leistungen je Arzt oder Krankenhaus und Ausnahmetatbestände,

4. Grundsätze zur Einholung von Zweitmeinungen vor Eingriffen,

5. Vergütungsabschläge für zugelassene Krankenhäuser, die ihre Verpflichtungen zur Qualitätssicherung nicht einhalten und

6. Inhalt und Umfang eines im Abstand von zwei Jahren zu veröffentlichenden strukturierten Qualitätsberichts der zugelassenen Krankenhäuser, in dem der Stand der Qualitätssicherung insbesondere unter Berücksichtigung der Anforderungen nach den Nummern 1 und 2 sowie der Umsetzung der Regelungen nach Nummer 3 dargestellt wird. Der Bericht hat auch Art und Anzahl der Leistungen des Krankenhauses auszuweisen. Er ist über den in der Vereinbarung festgelegten Empfängerkreis hinaus von den Landesverbänden der Krankenkassen und den Verbänden der Ersatzkassen im Internet zu veröffentlichen. Der Bericht ist erstmals im Jahr 2005 für das Jahr 2004 zu erstellen.«

Der strukturierte Qualitätsbericht nach § 137 SGB V wird in ▶ Kap. 2.4. genauer beschrieben, auf die externe vergleichende Qualitätssicherung wird in ▶ Kap. 2.5. eingegangen.

In **§ 137b** wird die Förderung der Qualitätssicherung in der Medizin festgelegt. Wörtlich heißt es hier:

»Der Gemeinsame Bundesausschuss hat den Stand der Qualitätssicherung im Gesundheitswesen festzustellen, sich daraus ergebenden Weiterentwicklungsbedarf zu benennen, eingeführte Qualitätssicherungsmaßnahmen auf ihre Wirksamkeit hin zu bewerten und Empfehlungen für eine an einheitlichen Grundsätzen ausgerichtete sowie sektoren- und berufsgruppenübergreifende Quali-

tätssicherung im Gesundheitswesen einschließlich ihrer Umsetzung zu erarbeiten. Er erstellt in regelmäßigen Abständen einen Bericht über den Stand der Qualitätssicherung.«

Der Gemeinsame Bundesausschuss (G-BA) ist das oberste Beschlussgremium der gemeinsamen Selbstverwaltung der Ärzte, Zahnärzte, Psychotherapeuten, Krankenhäuser und Krankenkassen in Deutschland. Er bestimmt in Form von Richtlinien den Leistungskatalog der Gesetzlichen Krankenversicherung (GKV) für mehr als 70 Millionen Versicherte und legt damit fest, welche Leistungen der medizinischen Versorgung von der GKV erstattet werden. Darüber hinaus beschließt der G-BA Maßnahmen der Qualitätssicherung für den ambulanten und stationären Bereich des Gesundheitswesens.

Der G-BA steht unter der Aufsicht des Bundesministeriums für Gesundheit (BMG). Die Entscheidungen, die der G-BA trifft, müssen zur Prüfung dem BMG vorgelegt werden. Nach Freigabe durch das BMG werden diese Entscheidungen im Bundesanzeiger veröffentlicht und hiermit rechtswirksam. Die hauptsächliche Antriebsenergie für das Qualitätsmanagement kommt von der G-BA.

Das staatsunabhängige Institut für Qualität und Wirtschaftlichkeit im Gesundheitswesen (IQWiG) wurde im Dezember 2004 in Form einer privaten Stiftung durch den G-BA gegründet und hat seinen Sitz in Köln. Dem IQWiG obliegt die wissenschaftliche Bewertung von Nutzen, Qualität und Wirtschaftlichkeit medizinischer Leistungen. Hierbei unterstützt das IQWiG den G-BA durch die Abgabe von Empfehlungen in der Wahrnehmung seiner gesetzlichen Aufgaben.

Das Institut ist insbesondere auf den folgenden Gebieten tätig:

▬ Recherche, Darstellung und Bewertung des aktuellen medizinischen Wissensstandes zu diagnostischen und therapeutischen Verfahren bei ausgewählten Krankheiten,

▬ Erstellung von wissenschaftlichen Ausarbeitungen, Gutachten und Stellungnahmen zu Fragen der Qualität und Wirtschaftlichkeit der im Rahmen der gesetzlichen Krankenversicherung erbrachten Leistungen,

- Bewertung evidenzbasierter Leitlinien für die epidemiologisch wichtigsten Krankheiten,
- Abgabe von Empfehlungen zu Disease-Management-Programmen (DMP),
- Bewertung des Nutzens von Arzneimitteln,
- Bereitstellung von für alle Bürger verständlichen allgemeinen Informationen zur Qualität und Effizienz in der Gesundheitsversorgung.

Ein Qualitätsmanagement ist auch im vertragsärztlichen Bereich vorgeschrieben.

Im § 73c des SGB V wird die Förderung der Qualität in der vertragsärztlichen Versorgung geregelt. Wörtlich heißt es hier:

»1. In den Gesamtverträgen sollen Versorgungsaufträge vereinbart werden, deren Durchführung bestimmte qualitative oder organisatorische Anforderungen an die Vertragsärzte stellt. Dabei sind außerdem Regelungen zu treffen, wie die Erfüllung dieser besonderen Versorgungsaufträge zu vergüten ist sowie ob und wie diese Vergütung auf die in den Gesamtverträgen nach § 85 oder § 85a vereinbarten Vergütungen anzurechnen ist. Bundesmantelvertragliche Regelungen sind möglich.

2. In den Verträgen nach Absatz 1 ist zu regeln, ob Vertragsärzte, die der Kassenärztlichen Vereinigung nachweisen, dass sie die vereinbarten Anforderungen erfüllen, einen Anspruch auf Durchführung der Versorgungsaufträge im Rahmen der vertragsärztlichen Versorgung haben. Wird keine Vereinbarung nach Satz 1 geschlossen, können Krankenkassen mit Vertragsärzten Verträge zur Durchführung der nach Absatz 1 gesamtvertraglich vereinbarten Versorgungsaufträge schließen. Die Aufforderung zur Abgabe eine Angebots ist unter Bekanntgabe objektiver Auswahlkriterien öffentlich auszuschreiben.«

❯❯ **Im vertragsärztlichen Bereich ist die Einführung und Weiterentwicklung eines Qualitätsmanagements durch § 73c SGB V geregelt.**

Auch für die Qualität der Rehabilitation von behinderten oder von Behinderung bedrohten Menschen

wurden gesetzliche Regelungen getroffen. In § 20 SGB IX heißt es zur Qualitätssicherung wie folgt:

»1. Die Rehabilitationsträger nach § 6 Abs. 1 Nr. 1 bis 5 vereinbaren gemeinsame Empfehlungen zur Sicherung und Weiterentwicklung der Qualität der Leistungen, insbesondere zur barrierefreien Leistungserbringung, sowie für die Durchführung vergleichender Qualitätsanalysen als Grundlage für ein effektives Qualitätsmanagement der Leistungserbringer. § 13 Abs. 4 ist entsprechend anzuwenden. Die Rehabilitationsträger nach § 6 Abs. 1 Nr. 6 und 7 können den Empfehlungen beitreten.

2. Die Erbringer von Leistungen stellen ein Qualitätsmanagement sicher, das durch zielgerichtete und systematische Verfahren und Maßnahmen die Qualität der Versorgung gewährleistet und kontinuierlich verbessert.

3. Die Bundesarbeitsgemeinschaft für Rehabilitation bereitet die Empfehlungen nach Absatz 1 vor. Sie beteiligt die Verbände behinderter Menschen einschließlich der Verbände der Freien Wohlfahrtspflege, der Selbsthilfegruppen und der Interessenvertretungen behinderter Frauen sowie die nach § 19 Abs. 6 gebildeten Arbeitsgemeinschaften und die für die Wahrnehmung der Interessen der ambulanten und stationären Rehabilitationseinrichtungen auf Bundesebene maßgeblichen Spitzenverbände. Deren Anliegen wird bei der Ausgestaltung der Empfehlungen nach Möglichkeit Rechnung getragen.

4. § 13 Abs. 3 ist entsprechend anzuwenden für Vereinbarungen auf Grund gesetzlicher Vorschriften für die Rehabilitationsträger.«

❯❯ **§ 20 des SGB IX regelt die Qualitätssicherung in der Rehabilitation von behinderten oder von Behinderung bedrohten Menschen.**

Im SGB XI wird die soziale Pflegeversicherung und auch die Qualitätssicherung geregelt – es geht insbesondere um den Schutz der Pflegebedürftigen und die Betreuung von Heimen. Wörtlich heißt es in § 112:

»1. Die Träger der Pflegeeinrichtungen bleiben, unbeschadet des Sicherstellungsauftrags der Pflegekassen (§ 69), für die Qualität der Leistungen ihrer Einrichtungen einschließlich der Sicherung und Weiterentwicklung der Pflegequalität verantwortlich. Maßstäbe für die Beurteilung der Leistungsfähigkeit einer Pflegeeinrichtung und die Qualität ihrer Leistungen sind die für sie verbindlichen Anforderungen in den Vereinbarungen nach § 80 sowie in den Leistungs- und Qualitätsvereinbarungen nach § 80a.

2. Die zugelassenen Pflegeeinrichtungen sind verpflichtet, sich an Maßnahmen zur Qualitätssicherung zu beteiligen und in regelmäßigen Abständen die erbrachten Leistungen und deren Qualität nachzuweisen; bei stationärer Pflege erstreckt sich die Qualitätssicherung neben den allgemeinen Pflegeleistungen auch auf die medizinische Behandlungspflege, die soziale Betreuung, die Leistungen bei Unterkunft und Verpflegung (§ 87) sowie auf die Zusatzleistungen (§ 88).

3. Die Pflegeeinrichtungen haben auf Verlangen der Landesverbände der Pflegekassen dem Medizinischen Dienst der Krankenversicherung oder den von den Landesverbänden bestellten Sachverständigen die Prüfung der erbrachten Leistungen und deren Qualität durch Einzelprüfungen, Stichproben und vergleichende Prüfungen zu ermöglichen. Die Prüfungen sind auf die Qualität, die Versorgungsabläufe und die Ergebnisse der in Absatz 2 genannten Leistungen sowie auf deren Abrechnung zu erstrecken. Soweit ein zugelassener Pflegedienst auch Leistungen nach § 37 des Fünften Buches erbringt, gelten die Sätze 1 und 2 entsprechend.

4. Der Medizinische Dienst der Krankenversicherung soll im Rahmen seiner Möglichkeiten die Pflegeeinrichtungen in Fragen der Qualitätssicherung beraten, mit dem Ziel, Qualitätsmängeln rechtzeitig vorzubeugen und die Eigenverantwortung der Pflegeeinrichtungen und ihrer Träger für die Sicherung und Weiterentwicklung der Pflegequalität zu stärken. Ein Anspruch auf Beratung besteht nicht.«

> § 112 des SGB XI regelt die Qualitätssicherung für Pflegebedürftige und deren Betreuung in Heimen.

Die Forderung nach einem umfassenden Qualitätsmanagement im Gesundheitswesen ist inzwischen in Gesetzestexten verankert. Das SGB V schreibt im § 135 die Einführung und Weiterentwicklung eines Qualitätsmanagements und die Teilnahme an Maßnahmen der Qualitätssicherung vor. Dies gilt für nach § 108 zugelassene Krankenhäuser, also für Hochschulkliniken, Plankrankenhäuser und Krankenhäuser, die einen Versorgungsauftrag mit den Landesverbänden der Krankenkassen und den Verbänden der Ersatzkassen abgeschlossen haben. Es betrifft daher auch psychiatrische Kliniken bzw. Landeskrankenhäuser.

Auch im vertragsärztlichen Bereich ist die Einführung und Weiterentwicklung eines Qualitätsmanagements durch § 73c des SGB V geregelt. Zudem gibt es Vorschriften zur Qualitätssicherung in der Rehabilitation von behinderten oder von Behinderung bedrohten Menschen (§ 20 des SGB IX), sowie in der Betreuung pflegebedürftiger Patienten (§ 112 des SGB XI).

Der Gemeinsame Bundesausschuss (G-BA) ist das oberste Beschlussgremium der gemeinsamen Selbstverwaltung der Ärzte, Zahnärzte, Psychotherapeuten, Krankenhäuser und Krankenkassen in Deutschland und eine treibende Kraft für die Einführung eines Qualitätsmanagements im Gesundheitswesen. Das staatsunabhängige Institut für Qualität und Wirtschaftlichkeit im Gesundheitswesen (IQWiG) arbeitet Hand in Hand mit dem G-BA und führt wissenschaftliche Bewertungen über Nutzen, Qualität und Wirtschaftlichkeit von medizinischen Leistungen durch.

2.4   Strukturierter Qualitätsbericht nach § 137 SGB V

Nachdem zunächst ein freiwilliger Qualitätsbericht an deutschen Krankenhäusern etabliert worden war, mussten dann im Jahr 2005 alle in Deutschland nach § 108 SGBV zugelassenen Krankenhäuser erstmalig auf der Basis der Daten von 2004 einen Qualitätsbericht abgeben.

Nach § 108 SGB V zugelassene Krankenhäuser sind folgende Einrichtungen:

- Hochschulkliniken im Sinne des Hochschulbauförderungsgesetzes,
- Krankenhäuser, die in den Krankenhausplan eines Landes aufgenommen sind (»Plankrankenhäuser«), sowie
- Krankenhäuser, die einen Versorgungsvertrag mit den Landesverbänden der Krankenkassen und den Verbänden der Ersatzkassen abgeschlossen haben.

Hierunter fallen auch Rehabilitationseinrichtungen und psychiatrische Kliniken.

Die erstellten Qualitätsberichte werden über die Verbände der Kostenträger im Internet eingestellt.

> Seit 2005 müssen deutsche Krankenhäuser gemäß § 137 SGB V alle 2 Jahre einen Qualitätsbericht erstellen.

Ziele des strukturierten Qualitätsberichtes sind:

- Entscheidungshilfe für Versicherte und Patienten im Vorfeld einer Krankenhausbehandlung
- Orientierungshilfe für Vertragsärzte und Krankenkassen bei Einweisung und Weiterbetreuung der Patienten
- Möglichkeit für Krankenhäuser, Leistungen und Qualität nach außen transparent darzustellen

Der Qualitätsbericht richtet sich hierbei vorwiegend an die folgenden Zielgruppen:

- Versicherte und interessierte Parteien
- Krankenhäuser
- Krankenkassen und Vertragsärzte
- Sekundärnutzer, wie beispielsweise Verbraucherschutzverbände, Patientenvermittler oder Arbeitssuchende

Die Struktur des Qualitätsberichtes wurde seit 2005 weiter an die Erfordernisse angepasst. Hierbei wurde vor allem auf folgende Punkte Wert gelegt:

- Der Qualitätsbericht soll mit vertretbarem Aufwand und mit den im Krankenhaus vorhandenen Möglichkeiten anzufertigen sein.

- Das Datenformat soll sich vor allem an dem Nutzen für den Patienten orientieren.
- Aussagen zur medizinischen Ergebnisqualität sollen enthalten sein.
- Redundanzen sollen minimiert bzw. eliminiert werden.
- Der Qualitätsbericht soll für die verschiedenen Zielgruppen verständlich sein und von Format und Gestaltung her leicht aufgenommen werden können.
- Informationen sollen leicht und schnell aufzufinden sein.
- Vorgaben sollen als Mindestanforderung verstanden werden.
- Die enthaltenen Pflichtdaten sollen die jeweilige Zielgruppe bei der Entscheidungsfindung unterstützen können.
- Die Angaben sollen vergleichbar und nachprüfbar sein.
- Die Struktur des Qualitätsberichtes soll möglichst konstant gehalten werden, um Vergleiche über verschiedene Jahre hinweg zu ermöglichen und um die Erstellung, Bearbeitung und Nutzung zu erleichtern.

Der strukturierte Qualitätsbericht gliedert sich in die folgenden 4 Kapitel:

- Kapitel A zu allgemeinen Struktur- und Leistungsdaten
- Kapitel B zu Struktur- und Leistungsdaten der Fachabteilungen
- Kapitel C zur Qualitätssicherung, sowie
- Kapitel D zum Qualitätsmanagement.

Während in Kapitel A die allgemeinen Daten zur Struktur und zum Leistungsangebot des Krankenhauses erfasst werden, bezieht sich Kapitel B speziell auf die Struktur- und Leistungsdaten der Fachabteilungen. Hier werden Versorgungsschwerpunkte, Fallzahlen, Hauptdiagnosen nach ICD und Prozeduren nach OPS erfragt. Auch wird genau auf Leistungsangebote, ambulante Behandlungsmöglichkeiten sowie die apparative und personelle Ausstattung eingegangen.

Im Kapitel C zur Qualitätssicherung wird u. a. nach der Teilnahme an der externen vergleichenden Qualitätssicherung (BQS-Verfahren, ▶ Kap. 2.5), nach anderen externen Qualitätssiche-

❏ Tabelle 2.1 Gliederung des strukturierten Qualitätsberichtes; Struktur und Leistungsdaten

A. Struktur- und Leistungsdaten

A-1	Allgemeine Kontaktdaten des Krankenhauses
A-2	Institutskennzeichen
A-3	Standortnummer
A-4	Name und Art des Krankenhausträgers
A-5	Akademisches Lehrkrankenhaus
A-6	Organisationsstruktur des Krankenhauses
A-7	Regionale Versorgungsverpflichtung Psychiatrie
A-8	Fachabteilungsübergreifende Versorgungsschwerpunkte
A-9	Fachabteilungsübergreifende medizinisch-pflegerische Leistungsangebote
A-10	Allgemeine nichtmedizinische Serviceangebote
A-11	Forschung und Lehre (max. 2.600 Zeichen)
A-12	Anzahl Betten
A-13	Fallzahlen

❏ Tabelle 2.2 Gliederung des strukturierten Qualitätsberichtes; Struktur und Leistungsdaten der Fachabteilungen

B. Struktur-/Leistungsdaten der Fachabteilungen

B-(X)-1	Name der Organisationseinheit/Fachabteilung
B-(X)-2	Versorgungsschwerpunkte
B-(X)-3	Medizinisch-pflegerische Leistungsangebote
B-(X)-4	Nichtmedizinische Serviceangebote
B-(X)-5	Fallzahlen
B-(X)-6	Hauptdiagnosen nach ICD
B-(X)-7	Prozeduren nach OPS
B-(X)-8	Ambulante Behandlungsmöglichkeiten
B-(X)-9	Ambulante Operationen nach § 115b SGB V
B-(X)-10	Nichtmedizinische Serviceangebote
B-(X)-11	Apparative Ausstattung
B-(X)-12	Personelle Ausstattung
B-(X)-12.1	Ärzte
B-(X)-12.2	Pflegepersonal
B-(X)-12.3	Spezielles therapeutisches Personal

rungsverfahren und nach der Mindestmengenverordnung gefragt. Das Kapitel D geht auf das Qualitätsmanagement ein. Neben der Ausformulierung von Qualitätspolitik und Qualitätszielen wird nach dem Aufbau eines einrichtungsinternen Qualitätsmanagements, Instrumenten des Qualitätsmanagements, derzeit laufenden Qualitätsmanagement-Projekten und nach der Bewertung der Qualitätsmanagements gefragt. ❏ Tab. 2.1–2.4 fassen die Unterkapitel des strukturierten Qualitätsberichts 2007 zusammen.

Die Erstellung eines strukturierten Qualitätsberichts ist nach § 137 SGB V alle 2 Jahre für die deutschen Krankenhäuser vorgeschrieben. Der Qualitätsbericht soll dabei als Entscheidungshilfe für Versicherte und Patienten im Vorfeld einer Krankenhausbehandlung dienen und eine Orientierungshilfe für Vertragsärzte und Krankenkassen bei Einweisung und Weiterbetreuung der Patienten sein. Zudem soll er den Krankenhäusern die Möglichkeit bieten, Leistungen und Qualität nach außen transparent darzustellen.

◘ **Tabelle 2.3** Gliederung des strukturierten Qualitätsberichtes; Qualitätssicherung

C. Qualitätssicherung	
C-1	Teilnahme an der externen vergleichenden QS (BQS-Verfahren)
C-1.1	Im Krankenhaus erbrachte Leistungsbereiche/Dokurate
C-1.2	Ergebnisse für ausgewählte Qualitätsindikatoren aus dem BQS-Verfahren
C-2	Externe Qualitätssicherung gemäß Landesrecht
C-3	Qualitätssicherung bei Teilnahme an Disease-Management-Programmen
C-4	Teilnahme an sonstigen Verfahren der externen vergleichenden Qualitätssicherung (z. B. Fachgesellschaften, freiwillige BQS-Verfahren) (max. 10.000 Zeichen)
C-5	Umsetzung der Mindestmengenverordnung
C-6	Ergänzende Angaben bei Nicht-Umsetzung der Mindestmengenverordnung

◘ **Tabelle 2.4** Gliederung des strukturierten Qualitätsberichtes; Qualitätsmanagement

D. Qualitätssicherung	
D-1	Qualitätspolitik: Leitbild, Vision, Mission, QM-Grundsätze (10.000 Zeichen)
D-2	Qualitätsziele: Strategische/operative Ziele/Messung der Zielerreichung und Kommunikation der Zielerreichung (10.000 Zeichen)
D-3	Aufbau des einrichtungsinternen Qualitätsmanagements (10.000 Zeichen)

◘ **Tabelle 2.4** Fortsetzung

D-4	Instrumente des Qualitätsmanagements (20.000 Zeichen) – Interne Auditinstrumente zur Überprüfung der Umsetzungsqualität nationaler Expertenstandards (z. B. kontinuierlich eingesetzte Prozesse zur Messung und Verbesserung der Qualität – Dekubitusprophylaxe, Entlassungsmanagement, Schmerzmanagement, Sturzprophylaxe, Förderung der Harnkontinenz) – Beschwerdemanagement – Fehler- und Risikomanagement – Morbiditäts- und Mortalitätsbesprechungen – Patienten-Befragungen – Mitarbeiter-Befragungen – Einweiser-Befragungen – Maßnahmen zur Patienten-Information und Aufklärung – Wartezeitenmanagement – Hygienemanagement
D-5	Qualitätsmanagement-Projekte (20.000 Zeichen) QM-Projekte sind einmalige, zeitlich begrenzte Prozesse zur Erreichung von Qualitätszielen. Sie können sowohl für das gesamte Krankenhaus als auch für einzelne Fachabteilungen/Organisationseinheiten an dieser Stelle aufgeführt werden. Wenn möglich sollen qualitätsorientierte Projekte systematisch dargelegt werden: – Hintergrund des Problems, – Ausmaß des Problems (Ist-Analyse) – Zielformulierung – Maßnahmen und deren Umsetzung – Evaluation der Zielerreichung
D-6	Bewertung des Qualitätsmanagements (10.000 Zeichen) Hier können z. B. dargestellt werden: – Allgemeine Zertifizierungsverfahren – Krankenhausspezifische Zertifizierungsverfahren – Excellence-Modelle – Peer Reviews und/oder – Andere interne Selbstbewertungen

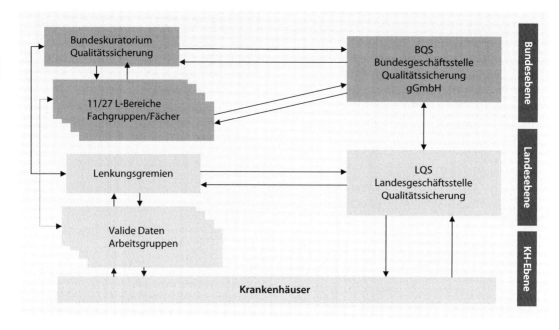

◘ Abb. 2.2. BQS-Verfahren – Partnerorgane bei der externen Qualitätssicherung

2.5 Externe vergleichende Qualitätssicherung/BQS-Verfahren

Mit dem Gesundheitsreformgesetz von 1989 wurde erstmalig eine externe Qualitätssicherung für die Qualität der stationären Versorgung eingeführt. Wie für den strukturierten Qualitätsbericht auch, sind alle nach § 108 SGBV zugelassenen Krankenhäuser sowie die Vorsorge- und Rehabilitationseinrichtungen verpflichtet, sich an externen Qualitätssicherungsmaßnahmen zu beteiligen. Hiermit soll ein Vergleich der Einrichtungen in Bezug auf bestimmte Kenngrößen ermöglicht und dadurch auch die Ergebnisqualität verbessert werden.

> ❯ Das sog. BQS-Verfahren ist ein Verfahren zur externen Qualitätssicherung.

Im Jahr 2000 wurde die Bundesgeschäftsstelle Qualitätssicherung (hieraus ergibt sich die Abkürzung BQS, die im Klinikjargon häufig für das gesamte Verfahren der externen Qualitätssicherung verwendet wird) vom Bundeskuratorium Qualitätssicherung beauftragt, die inhaltliche Weiterentwicklung und organisatorische Umsetzung der externen Qualitätssicherung zu leiten. 2004 trat mit dem Gesetz zur Modernisierung der gesetzlichen Krankenversicherung der G-BA an die Stelle des Bundeskuratoriums Qualitätssicherung. Hierdurch ging die Beschlusskompetenz für Maßnahmen der Qualitätssicherung der nach § 108 SGBV zugelassenen Krankenhäuser an den Gemeinsamen Bundesausschuss über. Die Umsetzung erfolgt durch Lenkungsgremien, Geschäftsstellen und Arbeitsgruppen auf der Ebene der Länder (◘ Abb. 2.2).

Seit 2001 werden von der BQS Behandlungsergebnisse überwacht und Vergleiche durchgeführt. ◘ Tab. 2.5 fasst die Leistungsbereiche zusammen, zu denen im Jahr 2007 Daten erhoben wurden. Für diesen Bereich sind Qualitätsindikatoren, die sich auf Indikations-, Prozess- und Ergebnisqualität beziehen, erfasst. Diese beinhalten auch die Erfassung von Komplikationen, wie z. B. von Infektionen oder Mortalität.

> ❯ Das BQS-Verfahren erfasst Qualitätsindikatoren zu verschiedenen Leistungsbereichen und vergleicht diese.

Der Ergebnisbericht, nicht aber die Ergebnisse der einzelnen Krankenhäuser, ist öffentlich zugänglich (vgl. http://www.bqs-outcome.de). Auf Länderebe-

▫ Tabelle 2.5 Leistungsbereiche der BQS-Erfassung

	Leistungsbereich	Verfahren		Verpflichtend
		Direkt	Indirekt	
1	Ambulant erworbene Pneumonie		×	Seit 01.01.05
2	Aortenklappenchirurgie, isoliert	×		
3	Cholezystektomie		×	
4	Pflege: Dekubitusprophylaxe		×	Seit 01.01.07
5	Geburtshilfe		×	
6	Gynäkologische Operationen		×	
7	Herzschrittmacher Aggregatwechsel		×	
8	Herzschrittmacher Implantation		×	
9	Herzschrittmacher Revision/-Systemwechsel/-Explantation		×	
10	Herztransplantation	×		
11	Hüftendoprothesen-Erstimplantation		×	
12	Hüftendoprothesen-Wechsel und –komponentenwechsel		×	
13	Hüftgelenknahe Femurfraktur		×	
14	Karotis-Rekonstruktion		×	
15	Knie-Totalendoprothesen-Erstimplantation	×		
16	Knie-Endoprothesen-Wechsel und –komponentenwechsel		×	
17	Kombinierte Koronar- und Aortenklappenchirurgie	×		
18	Koronarangiographie und perkutane Koronarintervention (PCI)		×	
19	Koronarchirurgie isoliert	×		
20	Mammachirurgie	×		
21	Lebertransplantation	×		Seit 01.01.2006
22	Leberlebendspende	×		Seit 01.01.2006
23	Nierentransplantation	×		Seit 01.01.2006

▣ Tabelle 2.5 Fortsetzung

	Leistungsbereich	Verfahren		Verpflichtend
		Direkt	Indirekt	
24	Nierenlebendspende	×		Seit 01.01.2006
25	Lungentransplantation	×		Seit 01.01.2007
26	Pankreastransplantation	×		Seit 01.01.2007

ne werden teilweise weitere Leistungsbereiche auf freiwilliger Basis erfasst – hierzu zählen z. B. Daten zur Neonatologie oder zur Schlaganfallsbehandlung. Werden auffällige Abweichungen eines Krankenhauses in einem oder mehrerer ihrer Leistungsbereiche festgestellt, so wird ein sog. »strukturierter Dialog« zwischen Experten der Landesarbeitsgruppen für Qualitätssicherung und dem Krankenhaus durchgeführt. Hierdurch sollen Verbesserungspotentiale in den Einrichtungen aufgezeigt werden. Die Ergebnisse der externen Vergleiche im Rahmen der BQS-Erhebungen sollten in das krankenhausinterne Qualitätsmanagement einfließen.

> Das BQS-Verfahren ist eine Form der externen Qualitätssicherung. Für verschiedene Leistungsbereiche werden Qualitätsindikatoren, die sich auf Indikations-, Prozess- und Ergebnisqualität beziehen, erfasst und verglichen. Die Ergebnisse dieser externen Vergleiche sollten in das krankenhausinterne Qualitätsmanagement einfließen.

Modelle des Qualitätsmanagements

3.1   DIN/EN/ISO-Familie – 30

3.2   Modell der Joint Commission International (JCI) – 34

3.3   KTQ-Katalog – 35

3.4   proCum Cert – 39

3.5   EFQM-Modell – 40

3.6   TQM-Ansatz – 44

3.7   Integriertes Managementsystem – 46

3.8   Qualitätsmodell Krankenhaus – 47

3.9   DEGEMED und deQus – 49

3.10   Modelle für Praxen – 52

3.11   Zertifizierungen von onkologischen Zentren – 57

3.12   Weitere Normen – 59

3.13   GCP, GLP und GMP – 60

3.14   Welches Modell eignet sich für mich? – 65

3.1   DIN/EN/ISO-Familie

Die Abkürzung ISO ist die international einheitliche Abkürzung für die Internationale Organisation für Normung (International Organization for Standardization, Organisation Internationale de Normalisation) mit Sitz in Genf. Sie nahm im Jahr 1947 ihre Arbeit auf und ist inzwischen in über 150 Ländern der Erde vertreten. Das Deutsche Institut für Normung e.V. (DIN) trat 1951 als Mitglied der ISO als Vertreter der Bundesrepublik Deutschland bei. In Österreich wird das nationale Normeninstitut als ÖNORM (Österreichische Normeninstitut) bezeichnet, in der Schweiz als Schweizerische Normen-Vereinigung (SN). Diese Abkürzungen stehen in den Bezeichnungen der jeweilig im Land verwendeten Normen. Die europäischen Normen (EN) können von den nationalen Normungsinstituten in das nationale Regelwerk übernommen werden und erhalten dann eine länderspezifische Abkürzung.

> ❯ EN bezeichnet die europäischen Normen
> und DIN, ÖNORM oder SN steht für länder-
> spezifische Normungsinstitute.

Im Rahmen der ISO gibt es technische Standards, klassifikatorische Standards und Verfahrensstandards – das Qualitätsmanagement gehört zur Gruppe der Verfahrensstandards.

Innerhalb der ISO bezieht sich die sog. 9000er-Normenfamilie auf das Qualitätsmanagement. Diese Normenreihe wurde 1994 zuletzt einer Revision unterzogen und auch für das Gesundheitswesen adaptiert.

Diese 9000er-Normenfamilie besteht aus ISO 9000:2005, ISO 9001:2008, ISO 9004:2000 sowie ISO 19011:2002. Hierbei bezeichnet die erste Zahl (also beispielsweise 9001) die Norm selbst, die zweite Zahl nach dem Doppelpunkt hingegen das Jahr der letzten Revision. Dies bedeutet z. B., dass die DIN EN ISO 9001:2008 sich auf die ISO 9001 bezieht, die im Jahr 2008 zuletzt geändert wurde.

Die **Mitglieder der ISO 9000**-Normenfamilie bestehen also aus:

- **ISO 9000:2005:** hier werden die Grundlagen für QM-Systeme beschrieben und die in der ISO 9000 verwendeten Begriffe des Qualitätsmanagements erläutert.
- **ISO 9001:2008:** hier werden die Anforderungen an ein QM-System geregelt. Anhand von 8 Prozessgruppen wird erläutert, was die Grundanforderungen an ein funktionierendes Qualitätsmanagement sind bzw. welche Anforderungen die Organisation erfüllen muss.
- **ISO 9004:2000:** hier wird der Leitfaden zur Leistungsverbesserung erklärt. Es werden detailliertere Anleitungen gegeben, wie sich eine Organisation weiter verbessern kann – dies dient jedoch nicht als Zertifizierungsgrundlage. Die ISO 9004:2000 wird derzeit überarbeitet. Sie soll unabhängig von der ISO 9001 werden und Aspekte des Total Quality Managements beschreiben.
- **ISO 19011:2002:** diese stellt den Leitfaden für die Auditierung von Qualitätsmanagement- und/oder Umweltmanagementsystemen dar.

Das Normenregelwerk wird kontinuierlich überprüft und verbessert. In der Regel werden die Normen turnusmäßig durch den Normenausschuss in einem 5-Jahres-Zeitraum auf Notwendigkeit und Aktualität überprüft. Je nach Ergebnis wird die Norm dann entweder aktualisiert, in der jeweiligen Form belassen oder sogar zurückgezogen. Wie bereits beschrieben, kennzeichnet die vierstellige Nummer hinter dem Teilungszeichen das Jahr der Revision.

Im Jahr 2007 befand sich die Zertifizierungsnorm 9001:2000 im Revisionsstatus bzw. in der Entwurfsform – sie wurde im Deutschen Institut für Normung daher als prenISO 9001:2007 oder auch E DIN gekennzeichnet/geführt.

Dieser Normentwurf – in der Normensprache auch als »Gelbdruck« oder »Rotdruck« bezeichnet – wird der Öffentlichkeit zur Prüfung und Stellungnahme präsentiert. Nach Prüfung kann die Entwurfsform entweder durch die endgültige Norm abgelöst oder ein abermals neuer Entwurf vorgelegt werden. Der Inhalt eines Entwurfs kann deshalb von der Endfassung der Norm gleicher Nummer abweichen.

Inzwischen liegt die Neufassung als ISO 9001:2008 vor.

> Die ISO 9000er-Normenfamilie besteht aus ISO 9000:2005, ISO 9001:2008, ISO 9004:2000 sowie ISO 19011:2002. Die erste Zahl bezeichnet die Norm, die zweite Zahl das letzte Jahr ihrer Änderung.

Die Grundlage der Zertifizierung ist die ISO 9001:2008. Im Gegensatz zur Fassung von 1994, die aus 20 Elementen bestand und vorwiegend auf Industrieunternehmen abzielte, verfolgt die ISO 9001:2008 einen allgemeineren, prozessorientierten Ansatz. Als prozessorientierten Ansatz bezeichnet man insbesondere das systematische Erkennen sowie Handhaben von Prozessen innerhalb einer Organisation und von ihren Wechselwirkungen (vgl. ISO 9000:2005, ▶ Kap. 2.4).

Der inhaltliche Aufbau der **ISO 9001:2008** setzt sich aus den folgenden 8 Hauptkategorien zusammen:

1. Anwendungsbereich
2. Normative Verweisungen
3. Begriffe
4. Anforderungen an das QM-System
5. Verantwortung der Leitung
6. Management von Ressourcen
7. Produktrealisierung
8. Messung, Analyse und Verbesserung

Eine Anforderung im Rahmen des QM-Systems (**Kategorie 4**) ist die Erstellung und Aufrechterhaltung eines QM-Handbuches (▶ Kap. 7.3). Dieses muss folgende Bereiche abhandeln:

- Der Anwendungsbereich des QM-Systems muss definiert werden – falls Ausschlüsse vorgenommen werden, muss dies begründet werden. In begründeten Fällen kann also ein Teilbereich der Organisation vom Qualitätsmanagement ausgeschlossen werden.
- Die für das QM-System erstellten dokumentierten Verfahren oder Verweise darauf
- Eine Beschreibung der Wechselwirkung der Prozesse des Qualitätsmanagements

Die Norm analysiert die Kategorien 5–8 und vergleicht dabei Eingaben (»input«) mit Ausgaben (»output«). ◘ Abb. 3.1 veranschaulicht dieses Modell der ISO 9001:2008. Dieses Modell ist in der ISO 9001:2008 unter Hauptkategorie 4 abgebildet.

> Grundlage einer Zertifizierung nach dem ISO-System ist die ISO 9001:2008. Es können einzelne Abteilungen oder auch das Gesamtunternehmen zertifiziert werden.

Um eine Zertifizierung zu erlangen, muss die Organisation ein QM-System aufbauen, das den Forderungen der Norm entspricht. Sie muss dieses dokumentieren, verwirklichen, aufrechterhalten und die Wirksamkeit ständig verbessern.

Die Organisation muss die Anforderungen von Kunden und interessierten Parteien ermitteln und möglichst effizient umsetzen. Im nächsten Schritt legt die Norm fest, welche Aufgaben und Verantwortlichkeiten die Führung des Unternehmens (**Kategorie 5**. Verantwortung der Leitung) erfüllen muss, bevor sie sich im nächsten Schritt (**Kategorie 6**. Management von Ressourcen) dem Einsatz, der Ausbildung und der Qualifikation der Mitarbeiter, dem Gebäudemanagement und der gesamten apparativen Ausstattung zuwendet, die benötigt werden, um die Aufgaben qualitativ hochwertig und mit möglichst geringem Aufwand zu erfüllen. Der Schritt der Produktrealisierung (**Kategorie 7**) beschreibt alle Kernprozesse – dies sind im Gesundheitswesen vor allem direkte Leistungen am Patienten. Hier muss nachgewiesen werden, dass die Organisation definiert, was die Leistungen sind, wie diese geplant werden, welches Leistungsniveau angestrebt wird, wie diese Anforderungen bewertet werden und wie mit dem Kunden kommuniziert wird. Die Produktrealisierung beinhaltet auch den gesamten Beschaffungsprozess, also das Bereitstellen der notwendigen Materialien und Ressourcen. Explizit wird hier auch auf den Umgang mit Eigentum des Kunden, im Falle des Gesundheitswesens also dem Patienteneigentum, eingegangen.

Im nächsten Schritt (**Kapitel 8**: Messung, Analyse und Verbesserung) erfolgt die Kontrolle des Erreichten durch interne Audits und Messungen. Hier wird die Wirksamkeit der Prozesse analysiert.

> Alle Ergebnisse von internen Audits und Messungen, insbesondere auch der Kundenzufriedenheit, müssen jährlich in einem sog. Management Review zusammengetragen werden.

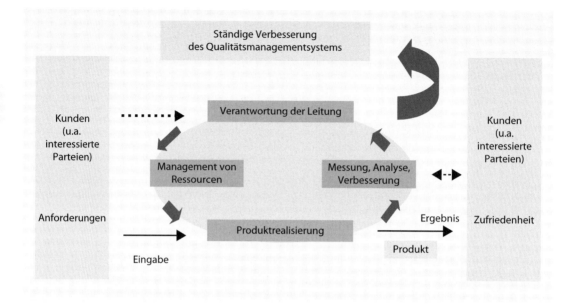

☐ Abb. 3.1. Modell der ISO 9001:2008

Es ist hierbei die Aufgabe des bzw. der QM-Beauftragten, alle Daten zu analysieren, Abweichungen und Verbesserungspotentiale zu ermitteln und der Geschäftsleitung bzw. Krankenhausführung in Form eines Berichtes (»management executive summary«) zu präsentieren.

Besonderes Gewicht wird im Kapitel 8 auch auf Vorbeuge- und Korrekturmaßnahmen im Umgang mit Fehlern sowie auf die Lenkung fehlerhafter Produkte gelegt. Dies bedeutet im Gesundheitssystem, dass überprüft wird, ob ein standardisiertes Verfahren des Fehlermanagements vorliegt – es ist hierbei wichtig, das Risiko zu kennen, und Strategien nachzuweisen, wie in der Organisation mit Beinahe-Zwischenfällen (»critical incidents«) umgegangen wird. Im Management Review werden auch alle Ergebnisse der Fehleranalysen, die eingeleiteten Verbesserungsmaßnahmen und die Ergebnisse aus Qualitätszirkeln abgebildet.

Letztlich muss in der Abfolge der Schritte 5–8 eine kontinuierliche Verbesserung erzielt werden.

> **Die ISO 9001:2008 legt besonderen Wert auf den Umgang mit Fehlern bzw. Beinahe-Zwischenfällen (»critical incidents«).**

Die ISO 9000-Familie basiert auf den folgenden 8 Grundsätzen, die ein Leitbild für das Management darstellen sollten:

1. **Kundenorientierung**: Organisationen hängen von ihren Kunden ab und sollten daher gegenwärtige und zukünftige Erfordernisse der Kunden verstehen, deren Anforderungen erfüllen und danach streben, deren Erwartungen zu übertreffen.

2. **Führung**: Führungskräfte schaffen die Übereinstimmung von Zweck und Ausrichtung der Organisation. Sie sollten das interne Umfeld schaffen und erhalten, in dem sich Personen voll und ganz für die Erreichung der Ziele der Organisation einsetzen können.

3. **Einbeziehung der Personen**: Auf allen Ebenen machen Personen das Wesen einer Organisation aus, und ihre vollständige Einbeziehung ermöglicht, ihre Fähigkeiten zum Nutzen der Organisation einzusetzen.

4. **Prozessorientierter Ansatz**: Ein erwünschtes Ergebnis lässt sich effizienter erreichen, wenn Tätigkeiten und dazugehörige Ressourcen als Prozess geleitet und gelenkt werden.

5. **Systemorientierter Managementansatz**: Erkennen, Verstehen, Leiten und Lenken von

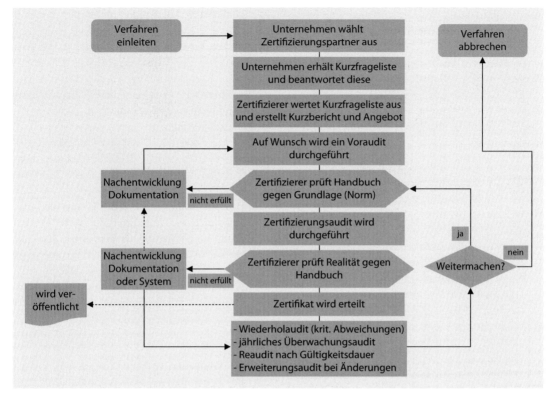

Verfahren
einleiten

Unternehmen wählt
Zertifizierungspartner aus

Verfahren
abbrechen

Unternehmen erhält Kurzfrageliste
und beantwortet diese

Zertifizierer wertet Kurzfrageliste aus
und erstellt Kurzbericht und Angebot

Auf Wunsch wird ein Voraudit
durchgeführt

Nachentwicklung
Dokumentation

nicht erfüllt

Zertifizierer prüft Handbuch
gegen Grundlage (Norm)

Zertifizierungsaudit wird
durchgeführt

ja

nein

Nachentwicklung
Dokumentation
oder System

nicht erfüllt

Zertifizierer prüft Realität gegen
Handbuch

Weitermachen?

wird ver-
öffentlicht

Zertifikat wird erteilt

- Wiederholaudit (krit. Abweichungen)
- jährliches Überwachungsaudit
- Reaudit nach Gültigkeitsdauer
- Erweiterungsaudit bei Änderungen

◘ Abb. 3.2. Ablauf einer ISO-Zertifizierung

miteinander in Wechselbeziehung stehenden Prozessen als System tragen zur Wirksamkeit und Effizienz der Organisation beim Erreichen ihrer Ziele bei.

6. **Ständige Verbesserung**: Die ständige Verbesserung der Gesamtleistung der Organisation stellt ein permanentes Ziel der Organisation dar.

7. **Sachbezogener Ansatz zur Entscheidungsfindung**: wirksame Entscheidungen beruhen auf der Analyse von Daten und Informationen.

8. **Lieferantenbeziehungen zum gegenseitigen Nutzen**: Eine Organisation und ihre Lieferanten sind voneinander abhängig. Beziehungen zum gegenseitigen Nutzen erhöhen die Wertschöpfungsfähigkeit beider Seiten. [Aus: ISO 9000:2005, Grundsätze des Qualitätsmanagements]

Eine Organisation kann die ISO verwenden, um ein QM-System aufzubauen, ohne sich notwendi-

gerweise zertifizieren zu lassen. Dennoch sind hier grundsätzlich interne Audits sinnvoll, um die erreichten Erfolge zu überprüfen. Die Zertifizierung dient vor allem auch der Dokumentation einer qualitätsorientierten Unternehmensführung nach außen. Hier wird die Normkonformität durch einen externen Auditor überprüft und bestätigt.

Bevor eine Zertifizierung nach ISO 9001:2008 erlangt werden kann, sollten zunächst interne Audits durchgeführt werden. Diese dienen der Selbsteinschätzung und eröffnen die Möglichkeit, vor dem Zertifizierungsaudit noch weitere Verbesserungsprozesse einzuleiten. Das Zertifizierungsaudit wird durch einen unabhängigen Auditor bzw. einer Zertifizierungsstelle durchgeführt. ◘ Abb. 3.2 beschreibt die Vorgehensweise bei einem Zertifizierungsaudit im Rahmen der ISO.

Ist das Zertifikat erlangt, finden im Jahresabstand Überwachungsaudits durch einen externen, unabhängigen Auditor bzw. eine Zertifizierungsgesellschaft statt. Bereits zu diesem Zeitpunkt kann das Zertifikat wieder verloren werden. Die Rezertifizierung zur Aufrechterhaltung des Zertifikates erfolgt im Drei-Jahres-Abstand, wiederum durch einen externen, unabhängigen Auditor bzw. eine Zertifizierungsgesellschaft.

Die ISO 19011:2002 regelt sehr detailliert die Planung, Durchführung und Dokumentation bei Audits – auch die Auditorenbewertungen werden hier beschrieben.

> ISO steht für die Internationale Organisation für Normung. Die ISO 9000er-Normenfamilie besteht aus ISO 9000:2005, ISO 9001:2008, ISO 9004:2000 sowie ISO 19011:2002. Grundlage einer Zertifizierung ist die ISO 9001:2008. Die ISO ermöglicht bei einer Zertifizierung eine Einzel- oder Gruppenzertifizierung von Abteilungen des Krankenhauses oder auch die Gesamtzertifizierung. Vor einer Zertifizierung sollten interne Audits stehen. Um ein Zertifikat zu erhalten, wird ein externer, unabhängiger Auditor bzw. eine Zertifizierungsgesellschaft hinzugezogen. Für den Erhalt des Zertifikates ist es wichtig, dass das Unternehmen selbst interne Audits durchführt. Jährlich finden zudem externe Überwachungsaudits statt. Die Erneuerung des Zertifikates erfolgt im Drei-Jahres-Abstand, wiederum durch einen externen, unabhängigen Auditor bzw. eine Zertifizierungsgesellschaft.

3.2 Modell der Joint Commission International (JCI)

Als Tochter der Joint Commission on Accreditation of Health Care Organizations (JCAHO), die in den USA über 18.000 verschiedene Einrichtungen des Gesundheitswesens akkreditiert hat, wurde die Joint Commission International (JCI) ins Leben gerufen. Diese hat im Jahr 2000 erstmals eine Krankenhausakkreditierung im Ausland durchgeführt.

Die Entstehung der JCAHO ist eng mit Dr. Codman und Dr. Martin verknüpft, die sich schon ab 1910 mit der Qualität in US-amerikanischen Krankenhäusern befassten. 1917 wurde der erste »Minimum Standard« herausgegeben. Von 1918 an wurden Inspektionen durchgeführt. Ab 1953 wurden erste Akkreditierungen von US-amerikanischen Krankenhäusern durchgeführt. In den 1990er Jahren kam es dann zu einer Überarbeitung von Handbüchern und Standards in Richtung Patientenorientierung.

Die JCI akkreditiert weltweit Gesundheitseinrichtungen, auch in den deutschsprachigen Ländern haben sich einige Krankenhäuser durch die JCI akkreditieren lassen.

Prinzipiell kann sich jede Gesundheitseinrichtung um eine Akkreditierung durch die JCI bewerben. Vorbedingung ist allerdings, dass die Einrichtung in einem Land in Betrieb und wenn erforderlich als solche zertifiziert ist. Zudem muss die Einrichtung die Verantwortung auf sich genommen haben bzw. auf sich nehmen, die Qualität der Betreuung und der Dienstleistungen zu verbessern, und Dienstleistungen liefern, die in den Standards behandelt werden.

Das Handbuch der Joint Commission umfasst über 900 Seiten und über 500 Standards. Die Standards können auf Krankenhäuser aller Größen angewendet werden.

> ❯ **Das Modell der JCI ist unterteilt in patientenbezogene und organisationsbezogene Standards.**

Zu den patientenbezogen Standards der JCI (mit den jeweiligen amerikanischen Abkürzungen) gehören:

- Zugang zur und Kontinuität der Behandlung (»access to care and continuity of care«, ACC)
- Rechte der Patienten und der Familienangehörigen (»patient and family rights«, PFR)
- Untersuchung der Patienten (»assessment of patients«, AOP)
- Behandlung der Patienten (»care of patients«, COP)
- Aufklärung und Belehrung von Patienten und Familienangehörigen (»patient and family education«, PFE)

Die organisationsbezogenen Standards der JCI umfassen hingegen:

- Qualitätsverbesserung und Patientensicherheit (»quality improvement and patient safety, QPS)
- Prävention und Überwachung von Infektionen (»prevention and control of infections«, PCI)
- Steuerung, Führung und Leitung (»governance, leadership and direction«, GLD)
- Management der Anlage und die Sicherheit (»facility management and safety« FMS)
- Mitarbeiterqualifikation und Weiterbildung (»staff qualification and education«, SQE)
- Management der Informationen (»management of informations«, MOI)

Die Akkreditierungs-Begutachtung prüft, inwieweit die Standards von der Organisation erfüllt werden. Das Gutachterteam setzt sich normalerweise aus einem Mitarbeiter der Verwaltung, einem Arzt und einer Pflegekraft zusammen.

Die Begutachtung basiert dabei auf folgenden Elementen:
- Gespräche mit Angestellten und Patienten
- Beobachtungen der Gutachter bezüglich der patientenbezogenen Prozesse
- Richtlinien, Verfahrensbeschreibungen und andere Dokumente, die von der Einrichtung vorgelegt werden, sowie
- Befunde einer Selbstbeurteilung

Wichtige Schlüsselelemente der Begutachtung sind:
- Einsicht in die vorhandene Dokumentation
- Gespräche mit den Führungskräften
- Besuch der Behandlungseinheiten
- Funktionsbezogene Unterredungen
- Aktivitäten innerhalb des Beurteilungsprozesses
- Gebäudebegehung (technische Schwerpunkte)
- Zusammenfassung der einzelnen Punkte und Darstellung der Erkenntnisse

Um eine Akkreditierung zu erlangen, müssen alle Kernstandards und Nichtkernstandards akzeptabel mit einer Mindestpunktzahl erfüllt werden. Für die Bewertung der Krankenhäuser hat die Joint Commission ein komplexes Bewertungsschema entwickelt, das ein Entscheidungsgitter (»accreditation decision grid«) beinhaltet.

Die Begutachter können auf fünf Bewertungsmöglichkeiten zurückgreifen:
- Punkt 1: wesentliche Übereinstimmung (»substantial compliance«)
- Punkt 2: signifikante Übereinstimmung (»significant compliance«)
- Punkt 3: teilweise Übereinstimmung (»partial compliance«)
- Punkt 4: minimale Übereinstimmung (»minimal compliance«)
- Punkt 5: keine Übereinstimmung (»noncompliance«)

Die akkreditierten Einrichtungen erhalten einen Abschlussbericht und ein Zertifikat.

Der Joint Commission ist es in ihrem Modell gelungen, zentrale Elemente des Total Quality Managements in die Entwicklung der Standards mit einfließen zu lassen.

> **Eine Akkreditierung durch die Joint Commission ist 3 Jahre gültig. Es ist jedoch möglich, dass sie vorzeitig aberkannt wird.**

Die Joint Commission International (JCI) ist eine Tochter der US-amerikanischen Joint Commission an Accreditation of Health Care Organizations (JCAHO). Die JCAHO hat in den USA über 18.000 Gesundheitseinrichtungen akkreditiert, die JCI ist inzwischen auf dem internationalen Sektor tätig. Für eine Akkreditierung müssen bestimmte patientenbezogene und organisationsbezogene Standards erfüllt werden. Eine Akkreditierung durch die JCI besitzt 3 Jahre Gültigkeit, kann aber durch die JCI vorzeitig aberkannt werden.

3.3 KTQ-Katalog

KTQ ist ein Akronym für Kooperation für Transparenz und Qualität im Gesundheitswesen. Es stellt eine 2001 gegründete gemeinnützige GmbH dar, die das Ziel hat, ein freiwilliges Zertifizierungsverfahren für Krankenhäuser, Rehabilitationskliniken und Praxen in Deutschland bereitzustellen. Dabei

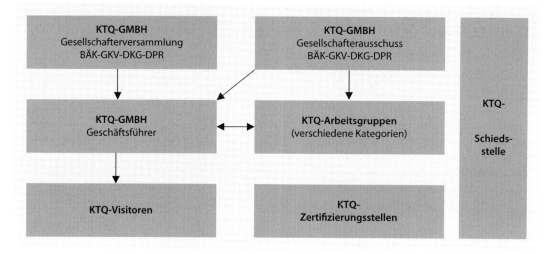

◘ Abb. 3.3.   Struktur der KTQ GmbH

steht die Zertifizierung für Krankenhäuser im Vordergrund. Die KTQ ist nicht profitorientiert. Charakteristisch ist eine dezentrale Struktur mit einer klaren Aufgabenteilung (◘ Abb. 3.3).

Das Projekt KTQ startete bereits 1997 als Machbarkeitsstudie mit einem Rahmenvertrag zwischen dem Verband der Angestellten-Krankenkassen, dem Verband der Arbeiter-Ersatzkassen und der Bundesärztekammer. Nach einer abgeschlossenen Machbarkeitsstudie traten weitere Vertragspartner der Kooperation bei. Derzeit hat die KTQ folgende **Gesellschafter**:

- Spitzenverbände der Krankenkassen
- Bundesärztekammer
- Deutsche Krankenhausgesellschaft
- Deutscher Pflegerat
- Hartmannbund

Die wissenschaftliche Begleitung erfolgt durch das Institut für Medizinische Informationsverarbeitung (IMI) in Tübingen.

In der Pilotphase wurde das Projekt durch das heutige Bundesministerium für Gesundheit und Soziale Sicherung gefördert. Grund für die Unterstützung war die von der KTQ von Anfang an anvisierte Transparenz im Gesundheitswesen. Mit der Zertifizierung des internen Qualitätsmanagements in Krankenhäusern trägt die KTQ der Forderung der Gesundheitsministerkonferenz und des Sach-

verständigenrates Rechnung, die Position der Patienten zu stärken und ihnen in geeigneter und verständlicher Form Informationen über die Qualität der internen Prozessabläufe im Gesundheitswesen anzubieten. ◘ Abb. 3.4. stellt die Entwicklung des KTQ-Modells seit der Vorläuferphase 1996 bis zum heutigen Tag dar.

Die Grundidee der KTQ war es, ein **krankenhausspezifisches Zertifizierungsverfahren mit Punktevergabe** zu entwickeln. Dieses sollte eine Selbstbewertung des Krankenhauses gemäß des KTQ-Kataloges, eine Fremdbewertung durch jeweils drei Visitoren, die Zertifizierung an sich und die Abgabe eines Qualitätsberichtes beinhalten.

> **Das KTQ-Verfahren unterstützt den Aufbau eines gelebten QM-Systems. Krankenhäuser, die sich an der ISO 9001:2000 orientieren, verfügen über gute Grundlagen für eine erfolgreiche KTQ-Zertifizierung.**

Im Jahr 2004 wurde das KTQ-Zertifizierungsverfahren neben Krankenhäusern auch auf ärztliche, zahnärztliche und psychotherapeutische Praxen ausgedehnt. Im Mai 2005 wurde ein KTQ-Zertifizierungsverfahren für Rehabilitationskliniken eingeführt, ein Zertifizierungsverfahren für stationäre Pflegeeinrichtungen und alternative Wohnformen befindet sich derzeit in der Pilotphase.

Die KTQ verfolgt folgende Hauptaufgaben:

- Pflege und Weiterentwicklung des KTQ-Zerti-
  fizierungsverfahrens
- Akkreditierung der KTQ-Zertifizierungsstel-
  len
- Vergabe der Nutzungsrechte an der Marke
  KTQ
- Schulung und Akkreditierung der KTQ-Visi-
  toren
- Training für Berater

Die **KTQ GmbH** besteht aus einer Gesellschafterver-
sammlung, einem Gesellschafterausschuss, einem
hauptamtlichen Geschäftsführer, KTQ-Arbeitsgruppen, KTQ-Visitoren, akkreditierten KTQ-Zer-
tifizierungsstellen und der KTQ-Schiedsstelle. Die
KTQ-Arbeitsgruppen befassen sich mit der Weiterentwicklung und dem Ausbau des KTQ-Katalogs.
Innerhalb des KTQ-Systems gibt es **Visitoren**.

> **Die Visitationen werden immer durch drei
> Visitoren durchgeführt – einem aus dem
> ärztlichen, einem aus dem pflegerischen
> und einem aus dem kaufmännisch-verwal-
> terischen Bereich.**

Der **KTQ-Katalog** ist aufgebaut aus:
- 6 Kategorien
- 21 Subkategorien
- 72 Kriterien

Zu den **Kategorien** zählen:
1. Patientenorientierung in der Krankenversorgung
2. Sicherstellung der Mitarbeiterorientierung
3. Sicherheit im Krankenhaus
4. Informationswesen
5. Krankenhausführung
6. Qualitätsmanagement

Subkategorien sind Teilgebiete der Kategorien.
■ Tab. 3.1. stellt exemplarisch anhand der Kategorie 1 »Patientenorientierung in der Krankenversorgung« den Aufbau des KTQ-Katalogs mit Subkategorien bis hin zu den Kriterien dar. Die Kriterien
sind die eigentliche Arbeitsebene des Systems.
   Kriterien werden in 25 Kernkriterien und 47
Kriterien unterteilt. Die Kernkriterien wurden als
unverzichtbar für das Erreichen einer guten Quali-

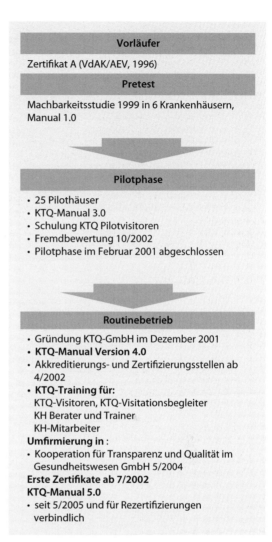

Vorläufer

Zertifikat A (VdAK/AEV, 1996)

Pretest

Machbarkeitsstudie 1999 in 6 Krankenhäusern,
Manual 1.0

Pilotphase

- 25 Pilothäuser
- KTQ-Manual 3.0
- Schulung KTQ Pilotvisitoren
- Fremdbewertung 10/2002
- Pilotphase im Februar 2001 abgeschlossen

Routinebetrieb

- Gründung KTQ-GmbH im Dezember 2001
- **KTQ-Manual Version 4.0**
- Akkreditierungs- und Zertifizierungsstellen ab
  4/2002
- **KTQ-Training für:**
  KTQ-Visitoren, KTQ-Visitationsbegleiter
  KH Berater und Trainer
  KH-Mitarbeiter
  Umfirmierung in :
- Kooperation für Transparenz und Qualität im
  Gesundheitswesen GmbH 5/2004
  Erste Zertifikate ab 7/2002
  KTQ-Manual 5.0
- seit 5/2005 und für Rezertifizierungen
  verbindlich

■ **Abb. 3.4.** Entwicklung der KTQ GmbH

tät identifiziert. Diese Kriterien werden daher im
Katalog mit einem Multiplikator von 1,5 gewichtet.
   Bei einer maximal erreichbaren Gesamtpunkt-
zahl in der KTQ-Manual Version 5.0 von 1.521
Punkten kann das Krankenhaus maximal 675
Punkte für die Kernkriterien erhalten. Derzeit ist
der KTQ-Katalog 6.0 in Vorbereitung (Stand Ok-
tober 2008).
   Die Bewertung für ein Kriterium basiert auf
dem sog. Plan-Do-Check-Act (PDCA)-Zyklus
nach Deming (■ Abb. 3.5). Dieses Modell schreibt
jedem Prozess einen vierstufigen Zyklus zu, be-
stehend aus:

◘ Tabelle 3.1 KTQ-Kategorie 1 »Patientenorientierung in der Krankenversorgung«

1 Patientenori- entierung im Krankenhaus	1.1	Vorfeld der stationären Versorgung und Aufnahme	1.1.1	Die Vorbereitungen einer stationären Behandlung sind patientenorientiert
			1.1.2	Orientierung im Krankenhaus
			1.1.3	Patientenorientierung während der Aufnahme
			1.1.4	Ambulante Patientenversorgung
	1.2	Ersteinschätzung und Planung der Behandlung	1.2.1	Ersteinschätzung
			1.2.2	Nutzung von Vorbefunden
			1.2.3	Festlegung des Behandlungsprozesses
			1.2.4	Integration der Patienten in die Behandlungspla- nung
	1.3	Durchführung der Patientenversorgung	1.3.1	Durchführung einer hochwertigen und umfas- senden Behandlung
			1.3.2	Anwendung von Leitlinien
			1.3.3	Patientenorientierung während der Behandlung
			1.3.4	Patientenorientierung während der Behandlung: Ernährung
			1.3.5	Koordinierung während der Behandlung: OP- Koordination
			1.3.6	Kooperation mit allen Beteiligten der Patienten- versorgung
			1.3.8	Kooperation mit allen Beteiligten: Visite
	1.4	Übergang des Patienten in andere Versorgungsbereiche	1.4.1	Entlassung und Verlegung
			1.4.2	Bereitstellung kompletter Informationen
			1.4.3	Sicherstellung einer kontinuierlichen Weiterbe- treuung

- **Plan**-Phase, also der Phase der Ziel- und Pro- zessplanung einschließlich der Regelung der Verantwortlichkeiten.
- **Do**-Phase, also der Umsetzungsphase, in der das eigentliche Qualitätsmanagement umge- setzt wird.
- **Check**-Phase, also der Kontrollphase, in der Kennzahlen und Ergebnisse in Hinblick auf den Plan und die Umsetzung nachgewiesen werden müssen.

- **Act**-Phase, in der die Reaktion auf die Er- kenntnisse aus der Check-Phase zu definieren und umzusetzen ist.

Zur Bewertung werden für diese 4 Phasen jeweils Punkte vergeben, die sich zu einer Gesamtpunkt- zahl für das jeweilige Kriterium addieren. Hier- bei liegt immer im »Do« die höchste Punktzahl mit maximal 9 Punkten, wohingegen die anderen Phasen mit jeweils 3 Punkten bewertet werden. In die Bewertung fließt sowohl ein Erreichungs- als auch ein Durchdringungsgrad ein. ◙ Tab. 3.2. zeigt den Aufbau einer solchen Bewertung anhand eines Kernkriteriums – hier kommt es zu einer maximal erreichbaren Punktzahl von 27.

Derzeit sind in Deutschland 621 Krankenhäuser für KTQ erstzertifiziert, 190 Krankenhäuser rezertifiziert, sowie 29 Praxen und 21 Rehabilitationskliniken zertifiziert (Stand 31.10.2008).

> KTQ ist ein vorwiegend in Krankenhäusern verwendetes Zertifizierungsverfahren, das durch eine gemeinnützige GmbH betrieben wird. Es kann nur für ein gesamtes Krankenhaus bzw. für eine komplette Gesundheitseinrichtung angewendet werden. Es besteht aus vier großen Elementen: Selbstbewertung, Fremdbewertung, Zertifizierung und KTQ-Qualitätsbericht. Die Bewertung ist im KTQ-Katalog festgeschrieben. Dieser beinhaltet 6 Kategorien, 21 Subkategorien und 72 Kriterien (davon 25 Kernkriterien). Die Kernkriterien besitzen einen Wichtungsfaktor von 1,5, mit einer maximal erreichbaren Punktzahl von 27 Punkten pro Kernkriterium und 18 Punkten pro Kriterium. Die Punktvergabe basiert auf dem PDCA-Zyklus nach Deming.

3.4　proCum Cert

ProCum Cert ist eine konfessionelle Zertifizierungsgesellschaft. Gesellschafter sind hierbei der Katholische Krankenhausverband Deutschlands (KKVD) gemeinsam mit dem Deutschen Evangelischen Krankhausverband (DEVK), den Wohlfahrtsverbänden Caritas (DCV) und Diakonie (DWdEKD) sowie deren Versicherungsdienst Ecclesia und die Deutsche Gesellschaft zur Zertifizierung von Managementsystemen (DQS).

Der Name proCum Cert setzt sich aus den Begriffen pro (für), cum (mit) sowie cert für Zertifizierung zusammen.

Hierbei bezieht sich pro auf:
- für den Patienten,
- für die kirchlichen Krankenhäuser,

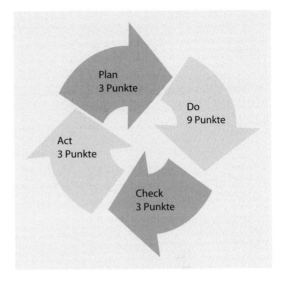

◙ **Abb. 3.5.** Plan-Do-Check-Act-Zyklus

- für gute und nachweisbare Qualität in kirchlichen Krankenhäusern sowie
- für die Institution Krankenhaus.

Cum bedeutet in diesem Zusammenhang:
- mit den Patienten, ihren Anliegen, Erwartungen und Wünschen,
- mit den anderen katholischen und evangelischen Krankenhäusern als Interessensgemeinschaft,
- mit den Mitarbeitern aller Berufe in den Krankenhäusern und in den vernetzten Diensten,
- mit den anderen Partnern im Gesundheitswesen, insbesondere Deutsche Krankenhausgesellschaft, Krankenkassen, Bundesärztekammer und Deutscher Pflegerat.

Cert bezieht sich auf:
- Strukturen, Normen, Abläufe etc., die vorhanden sein müssen, sie werden von einem Experten-Fachbeirat festgelegt,
- von ausgebildeten Visitoren überprüft
- und bei ausreichender Vorhaltung und Installierung durch proCum Cert zertifiziert.

Die Basis für proCum Cert ist der KTQ-Katalog. Das besondere am proCum Cert-Verfahren ist, dass über den KTQ-Katalog hinaus Qualitätskriterien zu den folgenden Bereichen festgelegt werden:

◘ **Tabelle 3.2** Bewertungsschema der einzelnen Kriterien [nach KTQ-Katalog 5.0]

Phase	Max. Punktzahl (für E und D)	Erreichungsgrad (E)	Durchdringungs-grad (D)	Ergebnis
Plan	3	E:	D:	½ (E+D):
Do	9	E:	D:	½ (E+D):
Check	3	E:	D:	½ (E+D):
Act	3	E:	D:	½ (E+D):
Summe	18			
Gewichtung als Kernkriterium	Mal 1,5			
Endergebnis	Max. 27			

Hinweis: Die Ergebnisse der einzelnen PDCA-Schritte werden addiert, eine Rundung erfolgt erst in der Summenzeile (vgl. hierzu auch die Leitfäden für die Durchführung der KTQ-Selbstbewertung bzw. der KTQ-Fremdbewertung)

- Trägerverantwortung
- Sozialkompetenz im Umgang mit Patienten und Mitarbeitern
- Spiritualität
- Verantwortung gegenüber der Gesellschaft

Diese Kriterien dienen dazu, den Leitbild-Grundsätzen kirchlicher Krankenhausträger Rechnung zu tragen. Demzufolge beinhaltet die Zertifizierung nach proCum Cert immer auch die nach KTQ. Derzeit sind über 100 Einrichtungen nach proCum Cert zertifiziert.

> proCum Cert ist eine konfessionelle Zertifizierungsgesellschaft, die auf dem KTQ-Modell basiert, aber in einigen Punkten über dieses hinausgeht. Hierbei werden im besonderen Maße auch noch die Trägerverantwortung, die Sozialkompetenz im Umgang mit Patienten und Mitarbeitern, die Spiritualität und die Verantwortung gegenüber der Gesellschaft betont. Eine Zertifizierung nach proCum Cert beinhaltet immer auch eine Zertifizierung nach KTQ.

3.5 EFQM-Modell

EFQM ist ein Akronym für European Foundation for Quality Management. Die Organisation hat ihren Sitz in Brüssel und ist eine gemeinnützige Organisation auf Mitgliederbasis. Sie wurde 1988 von 14 führenden europäischen Unternehmen gegründet. Inzwischen gehören über 800 Unternehmen der Organisation an. Weltweit arbeiten schätzungsweise über 10.000 Unternehmen nach den Prinzipien der EFQM. Die EFQM ist Eigentümer des EFQM-Modells und organisiert den EEA.

Bereits seit 1951 gibt es in Japan den sog. Deming-Preis, benannt nach William Edwards Deming (1900–1993). Deming war einer der Vordenker des Qualitätsmanagement (▶ Kap. 1.1). Der Deming-Preis ist die älteste Auszeichnung für Unternehmen und Organisationen mit einem umfassenden Qualitätsverständnis. Er zielt direkt auf Total Quality Management als unternehmensweit wirksames Qualitätskonzept ab.

In den 1980er Jahren zogen die USA mit einem Qualitätspreis nach, dem Malcolm Baldrige National Quality Award (MBNQA). In der Wahrnehmung vieler Unternehmen trug er wesentlich zum Wiedererstarken der US-amerikanischen Wirtschaft bei. Eine Reihe von europäischen Spitzenunternehmen rief als Reaktion auf den MBNQA den European Quality Award (EQA) ins Leben, der seit 2006 als EFQM Excellence Award (EEA) bezeichnet wird. Der EQA wurde 1992 zum ersten Mal vergeben. Dieses Programm soll im Konkurrenzkampf der Weltmärkte zur Erhöhung der europäischen Wettbewerbsfähigkeit führen.

> **Ein zentraler Begriff des EFQM-Modells ist die »Excellence«, mit der ein Anspruch auf das dauernde Bemühen um Spitzenleistungen charakterisiert wird.**

Dieser »Excellence«-Ansatz reagiert auf den globalen Wandel und vollzieht eine Abkehr von mechanistischen Sichtweisen von Organisationen zugunsten einer ganzheitlichen, systemischen Perspektive. Unternehmen werden als Einheiten gesehen, die eigene Fähigkeiten haben und diese dazu einsetzen, frühzeitig zukünftige Kundenwünsche aufzunehmen und umzusetzen.

Mit dem EEA werden jedes Jahr Organisationen ausgezeichnet, die ein Total Quality Management erfolgreich umgesetzt haben. Sie ist die höchste europäische Auszeichnung. Organisationen, die sich auf den EEA bewerben dürfen, müssen vorher einen der nationalen Qualitätspreise gewonnen haben. Diese sind für Deutschland der Ludwig-Erhard-Preis, für Österreich der Austrian Quality Award und für die Schweiz der ESPRIX.

Für die Bewerbung um den EFQM Excellence Award gibt es 4 Kategorien:

1. Größere Firmen (»large organizations and business units«)
2. Geschäftseinheiten innerhalb von Unternehmen (»operational units«)
3. Kleine und mittelständische Unternehmen (»independent small and medium enterprises«)
4. Seit 1996 Organisationen des öffentlichen Dienstes (»public sector organizations«)

Es wurden inzwischen Programme für die Bereiche Erziehung und Bildung, staatliche Verwaltung und das Gesundheitswesen eingerichtet.

> **Auch Krankenhäuser können sich auf die nationalen Qualitätspreise und auf den EEA bewerben.**

Aus der Gruppe der Finalisten des EEA gehen die Zweitplatzierten (»prize winner«), und die Erstplatzierten (»award winner«) hervor. Nicht in allen Jahren werden allerdings diese höchsten Auszeichnungen vergeben.

Das Modell der EFQM beruht auf den folgenden 8 Grundkonzepten, die den QM-Grundsätzen der ISO 9004:2000 in einigen Punkten ähneln (◘ Abb. 3.6):

- Ausrichtung auf den Kunden
- Führung und Zielkonsequenz
- Management mittels Prozessen und Fakten
- Mitarbeiterentwicklung und -beteiligung
- Kontinuierliches Lernen, Innovation und Verbesserung
- Entwicklung von Partnerschaften
- Soziale Verantwortung

Nach dem EFQM-Modell, auch als Excellence-Modell bezeichnet, wird ein Unternehmen anhand der in ◘ Abb. 3.7 dargestellten und gewichteten Kriterien bewertet. Dieses Modell ist eine unverbindliche Rahmenstruktur, die aus 9 Kriterien besteht:

- Befähigerkriterien (5 der 9 Kriterien)
- Ergebniskriterien (4 der 9 Kriterien)

Die Seite der Befähigerkriterien zeigt vorwiegend die Einflussgrößen des langfristigen Unternehmenserfolges auf, sie sind also wichtige Voraussetzungen für den Erfolg. Die Ergebniskriterien stellen hingegen das Ziel der Bemühungen um Qualität, also die Geschäftsergebnisse, dar.

Zu den **Befähigerkriterien** zählen:

1. Führung
2. Politik und Strategie
3. Mitarbeiterorientierung
4. Partnerschaften und Ressourcen
5. Prozesse

Zu den **Ergebniskriterien** zählen:

1. Mitarbeiterzufriedenheit
2. Kundenzufriedenheit
3. Gesellschaftsbezogene Ergebnisse
4. Schlüsselergebnisse

Jedem Kriterium ist eine Anzahl von Teilkriterien zugeordnet. Diese Teilkriterien bestehen aus einer Reihe von Aussagen, auf die im Falle einer

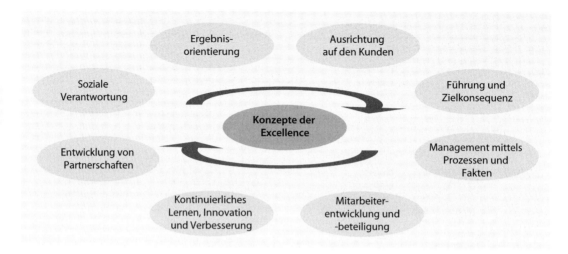

◨ **Abb. 3.6.** Grundkonzepte der Excellence, als Basis für das Excellence-Modell

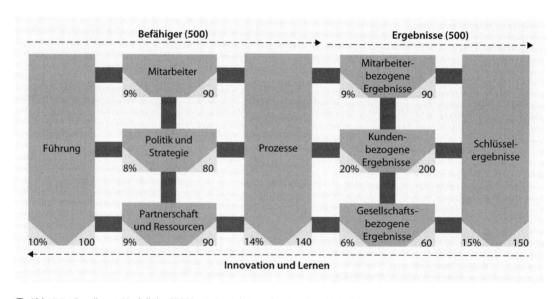

◨ **Abb. 3.7.** Excellence-Modell der EFQM mit Gewichtung der einzelnen Kriterien

Bewertung einzugehen ist. Zu jedem Teilkriterium gehören sog. Orientierungspunkte, auf die nicht zwingend eingegangen werden muss, und die auch keinen Anspruch auf Vollständigkeit erheben. Diese Orientierungspunkte erklären das Teilkriterium näher.

Um zu einer quantitativen Aussage zu kommen, wird jedes der 9 Kriterien gewichtet. Maximal können für das Modell 1000 Punkte erreicht werden – dies entspräche jedoch einer idealen Organisation und ist unrealistisch. Die Befähigerkriterien werden, ebenso wie die Ergebniskriterien, mit jeweils maximal 500 Punkten bewertet. Die Verteilung der Maximalpunkte auf die einzelnen Kriterien lässt sich aus ◨ Abb. 3.7 ersehen. Die Gewichtung der einzelnen Kriterien kann zwischen 6% und 20% betragen. Hierbei wird die Kundenzufriedenheit am höchsten gewichtet, die gesellschaftsbezogenen Ergebnisse am niedrigsten.

> ❯ Der Hauptfokus einer Bewertung im EFQM-Modell liegt auf den Prozessen, den kundenbezogenen Ergebnissen und den Schlüsselergebnissen.

Jedes einzelne Kriterium vorzustellen, wäre zu umfassend. Im Folgenden soll daher exemplarisch auf das Kriterium der Führung eingegangen werden, um die Prinzipien des EFQM-Modells zu erläutern. Innerhalb des Kriteriums der Führung gibt es folgende Teilkriterien:

1a Führungskräfte entwickeln die Mission, Vision, Werte und ethischen Grundsätze und sind Vorbilder für eine Kultur der Excellence.

1b Führungskräfte sichern durch ihre persönliche Mitwirkung die Entwicklung, Umsetzung und kontinuierliche Verbesserung des Managementsystems der Organisation.

1c Führungskräfte arbeiten mit Kunden, Partnern und Vertretern der Gesellschaft zusammen.

1d Führungskräfte motivieren und unterstützen die Mitarbeiter der Organisation und erkennen ihre Leistungen an.

1e Führungskräfte erkennen und meistern den Wandel der Organisation.

Für das Kriterium 1e werden z. B. im Modell folgende Orientierungspunkte genannt:

- Interne und externe Kräfte des Wandels für die Organisation erkennen
- Nötige Veränderungen innerhalb der Organisation in Bezug auf das Geschäftsmodell und die externen Verbindungen identifizieren und festlegen
- Entwicklung von Veränderungsplänen persönlich führen
- Finanzielle Mittel, weitere Ressourcen und Unterstützung der Veränderung sicherstellen
- Umsetzung und Risiken des gesamten Portfolios der Veränderungsprogramme managen
- Effektive Umsetzung der Veränderungen unter Einbezug der Interessengruppen sicherstellen
- Veränderungen und die hierfür maßgeblichen Gründe den Mitarbeitern und den anderen Interessengruppen kommunizieren
- Mitarbeiter unterstützen und in die Lage versetzen, mit dem Wandel umzugehen

- Wirksamkeit der Veränderungen messen und bewerten und das erworbene Wissen mit anderen teilen

> ❯ Ein wichtiges Prinzip des EFQM-Modells ist die Selbstbewertung, also die selbständig durchgeführte Diagnose der Organisation.

Bei einer Selbstbewertung ist es wichtig, die Stärken und Verbesserungspotentiale der Organisation zu erkennen und in der Gesamtbewertung zu priorisierten Projekten zusammenzufassen.

Innerhalb des Modells gibt es mehrere Methoden der Selbstbewertung, die sich im Aufwand deutlich unterscheiden. Die einfachste ist die Fragebogenmethode, gefolgt vom Workshop und dem sog. Standardformular. Die aufwändigste Methode ist die Simulation, die auf dem RADAR-Bewertungsprinzip basiert, und die ein 75-seitiges Bewerbungsdokument, gegliedert nach den 32 Teilkriterien des EFQM-Modells, erfordert.

Die RADAR-Bewertungsmatrix ist eine Bewertungsmethode, die bei der Punktebewertung für den EEA sowie für viele nationale Preise verwendet wird. Sie kann auch von Organisationen eingesetzt werden, die die Punktzahl für Benchmarking oder andere Zwecke verwenden wollen. Die RADAR-Matrix kann in der Selbst- und in der Fremdbewertung eingesetzt werden. RADAR setzt sich aus den folgenden vier Elementen zusammen, die auch als Attribute bezeichnet werden:

- **R**esults (Ergebnisse)
- **A**pproach (Vorgehen)
- **D**eployment (Umsetzung)
- **A**ssessment and **R**eview (Bewertung und Überprüfung)

Letztlich basiert auch die RADAR-Bewertung auf dem Deming-Zyklus (PDCA-Zyklus). Mit Hilfe der RADAR-Matrix kann jedem Teilkriterium eine prozentuale Bewertung zugeordnet werden. Darüber hinaus werden zu jedem Kriterium Stärken und Schwächen identifiziert. Eine RADAR-Matrix ist letztlich erst bei einem höheren Reifegrad der Einführung des EFQM-Modells sinnvoll.

Das internationale Programm »Levels of Excellence« der EFQM ist ein Anerkennungsprogramm in mehreren Stufen. Symbol der »Levels of Excellence« ist die fünfstufige Pyramide. Wird ein Level von einer Organisation erreicht, so wird dieser golden dargestellt – bei Erreichen des EEA erhält der Gewinner also eine vollständig goldfarbene Pyramide.

Die erste Stufe ist der Level »**Committed to Excellence**«, also die Verpflichtung zu bzw. das Engagement für die Excellence. Zur Erlangung dieser Stufe wird Folgendes gefordert:

- Durchführung einer ganzheitlichen EFQM-Selbstbewertung
- Ableitung und Priorisierung von Verbesserungsprojekten
- Umsetzung mindestens dreier Verbesserungsprojekte innerhalb von 6–9 Monaten nach der Selbstbewertung

Die nächsthöhere Stufe ist »**Recognised for Excellence**«, also die Anerkennung für Excellence, mit den Voraussetzungen:

- Erstellung einer Dokumentation zu allen Teilkriterien des EFQM-Modells
- Vollständige RADAR-Bewertung durch ein externes Assessoren-Team

Auf dieser Ebene steht das Unternehmen erstmalig auf potentiellem Preisniveau. Es kann eine Bewerbung um einen Länderpreis bzw. um einen nationalen Qualitätspreis erfolgen. Hierauf folgt die Stufe der Bewerbung um den EEA.

EFQM steht für European Foundation for Quality Management. Im EFQM-Modell werden nationale Qualitätspreise in den europäischen Ländern vergeben – für Deutschland ist dies der Ludwig-Erhard-Preis, für Österreich der Austrian Quality Award und für die Schweiz der ESPRIX sowie der EFQM Excellence Award. Auch Krankenhäuser können sich auf diese Qualitätspreise bewerben. Das EFQM-Modell beruht auf 8 Grundkonzepten, die den Qualitätsmanagementgrundsätzen der ISO 9004:2000 in Teilen ähneln. Ein wichtiges Prinzip des EFQM-Modells ist die Selbstbewertung, die auf verschiedenen Methoden basieren kann. Die einfachste ist die Fragebogenme-
▼

thode, gefolgt vom Workshop und dem sog. Standardformular. Die aufwändigste Methode ist die Simulation, die auf dem RADAR-Bewertungsprinzip basiert. Das internationale Programm »Levels of Excellence« der EFQM ist ein Anerkennungsprogramm in mehreren Stufen – der Stufe »Committed to Excellence«, der Stufe »Recognized for Excellence« und den Stufen der nationalen Qualitätspreise und des EEA.

3.6   TQM-Ansatz

TQM steht für Total Quality Management und wird auch oft mit dem deutschen Begriff des umfassenden Qualitätsmanagements beschrieben.

Im TQM sollen alle Bereiche einer Organisation in das Qualitätsmanagement eingebunden werden. Dies bedeutet auch, dass alle Mitarbeiter, Kunden und Lieferanten mit in das QM-System einbezogen werden. Die Qualität soll hierbei das Systemziel sein und dauerhaft sichergestellt werden.

> **TQM zielt auf das ganzheitliche Denken in einer Organisaton.**

Ursprünglich wurde der TQM-Ansatz für die Industrie entwickelt. Im Verlauf wurde er jedoch auf alle Unternehmensformen angepasst und als umfassende Managementaufgabe betrachtet. Verantwortlich für diese Ausgestaltung des TQM-Begriffes sind Qualitätsexperten wie Deming, Juran, Ishikawa, Crosby und Feigenbaum. Armand V. Feigenbaum (geb. 1922) hat erstmals den Begriff der Total Quality Control eingeführt.

Wie bereits in ▶ Kap. 3.5 erwähnt, findet der TQM-Ansatz einen wichtigen Niederschlag im EFQM-Modell (◘ Abb. 3.8).

Im TQM-Ansatz gibt es mehrere wichtige Prinzipien, auf die besonders geachtet werden muss (◘ Abb. 3.9):

- Die Qualität muss als oberstes Unternehmensziel begriffen und verinnerlicht werden.
- Das Engagement der Geschäftsführung ist für den TQM-Ansatz besonders wichtig – die

oberste Leitung muss eine Vorbildfunktion
ausüben.

- Die Fähigkeiten der Führungskräfte müssen
gefördert werden.
- Eine strategische Ausrichtung der Organisation ist erforderlich – diese sollte auf Grundwerten und einem Unternehmenszweck basieren. Es ist also eine durchdachte Qualitätspolitik erforderlich.
- Die systematische Sammlung und Aufarbeitung von Daten ist von großer Bedeutung, damit Schlussfolgerungen für Prozesse und Leistungen gezogen werden können.
- Ziele und Maßnahmen müssen geplant und verfolgt werden.
- Im Rahmen der Mitarbeiterorientierung sollen die Fähigkeiten aller Mitarbeiter gefördert werden. Es ist im TQM-Ansatz wichtig, dass alle Mitarbeiter eine uneingeschränkte Bereitschaft haben, Qualität in den Mittelpunkt ihrer Aktivitäten zu stellen. Den Mitarbeitern wird ein hohes Maß an Verantwortung, Mitbestimmung und Entscheidungskompetenz übertragen.
- Im Rahmen der Kundenorientierung ist der Kunde in den Mittelpunkt zu stellen. Die Kundenzufriedenheit ist entscheidend für den Erfolg oder Misserfolg einer Organisation. Alle unternehmerischen Aktivitäten werden im TQM-Ansatz auf den Kunden ausgerichtet.
- Lieferanten müssen integriert werden, um ihre Fähigkeiten zu fördern und zu nutzen.
- Eine Fehlervermeidung im Sinne von präventiven Maßnahmen ist ein wichtiges Konzept. Dies ist analog zum Null-Fehler-Ansatz von Philip B. Crosby.
- Eine ständige Verbesserung auf allen Ebenen ist ein entscheidendes Grundprinzip. Kontinuierliche Verbesserungsprozesse (KVP) sind unabdingbar.
- In der Prozessorientierung sollen Prozesse und nicht Ergebnisse im Vordergrund stehen. Die Ursache von Fehlern ist häufig nicht im Mitarbeiterverhalten, sondern in fehlerhaften Prozessen zu suchen.
- Es wird ein schlankes Management (»lean management«) angestrebt.

Total	Quality
• Bereichs- und funktions-übergreifend	• Qualität der Arbeit
• Kundenorientierung	• Qualität der Prozesse
• Gesellschaftsorientierung	• Qualität der Produkte und
• Mitarbeiterorientierung	• Dienstleistungen

Management
• Führungsaufgabe Qualität (sinnorientiertes Handeln)
• Führungsqualität (Vorbildfunktion)
• Team- und Lernfähigkeit
• Beharrlichkeit

Abb. 3.8. Begriffe des Total Quality Managements

- In Benchmarkings soll von anderen gelernt werden.
- Das Qualitätscontrolling bietet die Möglichkeit, Verbesserungspotentiale zu erkennen und zu nutzen.

> **Wichtige Kernpunkte des TQM-Ansatzes sind die Qualität als oberstes Unternehmensziel, die Vorbildfunktion der Geschäftsführung und das Streben nach kontinuierlicher Verbesserung.**

Im Hinblick der kontinuierlichen Verbesserung wird im TQM-Ansatz häufig der japanische Begriff »Kaizen« erwähnt. »Kaizen« steht für eine ständige Veränderung zum Besseren. Die Kernaussage ist hierbei, dass in einer Organisation kein Tag ohne eine Verbesserung vergehen soll.

Ein wichtiger Bestandteil der Kaizen-Philosophie ist auch die Standardisierung. Nach jeder Verbesserung muss immer sichergestellt werden, dass der neue Zustand gewahrt bleibt. Der neue Zustand wird zum neuen Qualitätsstandard ernannt.

> **»Kaizen«, d. h. die ständige Veränderung zum Besseren, ist ein wichtiger Aspekt des TQM-Ansatzes.**

Im Gegensatz zur traditionellen Qualitätssicherung legt der TQM-Ansatz Wert darauf, dass fehlerhafte Prozesse Fehler verursachen, und dass alle am Prozess Beteiligten für diese Fehler verantwortlich sind (Tab. 3.3). Hierbei liegt das Ziel bei null Fehlern.

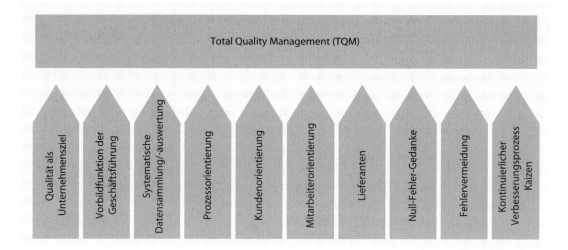

Abb. 3.9. Wichtige Grundprinzipien des TQM-Ansatzes

Es ist eine Partnerschaft mit nur wenigen Lieferanten einzugehen. Zudem sollten alle Aktivitäten auf eine umfassende Kundenzufriedenheit ausgerichtet sein.

> Ein wichtiger Aspekt des TQM-Ansatzes ist die Definition von Qualität als oberstem Unternehmensziel und die Verantwortung der Geschäftsführung zur Erreichung dieses Ziels. Die Leitung muss eine Vorbildfunktion ausüben, zudem müssen sich aber alle Mitarbeiter mit den Zielen der Qualitätspolitik identifizieren. Den Mitarbeitern wird ein hohes Maß an Verantwortung, Mitbestimmung und Entscheidungskompetenz übertragen. Auch Kunden und Lieferanten sind einzubinden.
> Wichtiges Ziel des TQM-Ansatzes ist eine kontinuierliche Verbesserung (»Kaizen«).

3.7   Integriertes Managementsystem

Führt man den Ansatz eines QM-Systems gedanklich weiter, so bildet das integrierte Managementsystem (IMS) die logische Fortsetzung. IMS führt dabei Werkzeuge und Methoden aus verschiedenen Managementbereichen zusammen, die für die Einhaltung von wichtigen gesetzlichen Anforderungen notwendig sind, z. B. Qualität, Umwelt- und Arbeitsschutz, Sicherheit (Abb. 3.10).

> **Das integrierte Managementsystem bildet insbesondere für einen stringent umgesetzten kontinuierlichen Verbesserungsprozess die ideale Umgebung durch die Integration der verschiedenen Managementsysteme einer großen Organisation.**

In der privaten Wirtschaft wird der Bedarf an solch umfassenden Governancestrukturen u. a. durch die Vorschriften der Börsenaufsicht befördert, die von Managern eine durchgehende Verantwortlichkeit für alle wesentlichen Aktivitäten eines Unternehmens verlangt. Da eine einzelne Person nie alle dafür relevanten Informationen überblicken kann, erlaubt nur ein alle Managementsysteme sinnvoll zusammenführendes System die notwendige Gesamtschau über alle Entscheidungsstrukturen.

> **Das IMS erlaubt eine hohe Transparenz und eine optimale Ausnutzung der Ressourcen.**

Üblicherweise wird ein IMS nicht in einem Schritt eingeführt, sondern führt nach und nach einzelne bereits bestehende Managementsysteme zusammen und ergänzt sie um ein übergreifendes System.

▣ **Tabelle 3.3** Gegenüberstellung von traditioneller Qualitätssicherung und Total Quality Management

Traditionelle Qualitätssicherung	Total Quality Management
Menschen verursachen Fehler	Prozesse verursachen Fehler
Individuen sind für die Fehler verantwortlich	Alle am Prozess Beteiligten sind für Fehler verantwortlich
Null Fehler sind nicht erreichbar	Null Fehler ist das anzustrebende Ziel
Einkauf aus vielen Lieferquellen	Partnerschaft mit wenigen Lieferanten
Kunden müssen akzeptieren, was ein Unternehmen an Qualität liefert	Alle Aktivitäten sind auf totale Kundenzufriedenheit ausgerichtet

Häufig bildet die Einführung eines QM-Systems den Ausgangspunkt für ein IMS.

Im Endausbau integriert das IMS eine stattliche Zahl von Einzelmethoden oder Prozessen in einem übergeordneten System. Neben Produkt- und Prozessqualität (Qualitätsmanagement z. B. nach ISO 9000), Arbeitssicherheit (Arbeitsschutzmanagement z. B. nach dem Standard OHSAS 18001 der Occupational Safety and Health Administration oder OHRIS) zählt auch der Umweltschutz (Umweltmanagement, z. B. international nach ISO 14000 oder der europäischen EMAS-Verordnung) zu den Kernthemen. Darüber hinaus können weitere Prozesse integriert werden:

- Allgemeine (und Corporate) Compliance (d. h. Einhaltung von Gesetzen und Richtlinien)
- Risikomanagement (wie im deutschen KonGraG gefordert)
- Datenschutz (siehe Bundesdatenschutzgesetz)
- Facility-Management und Instandhaltung
- Internes Kontrollsystem zur Sicherstellung der Qualität der veröffentlichten Quartals- und Jahresabschlüsse
- Sicherheit von Daten (Berechtigungskonzepte, Wissens- und Ideenmanagement) und physischen Einrichtungen (Zutritts- bzw. Schließanlagen, Bewachung, Brandschutz etc.)

Die von verschiedenen QM-Systemen geforderte Einbindung aller Mitarbeiter (oder zumindest großer Teile) einer Organisation in die Managementsysteme kann auch für ein IMS beispielsweise über Balanced Scorecards sichergestellt werden. Unterschiedlichste Aspekte des IMS können dabei aufei-nander abgestimmt und hierarchieadäquat als Führungsinstrumente eingesetzt werden. Die stärkste Wirkung wird durch die Verknüpfung der Scorecard mit einem etwaigen Bonussystem erzielt.

> Das integrierte Managementsystem führt Werkzeuge und Methoden aus verschiedenen Managementbereichen zusammen, die für die Einhaltung von wichtigen gesetzlichen Anforderungen notwendig sind. Beispiele sind Qualität, Umwelt- und Arbeitsschutz und Sicherheit. Das IMS wird in der Regel schrittweise eingeführt. Es erlaubt eine hohe Transparenz und eine optimale Ausnutzung der Ressourcen und integriert dabei zahlreiche Einzelmethoden oder Prozesse in einem übergeordneten System. Das IMS kann mit der Balanced Scorecard und ggf. mit Bonussystemen verknüpft werden.

3.8 Qualitätsmodell Krankenhaus

Das Ziel des Qualitätsmodells Krankenhaus (QMK) ist die Entwicklung eines Instrumentariums, das die Qualität der stationären Behandlung in der inneren Medizin erfasst und vergleicht. Der Schwerpunkt liegt dabei auf der Dokumentation und Untersuchung der Ergebnisqualität. Hier fließen zum einen die medizinischen Daten, zum anderen aber auch die subjektive Wahrnehmung des Patienten ein.

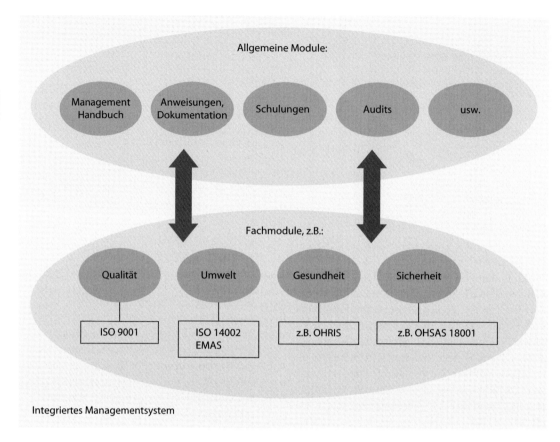

Abb. 3.10. Darstellung eines integrierten Managementsystems

> **QMK untersucht vor allem die Ergebnisqualität in der inneren Medizin, also ganz konkret den Behandlungserfolg bei einzelnen Patienten.**

Die Qualität im Krankenhaus wird aus den Perspektiven folgender Personen analysiert:
- Ärzte
- Pflegekräfte und Therapeuten
- Patienten
- Nachbehandelnde Haus- und Fachärzte

Das QMK wurde 1999 in Deutschland als zweijähriges Pilotprojekt gestartet. Zu den durchführenden Partnern gehörten der AOK Bundesverband, die Asklepios Kliniken GmbH und die Helios Kliniken GmbH. Die wissenschaftliche Begleitung erfolgte durch Experten der Ludwig-Maximilians-Universität München bzw. der Harvard Medical School und des wissenschaftlichen Instituts der AOK (WIdO). An dem Pilotprojekt nahmen 23 Kliniken der Grund- und Regelversorgung teil. Ziel war es, in dieser zweijährigen Pilotphase die Effekte der Krankenhausbehandlung zu messen. Im Herbst 2001 wurde die Pilotphase erfolgreich abgeschlossen. Seitdem steht das QMK-Instrumentarium für den Einsatz im Klinikalltag zur Verfügung. Natürlich müssen die QMK-Methoden den jeweiligen Gegebenheiten und dem medizinischen Fortschritt angepasst werden.

QMK fokussiert auf ausgewählte, häufige Diagnosen der inneren Medizin, die für Kostenträger relevant sind. Diese werden auch als Tracer-Diagnosen bezeichnet. Sie werden in die folgenden Module eingeteilt:

- Herz-Kreislauf-Modul mit Herzinfarkt, koronarer Herzkrankheit, Herzinsuffizienz, Hypertonie und Herzrhythmusstörungen
- Lungen-Modul mit chronisch-obstruktiven Lungenerkrankungen, Asthma bronchiale und Lungenentzündung
- Diabetes-Modul mit dekompensiertem Diabetes mellitus Typ 1 und 2
- Hirn-Modul mit Schlaganfall, transitorischen ischämischen Attacken (TIA) sowie prolongierten reversiblen ischämischen neurologischen Defiziten (PRIND)
- Ulkus-Modul mit Ulcus duodeni und Ulcus ventriculi.

Diese Module bestehen in der Dokumentation aus einem Aufnahme- und Entlassungsteil. Der Aufnahmeteil wird innerhalb von 24 Stunden nach der stationären Aufnahme von Arzt, Pflegekraft und Patient ausgefüllt. Der Entlassungsteil sollte innerhalb von 24 Stunden vor der Entlassung vom Arzt erhoben werden. Zudem sollten Patient und nachbehandelnder Arzt nach der Entlassung Fragen zur Globalbewertung, zur Umsetzbarkeit der Empfehlungen und zur Zufriedenheit beantworten (◘ Tab. 3.4).

Informationen und Materialien, mit deren Hilfe ein QMK-Projekt gestartet werden kann, stehen unter http://www.qmk-online.de zum Herunterladen bereit. Insgesamt empfiehlt es sich, QMK zunächst zur internen Qualitätssicherung zu verwenden. Die Einführung einer Zertifizierung wird derzeit diskutiert. Sie wäre ein Schritt zu einem öffentlich zugänglichen, umfassenden Benchmarking der Krankenhäuser. Hierfür müssten allerdings mehr Erfahrungen mit der Messung der Ergebnisqualität vorliegen.

QMK lässt sich prinzipiell gut mit anderen Methoden des Qualitätsmanagements kombinieren, beispielsweise mit EFQM oder KTQ. Da es bei EFQM keine standardisierten Vorgaben gibt, wie die 32 Kriterien inhaltlich ausgestaltet werden müssen, kann hier QMK dazu beitragen, krankenhausspezifische Inhalte zu definieren. Dies trifft besonders auch auf das Kriterium 5 des EFQM (Prozesse) zu. Die Messung der Ergebnisqualität bei QMK stärkt bei KTQ beispielsweise die Kategorien Patientenorientierung und Sicherheit.

Es wird diskutiert, eine reduzierte QMK-Variante zu entwickeln, die sich auf rein medizinische Ergebnisindikatoren und entsprechende Risikoparameter für internistische Tracer-Diagnosen beschränkt, um diese in die Qualitätssicherungsverfahren gemäß § 136 SGB V einzubinden.

❯ **Bei QMK ist eine Akkreditierung oder Zertifizierung derzeit nicht möglich.**

> Das Qualitätsmodell Krankenhaus (QMK) wurde 1999 als zweijähriges Pilotprojekt ins Leben gerufen. Es hat die Messung der Ergebnisqualität in der inneren Medizin, also ganz konkret auf die Behandlungserfolge zum Inhalt. Die Daten werden vom Krankenhausarzt, vom Pflegepersonal, vom Patienten und vom nachbehandelnden Arzt erhoben, und zwar zum Zeitpunkt der Aufnahme, kurz vor der Entlassung und nach der Entlassung. QMK fokussiert dabei auf häufige Diagnosen in der inneren Medizin, die auch als Tracer-Diagnosen bezeichnet werden.
> QMK eignet sich derzeit vorwiegend für ein internes Qualitätsmanagement. Eine Kombination mit den Modellen der EFQM und der KTQ ist durchaus möglich und sinnvoll.

3.9　DEGEMED und deQus

Die **Deutsche Gesellschaft für Medizinische Rehabilitation e.V. (DEGEMED)** wurde 1996 gegründet. Sie ist der Spitzenverband der Einrichtungen der Medizinischen Qualitäts-Rehabilitation. Die Mitglieder haben sich verpflichtet, eine optimale Patientenbetreuung nach anerkannten medizinisch-wissenschaftlichen Grundsätzen zu realisieren, wobei rehabilitationsspezifische Behandlungskonzepte angewendet werden.

❯ **Die DEGEMED hat ein für die Rehabilitation spezifisches QM-System und eine entsprechende Zertifizierung entwickelt.**

Hierbei wird besonderer Wert sowohl auf den individuellen als auch auf den betriebs- und volks-

◨ **Tabelle 3.4**   Datenerhebung im Qualitätsmodell Krankenhaus (QMK)

	Aufnahme	Entlassung	Nach Entlassung
Arzt	Globalbeurteilung Medizinische Indikatoren **Zeitaufwand: 10–15 min**	Globalbeurteilung Medizinische Indikatoren **Zeitaufwand: 10 min**	
Pflegekraft/Therapeut	Globalbeurteilung Risiko-Adjustierung **Zeitaufwand: 5 min**		
Patient	Globalbeurteilung Allgemeiner Gesundheitsstatus **Zeitaufwand: 10 min**		Globalbeurteilung Allgemeiner Gesundheitsstatus Zufriedenheit **Zeitaufwand: 20 min**
Nachbehandelnder Arzt			Globalbeurteilung Umsetzbarkeit der diagnostischen und therapeutischen Empfehlungen Zufriedenheit **Zeitaufwand: 5 min**
Verwaltung	Regional- und Strukturdaten. **Einmaliger Zeitaufwand: 30 min**		
Einweiserbefragung	Globalbewertung des Krankenhauses **Einmaliger Zeitaufwand: 30 min**		

Schneeweiss S (2002) Ergebnismessung im Krankenhaus: Das Qualitätsmodell Krankenhaus (QMK). GGW 2 (Heft 4): 7–15

wirtschaftlichen Nutzen gelegt. Die DEGEMED vertritt dabei ein rehabilitations-spezifisches Qualitätsmanagement und Zertifizierungsverfahren, das die hohe Versorgungsqualität der Mitgliedskliniken abbildet. Die DEGEMED umfasst derzeit ca. 13 Mitglieder.

Die DEGEMED war der erste Verband im Bereich der medizinischen Rehabilitation, der ein richtlinienorientiertes Qualitätsmanagement verbunden mit einem entsprechenden Zertifizierungsverfahren konzipiert hat.

Ziel des QM-Systems der DEGEMED ist die Leistungsdarstellung sowie die Abbildung der kontinuierlichen Verbesserung. Dieses System steht Mitgliedern der DEGEMED und auch Nicht-Mitgliedern zur Verfügung.

Im QM-System der DEGEMED sind zwei Schwerpunkte verankert:

1. die von der DEGEMED verfassten Qualitätsgrundsätze, die die Anforderungen der Leistungsträger umsetzen, sowie
2. das bereits dargestellte QM-System der DIN EN ISO 9001:2008 (▶ Kap. 3.1). Hierbei bezieht sich die DEGEMED auch auf die Normengruppe 9000 ff.

Wichtige Kernpunkte dieses Systems sind:
- Allgemeine Definition des Rehabilitationsprozesses
- Spezieller Audit-Katalog mit rehabilitationsspezifischen Standards, der von der DEGEMED auch als »Basischeckliste« bezeichnet wird
- Indikationsspezifische Module (ISM). Diese wurden für spezielle Indikationen entwickelt, beispielsweise Kardiologie, Neurologie, Ortho-

pädie, Onkologie, Psychosomatik und Abhängigkeitserkrankungen.

- Integration der Kriterien des EFQM-Modells (▶ Kap. 3.5)

Ausgehend von diesen Kernpunkten wurde das Zertifizierungsverfahren der DEGEMED entwickelt. Dieses Zertifizierungsverfahren besteht aus den folgenden drei Elementen:
1. DIN EN ISO 9000 Normen und ausgewählten EFQM-Kategorien
2. Qualitätsgrundsätze der DEGEMED, die in das Regelwerk der ISO eingearbeitet wurden
3. Anforderungen der Leistungsträger

Der benötigte Zeitraum von der Analysephase bis zur Zertifizierungsreife wird von der DEGEMED selbst mit zwischen 9 und 15 Monaten angegeben. Die Zertifizierung wird von einem bei der DEGEMED akkreditierten Zertifizierungsunternehmen durchgeführt. Das externe Audit erfolgt je nach Größe der Einrichtung durch einen oder mehrere Auditoren, wobei das Auditteam in der Regel aus einem leitenden Auditor und einem Fachauditor besteht. Die Vorgaben zum Umfang des Audits sind durch das International Accreditation Forum (IAF) international festgelegt.

Geringfügige Abweichungen müssen innerhalb von 3 Monaten korrigiert werden. Bei wesentlichen Abweichungen, die von der DEGEMED als Hauptabweichung bezeichnet werden, erfolgt ggf. ein Nachaudit. Die Dokumentation der Zertifizierungsunternehmen werden ständig von der Trägergemeinschaft Akkreditierung (TGA) überprüft.

❯❯ Wie bei der ISO werden auch beim DEGEMED-Modell jährliche Überwachungsaudits sowie eine Rezertifizierung nach 3 Jahren durchgeführt.

Das Zertifizierungsverfahren der DEGEMED wird wissenschaftlich begleitet durch das Institut für Qualitätsmanagement und Qualitätssicherung in der Medizinischen Rehabilitation e.V. (IQEM). Dieses hat die DEGEMED zusammen mit dem Institut für Sozialmedizin, Epidemiologie und Gesundheitssystemforschung (ISEG – Witten/Herdecke, Hannover) gegründet. Aufgabe des IQEM ist neben der wissenschaftlichen Begleitung auch

die Bereitstellung eines wissenschaftlich fundierten QM-Bewertungssystems (»Qualitätsbarometer«), das valide Daten zur Prozess- und Ergebnisqualität abbildet. Dieses Qualitätsbarometer definiert Schnittstellen zu den Programmen der Rentenversicherungsträger und der gesetzlichen Krankenversicherungen. Die erfüllten Anforderungen aus dem Zertifizierungsverfahren bilden gleichzeitig die Grundlage für das Benchmarking der DEGEMED-Mitglieder oder anderer interessierter Parteien.

Derzeit sind nach dem DEGEMED-Verfahren in der Bundesrepublik Deutschland über 150 Einrichtungen zertifiziert (Stand Februar 2009).

Die Deutsche Gesellschaft für Qualitätsmanagement in der Suchttherapie e.V. (deQus) hat sich die Weiterentwicklung und kontinuierliche Verbesserung der Qualität in der Suchttherapie zum Ziel gesetzt. DeQus ist eine Initiative des Bundesverbandes für stationäre Suchtkrankenhilfe e.V. (buss). Mitglieder können alle Einrichtungen der Suchtkrankenhilfe in Deutschland werden, die die Satzung der Gesellschaft anerkennen und sich verpflichten, ihre Qualitätsgrundsätze in der Praxis anzuwenden.

Das QM-System der deQus zielt primär auf die Forderungen der DIN ISO 9001:2008 ab. Es schafft jedoch auch die Grundlagen für eine Zertifizierung nach den Standards von DEGEMED und KTQ sowie für eine Selbstbewertung nach EFQM. Hierbei wird besonderer Wert auf die Ausbildung der QM-Beauftragten im Rahmen von Kursen und Coachings gelegt. Die spezifische Situation von Einrichtungen zur Behandlung Suchtkranker wird berücksichtigt und die entsprechenden Leitlinien werden in das Handbuch integriert.

Eine weitere Besonderheit des deQus-Systems ist die Stellung eines Musterhandbuchs HACCP (»hazard analysis and critical control points«). Es handelt sich dabei um ein Handbuch zur Umsetzung der Lebensmittelhygieneverordnung in Kliniken und Heimen. Ursprünglich war die HACCP 1959 für die NASA entwickelt worden, als weltraumgeeignete Astronautennahrung hergestellt werden sollte. Das Handbuch gibt Hilfestellung bei der Umsetzung der Vorschriften der Lebensmittelhygieneverordnung (LMHV).

Bei Bedarf stellt die deQus auch ein Musterhandbuch IQMS (Integriertes Qualitätsmanagement Sucht) zur Verfügung. IQMS ist ein DIN ISO basiertes QM-System für Einrichtungen der ambulanten Suchthilfe. Hier liegt ein besonderer Schwerpunkt auf der Zusammenarbeit der Einrichtungen im System der Suchthilfe.

Auch ein elektronisches QM-Handbuch (eQMH) wird angeboten, dessen Grundlage ein Software-Standardprodukt ist. Ziel ist es, eine automatische Dokumentenlenkung durchzuführen.

Das Leistungspaket der deQus umfasst folgende Angebote:

- Ausformuliertes Muster-Handbuch für stationäre Suchthilfeeinrichtungen; es existiert aber auch ein spezielles Muster-Handbuch für Tageskliniken
- Vier ganztägige Fachcoachings zur internen Qualifizierung
- Internetplattform der deQus mit Musterbeispielen und Vorlagen
- Audit-Checkliste zur Vorbereitung auf die Zertifizierung
- Standardfragebogen zur Patientenzufriedenheit inklusive einem Auswertetool
- Weitere Fortbildungsangebote für deQus-Mitglieder wie Workshops oder Moderatoren-Trainings
- Organisation, Information und Betreuung der Mitglieder durch Vorstand und Geschäftsstelle gegenüber Leistungsträgern

❯❯ **Der Schwerpunkt der deQus liegt in der Ausbildung der QM-Beauftragten. Es wird eine Zertifzierung nach DIN ISO 9001:2008 angestrebt.**

Die DEGEMED hat ein für die Rehabilitation spezifisches QM-System und eine entsprechende Zertifizierung entwickelt. Dieses QM-System integriert Konzepte der DIN EN ISO 9001:2008 und des EFQM-Modells. Wie bei der ISO werden auch bei dem Modell der DEGE-MED jährliche Überwachungsaudit sowie eine Rezertifizierung nach 3 Jahren durchgeführt. Das Zertifizierungsverfahren der DEGEMED wird wissenschaftlich begleitet durch das Institut für Qualitätsmanagement und Qualitäts-

▼

sicherung in der Medizinischen Rehabilitation e.V. (IQEM).

Das deQus-System wurde spezifisch für ein Qualitätsmanagement in der Suchttherapie entwickelt. Der Schwerpunkt liegt in der Ausbildung der Qualitätsmanagement-Beauftragten und in einem Coaching. Es werden ausführliche Musterdokumente zur Verfügung gestellt.

3.10   Modelle für Praxen

Für die Einführung eines Qualitätsmanagements in Praxen kommen derzeit fünf Systeme in Frage. Ein häufig verwendetes Modell ist das Europäische Praxis-Assessment (EPA), das besonders bei hausärztlichen Praxen beliebt ist.

EPA ist eine europäisches Modell und damit international orientiert. Die Methode wurde auf der Basis internationaler Modelle systematisch validiert und fortentwickelt. Hierdurch ist ein Benchmarking, also ein Vergleich der eigenen Ergebnisse mit den Ergebnissen anderer Kollegen sowohl auf nationaler als auch auf internationaler Ebene möglich.

❯❯ **Durch eine Benchmarking-Datenbank ist mit EPA ein detaillierter, anonymer Vergleich mit strukturgleichen Praxen und den jeweils besten Praxen möglich**

Das Modell des EPA besteht aus folgenden Komponenten:

- Selbstassessment
- Fremdassessment im Rahmen einer Visitation
- Patientenbefragung
- Mitarbeiterbefragung
- Feedback und Besprechung mit dem Praxisteam
- kontinuierliche Unterstützung von Veränderungen

Hierbei basiert das Modell des EPA – wie andere QM-Modelle auch – auf einem Qualitätskreislauf.

EPA befasst sich mit großen Themenbereichen, die auch als die 5 Domänen von EPA bezeichnet werden (▣ Abb. 3.11):

- Infrastruktur
- Menschen
- Informationen
- Finanzen
- Qualität und Sicherheit

Diese Domänen sind – ähnlich wie bei KTQ – in 26 Unterdomänen aufgegliedert; diese werden auch als Dimensionen bezeichnet. Diese Dimensionen werden wiederum durch 168 Indikatoren abgebildet, hinter denen wiederum 413 Fragen bzw. Informationen stehen.

Ein wichtiger erster Schritt im Qualitätskreislauf ist die Ist-Analyse, die durch die Assessments und Befragungen erzielt wird. EPA berücksichtigt in der Ist-Analyse mehrere Perspektiven, insbesondere die von Praxisinhabern, Mitarbeitern und Patienten.

Generell vertritt EPA einen sog. Peer-Review-Ansatz. Die Visitationen von »Peers« werden hier also von gleichgestellten Kollegen durchgeführt, oder aber die Ergebnisse in »Peer groups« erörtert.

Zur Mitarbeiterbefragung und zur Patientenbefragung werden gut etablierte und validierte Werkzeuge verwendet.

Das EPA-Modell ist multiperspektivisch und bezieht die Perspektiven von Praxisinhabern, Mitarbeitern und Patienten mit ein.

Ein Vorteil des Modells ist, dass es sich problemlos um medizinische Indikatoren, Risiko- und Fehlermanagement erweitern lässt. Zudem ist es kompatibel mit Qualitätszirkeln und Disease-Management-Programmen.

> ❯ **EPA lässt sich gut mit anderen QM-Verfahren (ISO, EFQM, KTQ) kombinieren. So können Praxen, die ein Qualitätsmanagement nach DIN-ISO implementiert haben, EPA für ein Benchmarking mit anderen Praxen nutzen.**

Niedergelassene Ärzte, die EPA implementieren bzw. implementiert haben, erhalten Zugang zur sog. EPA-Community, einem geschlossenen Internetforum zum kollegialen Austausch, in dem auch

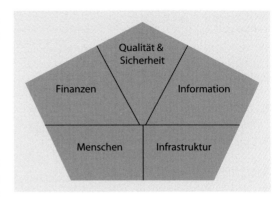

▣ **Abb. 3.11.** Die 5 Domänen des EPA-Modells

Checklisten, Informationen und Tipps zur Verbesserung von Praxisabläufen eingestellt werden.

QEP (Qualität und Entwicklung in Praxen) ist ein modular aufgebautes QM-System der Kassenärztlichen Vereinigungen. Es eignet sich für alle Fachrichtungen und Praxisgrößen. QEP besteht aus verschiedenen Bausteinen, die aufeinander abgestimmt sind. Diese sind kombinierbar und schrittweise umsetzbar.

QEP verfolgt einen kontinuierlichen Verbesserungsprozess, der durch die andauernde Pflege des Systems gewährleistet sein soll.

Das System ist auf Ärzte und Psychotherapeuten ausgerichtet und beinhaltet Support- und Serviceleistungen. Folgende Ziele werden dabei verfolgt:

- Sicherung der bestmöglichen Qualität in der Patientenversorgung
- Stabilisierung der wirtschaftlichen Situation der Praxen
- Förderung der Arbeitszufriedenheit der Mitarbeiter

Eine begleitende Unterstützung durch die KV Baden-Württemberg (KVBW) wird angeboten. Es ist aber ebenso möglich, in modularen Schritten zur selbst definierten und zertifizierten Qualität der eigenen Arbeit zu gelangen.

QEP bietet dem Anwender folgende Leistungsangebote an:

- Formulierung klarer Qualitätsziele zu praxisrelevanten Aspekten

- Umsetzung der Anforderungen des Gesetzgebers
- Bereitstellung von Handlungsvorschlägen und Musterdokumentationen
- Beschreibung der phasenweisen Einführung des Systems in den Praxisbetrieb
- Ein Selbstbewertungstool zu Identifizierung von Stärken, Schwächen und Verbesserungspotenzialen

Der sog. QEP-Qualitätszielkatalog ist das Herzstück des Systems. Er enthält eine Zielsammlung zu allen Inhalten der Praxisarbeit. Insgesamt handelt es sich um 5 Kapitel, die sich mit den Qualitätszielen beschäftigen, und die das gesamte Leistungsspektrum von Praxen abbilden:

- Patientenversorgung
- Patientenrechte und Patientensicherheit
- Mitarbeiter und Fortbildung
- Praxisführung und Organisation
- Qualitätsentwicklung

Die oben genannten 5 Bereiche untergliedern sich in Themenbereiche mit Qualitätszielen, die wiederum mit Indikatoren ausgestattet sind (◘ Abb. 3.12). So wird es für die Anwender möglich, die Erfolgswahrscheinlichkeit der Zielerfüllung zu beurteilen. Der Qualitätszielkatalog kann beim Ärzteverlag bezogen werden.

Ein weiteres Leistungsangebot ist das sog. QEP-Manual. Dieses enthält Dokumente, Vorlagen, Selbstbewertungslisten, das Musterhandbuch, sowie Maßnahmenpläne, um den Aufbau stringent vollziehen zu können. Zudem beinhaltet das Manual konkrete Umsetzungs- und Handlungsanweisungen zur Erfüllung der definierten Zielvorgaben. Die Musterdokumente stehen digital als Arbeitserleichterung zur Verfügung. Auch das Manual ist über den Ärzteverlag beziehbar.

Den Praxen bleibt die Zertifizierung freigestellt. Im Falle einer Zertifizierung prüfen auch hier akkreditierte Zertifizierer, inwieweit die Praxis alle Anforderungen einer Normkonformität erfüllt. Eine Zertifizierung ist erfolgreich, wenn die Praxis den Nachweis erbringt, dass sie alle Anforderungen, Ziele und Vorgaben ihres QM-Systems umgesetzt hat. Dies ist nach innen und nach außen der

Beweis, dass sich die persönlichen und finanziellen Investitionen in die Praxisqualität gelohnt haben.

In der Wahl der Zertifizierungsgesellschaft ist die Praxis frei; ein Unternehmen, das bei der Trägergemeinschaft für Akkreditierung (TGA) zugelassen ist, wird empfohlen.

Ein anderes Modell für Praxen ist **KPQM** (KV-Westfalen-Lippe Praxis Qualitätsmanagement). KPQM wurde von der Kassenärztlichen Vereinigung Westfalen-Lippe entwickelt. Mit dem KPQM-System sind Praxen in der Lage, Nachweise für ihr qualitätsmanagementgesteuertes Handeln zu erbringen und zu dokumentieren.

KPQM basiert auf 5 wesentlichen Bausteinen (◘ Abb. 3.13):

- Führung, Ziele, Mitarbeiter: diese Forderungen betreffen unmittelbar die Praxisleitung
- Kundenorientierung: hier sollen Patientenanforderungen und Anforderungen Dritter berücksichtigt werden
- Prozessorientierung
- Kontinuierliche Verbesserung
- Dokumentation und Verfahrensanweisungen.

Wie viele andere Systeme orientiert sich auch KPQM an der DIN EN ISO 9001:2008. Wie die DIN ISO 9001:2008 verfolgt auch KPQM einen prozessorientierten Ansatz. Die Prozesse werden identifiziert und analysiert. Sie sind auf die Patientensicherheit in der Versorgung zugeschnitten. Die Prozesse werden wie in der ISO auch in Verfahrensanweisungen und Ablaufdiagrammen lenkungsfähig verschriftet.

Dabei umfassen die Prozesse wie in einem Klinikbetrieb auch alle Arbeitsbereiche von der Ankunft des Patienten bis zu dem Punkt, an dem dieser die Praxis wieder verlässt. Wichtige Schlüsselprozesse sind auch hier Aufnahme, Verwaltung und Mitarbeiterführung.

Alle Prozesse sollten an einer Qualitätspolitik ausgerichtet sein, die von der Praxis selbst individuell festzulegen ist, und die in einem QM-Handbuch niedergelegt ist.

Alle Instrumentarien des QM-Systems von KPQM schließen Struktur-, Prozess- und Ergebnisqualität ein. Sie verfolgen kontinuierliche Verbesserungsprozesse als Ziel von Qualitätsmanagement.

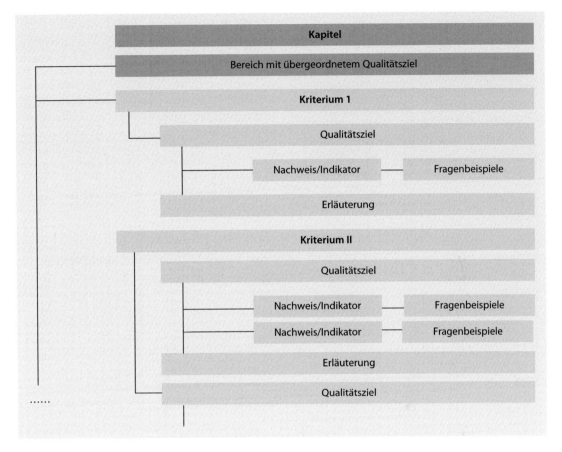

Abb. 3.12. Aufbau des QEP-Qualitätszielkataloges

Neben der Festlegung einer Qualitätspolitik müssen mindestens 10 Prozesse dargestellt werden, die aus dem QEP-Qualitätszielkatalog entnommen sind.

Wie die DIN-ISO auch, sieht KPQM sog. Pflichtprozesse vor. Zu diesen zählen:

- Notfallmanagement
- Teambesprechung
- Beschwerdemanagement
- Beschreibung der Kooperationen an den Nahtstellen der Versorgung

Nachweis für die Konformität mit dem KPQM-Modell ist die Zertifizierung. Der KPQM-Katalog ist jedoch auch ohne Zertifizierung anwendbar.

> **Im KPQM kann eine Zertifizierung erlangt werden, für die eine Dokumentenprüfung und eine Validierung vor Ort durchgeführt werden.**

qu.no ist ein von der Kassenärztlichen Vereinigung Nordrhein entwickeltes QM-System, das für Praxen ein einfach umsetzbares und erweiterbares Modell bereitstellt. Es soll den niedergelassenen Ärzten insbesondere erlauben, ihre begrenzten Ressourcen ökonomisch einzusetzen und Doppelaufwand zu vermeiden.

qu.no ist kein völlig eigenständiges Qualitätsmodell, sondern führt viele Elemente etablierter Qualitätsmodelle zu einem modularen und erweiterbaren QM-System zusammen.

Zielgruppe sind dabei ärztliche Vertragspraxen, aber auch psychotherapeutische Praxen, denen ein

□ Abb. 3.13. Die 5 Bausteine des KPQM

einfacher Einstieg in das gesetzlich geforderte Qualitätsmanagement für Praxen geboten wird.

qu.no nutzt dabei vor allem zwei wesentliche Elemente:

- Qualitätsziele und
- Qualitätsmanagement-Kriterien.

Erstere werden durch das QEP-Modell definiert. Aus dem QEP-Qualitätszielkatalog sind dabei mindestens zehn Praxisprozesse (aus den Kernbereichen Patienten, Mitarbeiter und Administration) auszuwählen und gemäß den QM-Vorgaben aufzubereiten. Die Qualitätsziele werden dem Qualitätszielkatalog entnommen, sind aber individuell auf die jeweilige Praxis abzustimmen. Es werden keine besonderen Anforderungen an die Darstellungsform gestellt, so dass Tabellen, aber auch Flussdiagramme möglich sind.

> **qu-no ist ein prozessorientiertes QM-System. Dabei werden die für Praxen relevanten Elemente aus der DIN EN ISO 9001:2008 nach entsprechender Adaptierung verwendet.**

Trotz dieser Fokussierung auf die absolut notwendigen Elemente erfüllt qu.no die Anforderungen an ein QM-System, wie sie z. B. in den ISO-Normen definiert sind. Damit ist qu.no für Praxen ein ausreichender Nachweis eines in der Praxis umgesetzten und gelebten QM-Systems. Zudem kann es den ersten Schritt auf dem Weg zu einer Zertifizierung gemäß QEP oder ISO bilden.

Nach der Erweiterung der gesetzlichen Qualitätsanforderungen auch auf niedergelassene Ärzte

können sich seit dem 01.10.2004 nun auch Arzt,- Zahnarzt und psychotherapeutische Praxen nach dem **KTQ-Verfahren** zertifizieren lassen. Dazu hat die KTQ ein besonderes Verfahren zum Aufbau und zur Weiterentwicklung eines QM-Systems entwickelt, mit dem den Anforderungen des Sozialgesetzbuches entsprochen werden kann. Eine eigentliche Zertifizierung ist vom Gesetzgeber zwar nicht gefordert, im Grunde aber die einzige Möglichkeit, das Niveau des jeweiligen QM-Systems gegenüber Außenstehenden nachzuweisen.

Ziel des KTQ-Verfahrens ist die Steigerung der Behandlungsqualität in den Praxen. Dazu wird vom Beginn des Zertifizierungsprozesses an ein genauer Bezug zu den Abläufen in der jeweiligen Praxis hergestellt. Trotz dieser Ausrichtung an der einzelnen Praxis ist es ein offenes Verfahren, das unabhängig vom Praxistypus und von spezifischen QM-Verfahren genutzt werden kann.

Im Zentrum dieses QM-Systems steht die langfristige Optimierung von Behandlungsprozessen. Es soll Praxen ein schlankes und leicht handhabbares Verfahren zur Verfügung stellen, das ohne bürokratische Auswüchse auskommt. An seiner Entwicklung waren folgende Institutionen beteiligt:

- KTQ-GmbH
- Spitzenverbände der Krankenkassen
- Bundesärztekammer (BÄK)
- Deutsche Krankenhausgesellschaft (DKG)
- Deutscher Pflegerat (DPR)

Kooperationspartner für das Verfahren für Praxen sind der Bundesverband der Arzt-, Zahnarzt- und Tierarzthelferinnen, der Berufsverband in der Praxis mitarbeitender Arztfrauen sowie der Hartmannbund – Verband der Ärzte Deutschlands e.V.

Das KTQ-Verfahren für die Praxis soll neben der Zufriedenheit der Patienten auch die Motivation des Praxispersonals heben, das den Patienten stets freundlich und kompetent betreuen soll. Wichtig ist dabei u. a. die kontinuierliche Weiterbildung aller Mitarbeiter. Bei der Entwicklung des KTQ-Modells für die Praxen griff die KTQ auf die Erfahrungen aus dem Klinikbereich zurück.

Im niedergelassenen Bereich wird Qualität anhand von 252 Fragen zur Qualität gemessen, die sich in 6 Kategorien zusammenfassen lassen:

1. Patientenorientierung in der Praxis
2. Führung der Praxis
3. Mitarbeiterorientierung
4. Sicherheit in der Praxis
5. Informationswesen
6. Aufbau des Qualitätsmanagements in der Praxis

Diese sind in 44 Kriterien unterteilt, wobei 24 Kriterien über Checklisten abgefragt werden. Die übrigen 20 Kriterien unterteilen sich wiederum in detaillierte Unterfragen, die dem PDCA-Zyklus folgen.

Basis des KTQ-Verfahren ist eine Selbst- und Fremdbewertung, wobei die KTQ-Selbstbewertung als selbstkritische Betrachtung der eigenen Strukturen und Leistungen stets am Anfang steht. In Zukunft ist für den niedergelassenen Bereich ein bundesweites Netzwerk im Aufbau. Das Zertifikat erhält eine Praxis, wenn die Selbstbewertung mit den Erkenntnissen der KTQ-Visitoren weitestgehend übereinstimmt und 55% der KTQ-Gesamtpunktezahl und 55% in der Kategorie 1 »Patientenorientierung« erreicht werden. Das auf diese Weise erreichte KTQ-Zertifikat ist für 3 Jahre gültig und muss danach erneuert werden.

Das Europäische Praxis-Assessment (EPA) ist ein in Praxen häufig verwendetes QM-System. Es ist ein europäisches Modell, das ein nationales und internationales Benchmarking ermöglicht. Das EPA-Modell basiert auf einem Peer-Review-Ansatz. Es bezieht die Perspektiven von Praxisinhabern, Mitarbeitern und Patienten mit ein. Die 5 Domänen von EPA sind Infrastruktur, Menschen, Informationen, Finanzen sowie Qualität und Sicherheit. EPA ist gut mit anderen QM-Verfahren kombinierbar. QEP (Qualität und Entwicklung in Praxen) ist ein modular aufgebautes QM-System der Kassenärztlichen Vereinigungen. Der QEP-Qualitätszielkatalog ist das Herzstück des Systems. Er ist in die folgenden großen Bereiche gegliedert: Patientenversorgung; Patientenrechte und Patientensicherheit; Mitarbeiter und Fortbildung; Praxisführung und Organisation; Qualitätsentwicklung. Das QEP-Manual enthält ▼

Dokumente, Vorlagen, Selbstbewertungslisten, das Musterhandbuch, Maßnahmenpläne sowie konkrete Umsetzungs- und Handlungsanweisungen zur Erfüllung der definierten Zielvorgaben.

KPQM wurde von der Kassenärztlichen Vereinigung Westfalen-Lippe für das Qualitätsmanagement in Praxen entwickelt. Es orientiert sich an der DIN EN ISO 9001:2008 und ist auf Prozesse ausgerichtet. Die 5 wesentlichen Bausteine von KPQM sind Führung; Ziele Mitarbeiter; Kundenorientierung; Prozessorientierung; kontinuierliche Verbesserung sowie Dokumentation und Verfahrensanweisungen.

qu.no ist ein von der Kassenärztlichen Vereinigung Nordrhein entwickeltes QM-System, das Elemente etablierter Qualitätsmodelle zu einem modularen und erweiterbaren QM-System zusammenführt. Es ist ein prozessorientiertes System, wobei die für Praxen relevanten Elemente aus der DIN EN ISO 9001:2008 nach entsprechender Adaptierung verwendet werden.

Das KTQ-Verfahren ist inzwischen auch für Praxen verfügbar; es greift auf Erfahrungen aus dem Klinikbereich zurück. Der KTQ-Katalog besteht im niedergelassenen Bereich aus 6 Kategorien: Patientenorientierung in der Praxis; Führung der Praxis; Mitarbeiterorientierung; Sicherheit in der Praxis; Informationswesen; Aufbau des Qualitätsmanagements in der Praxis. Basis des KTQ-Verfahrens für Praxen ist eine Selbst- und Fremdbewertung.

3.11 Zertifizierungen von onkologischen Zentren

Gerade für Zentren, die sich auf die Diagnostik und Behandlung von Krebserkrankungen spezialisiert haben, gibt es in letzter Zeit zunehmend Modelle für ein spezielles Qualitätsmanagement mit einer entsprechenden Zertifizierung.

Ziel ist es dabei, die Qualität von onkologischen Zentren auf freiwilliger Basis zu fördern und damit die Versorgung von Krebspatienten zu verbessern.

In solchen onkologischen Zentren sollen die Patienten ganzheitlich und in allen Stadien versorgt werden. Dies ist nur durch ein Netzwerk von Spezialisten unterschiedlicher medizinischer und pflegerischer Fachrichtungen möglich, die in ihrer Arbeitsweise auf eine optimale Patientenversorgung ausgerichtet sind.

> ❯❯ **Brust-, Darm-, Prostatakarzinom- und Hauttumorzentren können sich in eigenen Zertifizierungsverfahren zertifizieren lassen.**

Die Modelle für ein solches Qualitätsmanagement basieren ebenfalls auf der ISO bzw. auf KTQ. Das Zertifizierungssystem wird hierbei von OnkoZert zur Verfügung gestellt. OnkoZert ist ein unabhängiges Institut, das im Auftrag der Deutschen Krebsgesellschaft das Zertifizierungssystem zur Überprüfung von Organkrebszentren und onkologischen Zentren betreut. ❑ Abb. 3.14 fasst die Struktur von OnkoZert zusammen.

> ❯❯ **Nach erfolgreichem Abschluss eines Zertifizierungsverfahrens wird ein Zertifikat als Organkrebszentrum (z. B. Brustzentrum, Darmzentrum) erlangt, das die Anerkennung durch die Deutsche Krebsgesellschaft (DKG) und weitere medizinische Fachgesellschaften bestätigt.**

Im Erhebungsbogen der Deutschen Krebsgesellschaft und der Deutschen Gesellschaft für Senologie sind die Fachlichen Anforderungen an Brustzentren (FAB) festgelegt. Diese Anforderungen stellen die Basis für Zertifizierungen von Brustzentren dar.

Dieser Erhebungsbogen wurde von der Zertifizierungskommission Brustzentren der DKG/DGS erarbeitet und am 31.08.2006 in Kraft gesetzt.

Durch die Inkraftsetzung kann dieser Erhebungsbogen von allen Brustzentren als Zertifizierungsgrundlage genutzt werden. Seit dem 01.01.2007 ist er für sämtliche Zertifizierungsverfahren verbindlich anzuwenden. Eingearbeitet wurde die evidenzbasierte Leitlinie »Diagnose und Therapie des Mammakarzinoms der Frau« der DKG.

In dem Erhebungsbogen werden u. a. die wichtigsten Kooperationspartner abgefragt, die in einem Stammblatt registriert werden. Darüber hinaus werden für Brustzentren die folgenden Punkte abgefragt:

- Struktur des interdisziplinären Netzwerks
- Tumorkonferenzen und Therapieplanung
- Kooperationen mit niedergelassenen Ärzten
- Zugang zu Selbsthilfegruppen
- Psychosoziale und onkologische Betreuung
- Nachsorge
- Patientenbeteiligung
- Wissenschaftliche Aktivitäten
- Angaben zur Radiologie und Nuklearmedizin
- Angaben zur operativen Disziplin (Chirurgie, Gynäkologie, Senologie)
- Angaben zur Brustrekonstruktion
- Angaben zur Brustsprechstunde
- Angaben zur Strahlentherapie
- Angaben zur Pathologie
- Angaben zur Onkologie (Gynäkologie, internistische Onkologie ambulant und stationär)
- Tumordokumentation und Ergebnisqualität

Zertifizierungsanfragen an OnkoZert sind über ein Online-Formular etwa 3 Monate vor der geplanten Zertifizierung zu stellen.

> ❯❯ **Für die Vorbereitung einer Zertifizierung von onkologischen Zentren sollten mindestens 6 Monate eingeplant werden.**

Spätestens 1 Monat vor dem geplanten Zertifizierungstermin muss der ausgefüllte Erhebungsbogen abgegeben sein. In einem Vorgespräch können Unklarheiten und kritische Punkte, die den Erfolg einer Zertifizierung möglicherweise gefährden, zwischen dem Zentrum und Fachexperten vor Ort besprochen werden. Ein Vorgespräch ist besonders dann empfehlenswert, wenn das onkologische Zentrum aus mehreren Standorten besteht oder ohne erfahrene Unterstützung aufgebaut wird. Das Vorgespräch dauert zwischen einem halben und einem Tag und sollte mit OnkoZert bei der Antragstellung vereinbart werden.

Der zeitliche Ablauf der Zertifizierung wird über einen Auditplan festgelegt, der durch den Fachexperten in Abstimmung mit dem onkologischen Zentrum erstellt wird. Die Fachexperten begehen in dem Zertifizierungsaudit die verschiedenen Bereiche des onkologischen Zentrums und der externen Kooperationspartner. Ob die fach-

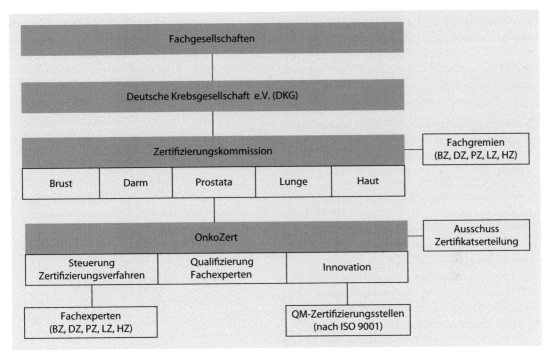

Abb. 3.14. Struktur von OnkoZert für die Zertifizierung von onkologischen Zentren

lichen Anforderungen erfüllt wurden, wird über Einsichtnahme in verschiedenen Unterlagen und in Gesprächen mit den Mitarbeitern überprüft. Das Zertifizierungsaudit vor Ort wird mit einem Abschlussgespräch beendet, in dem der Fachexperte das Ergebnis des Audits bekannt gibt und eine Empfehlung hinsichtlich der Zertifikatserteilung ausspricht.

Werden in dem Zertifizierungsaudit wesentliche Abweichungen gegenüber den fachlichen Anforderungen angemahnt, so sind diese innerhalb einer Frist von maximal 3 Monaten durch das onkologische Zentrum zu beheben. Dies wiederum wird durch die Fachexperten bewertet. So kann ggf. hier auch ein Nachaudit vor Ort erfolgen.

> **Die Gültigkeit einer Zertifizierung onkologischer Zentren beträgt 3 Jahre. Danach muss eine Rezertifizierung durchlaufen werden.**

Für onkologische Zentren wie Brust-, Darm-, Prostatakarzinom- und Hauttumorzentren gibt es Modelle für ein spezielles Qualitätsmanagement mit einer entsprechenden Zertifizierung. Dieses Zertifizierungssystem wird von OnkoZert zur Verfügung gestellt. Das zu zertifizierende Zentrum füllt einen Erhebungsbogen aus und verfasst ein entsprechendes Handbuch. Die Angaben werden dann in einem Zertifizierungsaudit vor Ort überprüft. Für die Vorbereitung einer Zertifizierung eines onkologischen Zentrums, wie beispielsweise eines Brustzentrums, sollten mindestens 6 Monate eingeplant werden. Dieses Zertifikat ist 3 Jahre gültig.

3.12 Weitere Normen

Die Norm **ISO 13485:2003** beschreibt die Anforderungen an ein Managementsystem von Organisationen, die sich mit Design, Herstellung und Handhabung von Medizinprodukten befassen. Dieser Standard löst früher gültige Dokumente wie z. B. die ISO 46001 und ISO 46002 (beide von 1997) sowie die ISO 13488 (von 1996) ab. Er lehnt sich dabei eng an die ISO 9001 an.

> ❯❯ Das Hauptziel der ISO 13485 ist die Harmonisierung der regulatorischen Anforderungen an Medizinprodukte in QM-Systemen.

Um eine Harmonisierung zu erreichen, enthält diese Norm spezifische Anforderungen an Medizinprodukte und übergeht einzelne Aspekte der ISO 9001, die nicht als regulatorische Anforderungen geeignet sind. Als Folge können Organisationen, die der ISO 13485 folgen, nur dann die Übereinstimmung mit der ISO 9001 beanspruchen, wenn ihr zugrunde liegendes QM-System in allen Punkten der ISO 9001 folgt. Zu den spezifischen Anforderungen der ISO 13485 gehören etwa Kontrollen der Arbeitsumgebung zur Sicherstellung der Produktsicherheit sowie spezifische Anforderungen für Kontrolle und Nachverfolgbarkeit verpflanzbarer Einheiten.

Die Norm **ISO 14971:2007** regelt das effektive Management der Risiken bei der Anwendung von Medizinprodukten im Gesundheitswesen durch den Hersteller. Dazu gehört insbesondere die Abschätzung und Bewertung dieser Risiken, die Kontrolle dieser Risiken und das Monitoring der Effektivität der entsprechenden Kontrollsysteme (❒ Abb. 4.1).

Die Norm **ISO 15189:2003** legt besondere Anforderungen für medizinische Laboratorien fest. Sie gilt für alle medizinischen Laboratorien, wurde aber für den Bereich der Virologie durch eine gemeinsame Arbeitsgruppe der Gesellschaft für Virologie (GfV) und der Deutschen Vereinigung zur Bekämpfung der Viruskrankheiten (DVV) konkreter ausgestaltet. Viele medizinische Laboratorien lassen sich in einer Akkreditierung, die eine Begutachtung der Laboratorien miteinschließt, bestätigen, dass sie die Anforderungen der ISO 15189 erfüllen.

Die Norm **ISO 17025:2000** beschreibt die allgemeinen Anforderungen an das QM-System und die Arbeitsweise von Prüf- und Kalibrierlabora-

torien. Sie ersetzt die bis dahin gültigen Normen ISO 45001 und ISO-Guide 25. Die Norm beschreibt Führungs- und Managementanforderungen, aber auch konkrete Arbeitsweisen zur Durchführung von Analysen. Sie enthält die Anforderungen an die kompetente Bearbeitung von Testverfahren, die zu gültigen Ergebnissen von Prüfungen an Arzneimitteln führen. Gleichzeitig umfasst sie aber auch die Anforderungen der ISO 9000-Reihe in Bezug auf Management und Führung einer Organisation.

Es gibt eine Reihe von branchenspezifischen Normen und anderen Spezifikationen zum Qualitätsmanagement, die teilweise als Ergänzungsnormen zur ISO 9001:2008 oder als Leitfaden verfasst sind. Diese werden in ❒ Tab. 3.5 zusammengefasst.

> Zu den Normen, die sich mit bestimmten Anwendungsgebieten des QM beschäftigen, zählen Folgende: Norm ISO 13485:2003 befasst sich mit Design, Herstellung und Handhabung von Medizinprodukten. Norm ISO 14971:2007 regelt das effektive Management der Risiken bei der Anwendung von Medizinprodukten im Gesundheitswesen. Norm ISO 15189 legt Anforderungen für medizinische Laboratorien fest, die teilweise für den Bereich der Virologie noch konkretisiert werden. Norm ISO 17025:2000 schließlich beschreibt die Anforderungen an das QM-System und die Arbeitsweise von Prüf- und Kalibrierlaboratorien.

3.13   GCP, GLP und GMP

Der Begriff »gute klinische Praxis« (»**good clinical practice, GCP**) bezeichnet international anerkannte, nach ethischen und wissenschaftlichen Gesichtspunkten aufgestellte Regeln für die Durchführung von klinischen Studien. Dabei stehen der Schutz der Studienteilnehmer und deren informierte Einwilligung sowie die Qualität der Studienergebnisse im Mittelpunkt.

Die GCP ist ein internationaler ethischer und wissenschaftlicher Standard für Planung, Durchführung, Dokumentation und Berichterstattung von klinischen Prüfungen am Menschen. Die Ziel-

◘ **Tabelle 3.5** Zusammenfassung der wichtigsten QM-Ergänzungsnormen. (Hervorhebungen werden im Text erläutert)

ISO 10006	Leitfaden Qualitätsmanagement in Projekten
ISO 15189	**Medizinische Laboratorien – Besondere Anforderungen an die Qualität und Kompetenz**
ISO 15378	Primärverpackungen für Arzneimittel – Besondere Anforderungen für die Anwendung von ISO 9001:2000 entsprechend der Guten Herstellungspraxis (GMP)
ISO/TR 10013	Leitfaden für die Dokumentation des QM-Systems
ISO/TR 14969	Qualitätssicherungssysteme – Medizinprodukte – Anleitung zur Anwendung von ISO 13485
ISO/TS 16949	QM-Systeme – Besondere Anforderungen bei Anwendung von ISO 9001:2000 für die Serien- und Ersatzteil-Produktion in der Automobilindustrie
ISO/TS 29001	Erdöl-, petrochemische und Erdgasindustrie – Bereichsspezifische QM-Systeme – Anforderungen an Organisationen für Produkt- und Dienstleistungsbereitstellung
ISO/IEC 17025	Allgemeine Anforderungen an die Kompetenz von Prüf- und Kalibrierlaboratorien
ISO/IEC 19796-1	Informationstechnik – Lernen, Ausbilden und Weiterbilden – Qualitätsmanagement, -sicherung und -metriken – Teil 1: Allgemeiner Ansatz
ISO/IEC 90003	Software- und Systemtechnik – Richtlinien für die Anwendung der ISO 9001:2000 auf Computersoftware
ISO/FDIS 10014	QM-Systeme – Leitfaden zur Erzielung finanziellen und wirtschaftlichen Nutzens (Vorgesehen als Ersatz für ISO/TR 10014:1998)
EN ISO 13485	**Medizinprodukte – QM-Systeme – Anforderungen für regulatorische Zwecke**
EN ISO 16106	Verpackung – Verpackungen zur Beförderung gefährlicher Güter - Gefahrgutverpackungen, Großpackmittel (IBC) und Großverpackungen - Leitfaden für die Anwendung der ISO
EN 9100, AS 9100	Luft- und Raumfahrt – QM-Systeme – Anforderungen (basiert auf ISO 9001:2000) und Qualitätssysteme
EN 12507	Dienstleistungen im Transportwesen – Leitfaden zur Anwendung von EN ISO 9001:2000 auf den Straßen- und Schienengüterverkehr, die Lagerhaltung und die Verteilerindustrie
prEN 12798:1999	Qualitätsmanagement für die Beförderung – Beförderung auf der Straße, mit der Eisenbahn und auf Binnenwasserstraßen – Forderungen des QM-Systems zur Ergänzung von EN ISO 9001 im Hinblick auf Sicherheit bei der Beförderung gefährlicher Güter
EN ISO 14971	**Risikomanagement bei der Anwendung von Medizinprodukten**
EN ISO 17025	**Allgemeine Anforderungen an das QM-System und die Arbeitsweise von Prüf- und Kalibrierlaboratorien**
EN 13980	Explosionsgefährdete Bereiche – Anwendung von QM-Systemen
EN 15038	Übersetzungsdienstleistungen – Dienstleistungsanforderungen
CEN/TS 15224	Dienstleistungen in der Gesundheitsversorgung – QM-Systeme – Anleitung zur Anwendung von EN ISO 9001:2000

▢ Tabelle 3.5 Fortsetzung	
prCEN/TS 15358	Feste Sekundärbrennstoffe – QM-Systeme – Besondere Anforderungen für die Anwendung bei der Herstellung von festen Sekundärbrennstoffen
CEN/TR 15592	Dienstleistungen in der Gesundheitsversorgung – QM-Systeme – Leitfaden für die Anwendung der EN ISO 9004:2000 auf die Dienstleistungen in der Gesundheitsversorgung zur Leistungsverbesserung

setzung der GCP-Leitlinie ist es, für die EU, Japan und die USA einen einheitlichen Standard zu schaffen, der die gegenseitige Anerkennung klinischer Daten durch die Zulassungsbehörden in den jeweiligen Zuständigkeitsbereichen fördert.

Die Leitlinie wurde unter Berücksichtigung der bestehenden guten klinischen Praktiken der EU, Japans und der USA sowie Australiens, Kanadas, Nordeuropas und der Weltgesundheitsorganisation (WHO) entwickelt.

Die GCP-Leitlinie wird bei der Erhebung klinischer Prüfungsdaten, die zur Vorlage bei Zulassungsbehörden vorgesehen sind, eingehalten. Die aufgestellten Grundsätze lassen sich auch auf andere klinische Untersuchungen anwenden, die sich auf die Sicherheit und das Wohl von Menschen auswirken können.

In GCP wird ausführlich beschrieben, welche Rollen den verschiedenen Institutionen bei einer klinischen Studie zugewiesen sind:

1. Der Sponsor, bei dem es sich meistens um ein Pharmaunternehmen handelt, stellt das Prüfpräparat zur Verfügung. Er finanziert die Studie, beauftragt Prüfärzte, regelt den Versicherungsschutz (Probandenversicherung) und trägt des Weiteren die gesamte Verantwortung für die Qualität der Studiendaten.
2. Prüfarzt und Prüfzentrum sind oft durch eine Klinik vertreten die bestimmte Qualifikationsanforderungen zu erfüllen hat.
3. Das Auftragsforschungsinstitut kann manche Aufgaben des Sponsors bei der Durchführung übernehmen.
4. Die Ethikkommission überwacht die Qualifikation der Prüfer sowie den gesamten Prüfplan.
5. Darüber hinaus werden zentrale Dokumente für die Durchführung klinischer Studien wie Prüfplan, Prüferinformation und Standard Operating Procedures (SOPs) definiert.
6. Zum Schutz der Studienteilnehmer wird das Vorgehen zur Erlangung der Einwilligung festgelegt und fixiert, wie im Falle unerwarteter Nebenwirkungen vorgegangen werden muss.

> ❯ **Die GCP regelt die Rollen von Sponsor, Prüfarzt, Prüfzentrum, Auftragsforschungsinstitut und Ethikkommission.**

In der GCP wird detailliert vorgegeben, welche Qualitätsmanagementprozesse zu etablieren sind. Die laufende Qualitätskontrolle erfolgt über sog. Monitore, also Visitatoren, die laufende Studien überwachen. Sichergestellt werden muss, dass alle im Case-Report-Form eingepflegten Daten mit den Quelldokumenten in der Klinik übereinstimmen. Der Sponsor ist außerdem verpflichtet, Audits durchzuführen, die die Qualität von Studiendurchführung und Studiendaten dokumentieren. Ebenso werden Prüfärzte, Prüfzentren, Sponsoren durch Inspektionen nationaler Arzneimittelbehörden überwacht.

> ❯ **Ein funktionierendes Qualitätsmanagement ist eine wichtige Voraussetzung für die GCP.**

Die gute Laborpraxis (»**good laboratory practice**«, **GLP**) gibt den Handlungsrahmen und das Vorgehen bei der Durchführung von Sicherheitsprüfungen an chemischen Produkten vor. In vielen Ländern ist die GLP gesetzlich verankert.

Genauer gesagt ist die GLP ein Qualitätssicherungssystem, das sich mit dem organisatorischen Ablauf und den Rahmenbedingungen befasst, unter denen nicht-klinische, gesundheits- und umweltrelevante Sicherheitsprüfungen geplant, durchgeführt und überwacht werden, sowie mit der Aufzeichnung, Archivierung und Berichterstattung der Prüfungen.

> ⟩ **Die in der GLP verankerten Grundsätze bilden einen konkreten Sicherheitsrahmen für die Qualität der chemisch-physikalischen Prüfungen und der Toxizitätsbestimmung.**

Ziel der GLP ist es, die Zuverlässigkeit der bei den Bewertungsbehörden eingereichten Daten jederzeit sicherzustellen. Über diese Vorgehensweise soll gleichzeitig die Qualität der Prüfdaten gehoben werden. Die Vergleichsqualität dieser Datensätze schafft die Grundlage für eine gegenseitige Anerkennung.

Das Chemikaliengesetz schreibt die Einhaltung der GLP nicht nur für Industriechemikalien vor, sondern erfasst auch weitere chemische Substanzen sowie Stoffe biologischer Herkunft und ihre Anwendungsbereiche. Unter die Pflicht zur Einhaltung der Grundsätze der GLP fallen bei ihrer Durchführung alle nicht-klinischen Prüfungen, die z. B. im Rahmen des Chemikaliengesetzes jeweils von den Bewertungsbehörden gefordert werden.

Die GLP ist in den USA entstanden. Sie wurde kontinuierlich weiter entwickelt und auf Europa ausgedehnt. Inhaltlich werden in der GLP folgende Kriterien beschrieben bzw. abgefragt:
- Organisation und Personal der Prüfeinrichtung
- Qualitätssicherungsprogramm
- Räumlichkeiten/Einrichtungen/Personal
- Tiere und andere biologische Prüfsysteme
- Laboratorien, Versorgungsgüter
- Prüf- und Referenzsubstanzen
- Archiv, Geräte, Materialien und Reagenzien
- Prüf- und Referenzsubstanzen
- Prüfungsablauf – Prüfplan/Rohdaten
- Bericht über die Prüfergebnisse – Abschlussbericht
- Analytisches Labor
- Staatliche Organisation zur Einhaltung von GLP, GLP-Bundesstelle

Dabei beruht die Laborpraxis wie auch in den Kriterien beschrieben auf 3 Säulen:
1. Leitung der Prüfeinrichtung
2. Prüfleiter

3. Qualitätssicherung

Die Trennung dieser Bereiche begründet gleichzeitig das feste Fundament und die Vorzüge der GLP.

Die staatliche Organisation zur Einhaltung von GLP ist das Bundesministerium für Umwelt, Naturschutz und Reaktorsicherheit. Das Gesundheitsministerium ist verantwortlich für GLP-Aspekte, die Arzneimittel betreffen, und das Landwirtschaftsministerium ist für Fragen zuständig, die sich im Zusammenhang mit Pflanzenschutzmitteln ergeben. Die Befolgung der GLP-Grundsätze ist den Bundesländern zugeschrieben.

Insgesamt ist die GLP neben GMP und der GCP das stärkste System.

> ⟩ **Für die GLP sind ein QM-System und Stichprobenaudits vorgeschrieben.**

Unter gute Herstellungspraxis (»**good manufacturing practice**«, GMP) fasst man Richtlinien zur Qualitätssicherung der Produktionsabläufe und -umgebung in der Produktion von Arzneimitteln, Wirkstoffen und Medizinprodukten, aber auch bei Lebens- und Futtermitteln zusammen.

Insbesondere bei der pharmazeutischen Herstellung spielt die GMP eine zentrale Rolle, da hier mindere Qualität den Verbraucher oder die Umwelt direkt beeinflussen bzw. sogar immens schädigen können.

Ein GMP-konformes QM-System dient der Gewährleistung der Produktqualität und Verkehrssicherheit, insbesondere aber der Erfüllung verbindlicher Anforderungen der Gesundheitsbehörden.

Richtlinien für den Arzneimittelbereich wurden bisher durch die Europäische Kommission, das Pharmaceutical Inspection Co-Operation Scheme (PIC/S), die US-amerikanische FDA und die International Conference on Harmonisation of Technical Requirements for Registration of Pharmaceuticals for Human Use (ICH) erstellt.

EG-GMP-Leitfaden für Human- und Tierarzneimittel konkretisiert die Richtlinie 2003/94/EG zur Festlegung der Grundsätze und Leitlinien der Guten Herstellungspraxis für Humanarzneimittel und für zur Anwendung beim Menschen bestimmte Prüfpräparate sowie die Richtlinie 1991/412/EWG zur Festlegung der Grundsätze und Leitlinien der Guten Herstellungspraxis für Tierarzneimittel. Er besteht aus mehreren wie folgt gegliederten Teilen und Anhängen:

Teil I
Kapitel 1 – Qualitätsmanagement
Kapitel 2 – Personal
Kapitel 3 – Räume und Einrichtungen
Kapitel 4 – Dokumentation
Kapitel 5 – Herstellung
Kapitel 6 – Prüfung
Kapitel 7 – Herstellung und Prüfung im Auftrag
Kapitel 8 – Beschwerden und Produktrückrufe
Kapitel 9 – Selbstinspektionen
Glossar

Teil II GMP-Anforderungen für Wirkstoffe
Anhänge: Herstellung von sterilen Arzneimitteln
 1. Herstellung von biologischen Arzneimitteln zur Anwendung bei Menschen
 2. Herstellung von radioaktiven Arzneimitteln
 3. Herstellung von Tierarzneimitteln (außer Tierimpfstoffen)
 4. Herstellung von Tierimpfstoffen
 5. Herstellung von medizinischen Gasen
 6. Herstellung von pflanzlichen Arzneimitteln
 7. Proben von Ausgangs- und Packmaterial
 8. Herstellung von flüssigen, halbflüssigen Darreichungsformen sowie Salben
 9. Herstellung von Aerosolen
 10. Computergestützte Systeme
 11. Verwendung von ionisierenden Strahlen für die Arzneimittelherstellung
 12. Herstellung von Prüfpräparaten
 13. Herstellung von Produkten, die aus menschlichem Blut oder menschlichem Plasma gewonnen werden
 14. Qualifizierung und Validierung
 15. Chargenzertifizierung und -freigabe durch die sachkundige Person
 16. Parametrische Freigabe
 17. (in Part II überführt) Gute Herstellungspraxis für Wirkstoffe
 18. Referenz- und Rückstellmuster

Mit dem Inkrafttreten der AMWHV (Arzneimittel- und Wirkstoffherstellungsverordnung) am 04.11.2006 wurde als deren Anlagen 2 bzw. 3 eine offizielle deutsche Übersetzung von Teil I bzw. II

des EU-GMP-Leitfadens veröffentlicht. Für die Anhänge existieren derzeit noch keine offiziellen Übersetzungen.

In den USA gelten die Richtlinien der »current Good Manufacturing Practice« (cGMP). Das kleine »c« kennzeichnet hierbei den Unterschied zwischen USA und Europa. Im Gegensatz zu Europa werden diese Richtlinien in den USA jährlich einer Revision unterzogen. Die cGMP ist in Gesetzesform im sog. »Code of Federal Regulations« (CFR) niedergelegt.

Good Clinical Practice (GCP) ist ein internationaler ethischer und wissenschaftlicher Standard für Planung, Durchführung, Dokumentation und Berichterstattung von klinischen Prüfungen am Menschen. Die GCP regelt die Rollen von Sponsor, Prüfarzt, Prüfzentrum, Auftragsforschungsinstitut und Ethikkommission. Das Vorgehen zur Erlangung der Einwilligung und das Procedere im Falle unerwarteter Nebenwirkungen werden genau festgelegt. Ein funktionierendes Qualitätsmanagement ist eine wichtige Voraussetzung für die GCP.

Good Laboratory Practice (GLP) gibt den Handlungsrahmen und das Vorgehen bei der Durchführung von Sicherheitsprüfungen an chemischen Produkten vor. Sie beruht auf dem Leiter der Prüfeinrichtung, dem Prüfleiter und der Qualitätssicherung. Ihre Einhaltung wird durch das Bundesministerium für Umwelt, Naturschutz und Reaktorsicherheit überwacht. Für die GLP sind die Implementierung eines QM-Systems und Stichprobenaudits notwendig.

Good Manufacturing Practice (GMP) befasst sich mit Richtlinien zur Qualitätssicherung der Produktionsabläufe und -umgebung in der Produktion von Arzneimitteln, Wirkstoffen und Medizinprodukten. Die US-amerikanische Version des GMP wird als cGMP (current Good Manufacturing Practice) bezeichnet und jährlich einer Revision unterzogen.

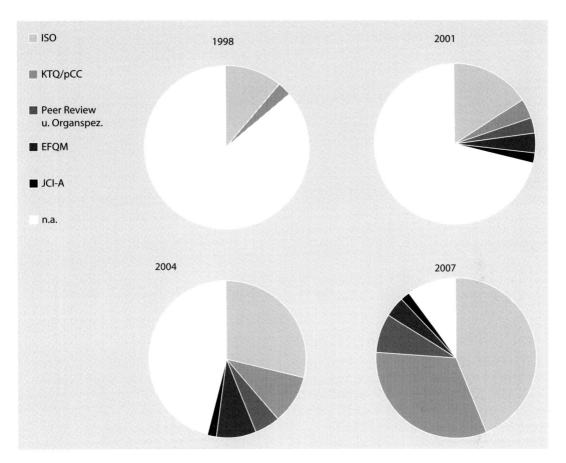

ISO

KTQ/pCC

Peer Review
u. Organspez.

EFQM

JCI-A

n.a.

1998   2001

2004   2007

◘ **Abb. 3.15.** Verbreitung der verschiedenen QM-Modelle

3.14 Welches Modell eignet sich für mich?

Jedes der oben beschriebenen QM-Modelle hat seine Stärken und Schwächen. Die Auswahl, welches Modell für die Implementierung eines QM-Systems in der eigenen Organisation gewählt wird, ist jeweils individuell auf die Gegebenheiten abzustimmen. Wichtige Faktoren, die die Entscheidung mit beeinflussen, sind die verfügbaren Ressourcen und die Internationalität der Ausrichtung. Zudem ist zu berücksichtigen, ob ein gesamtes Krankenhaus bzw. eine komplette Organisation die Einführung eines Qualitätsmanagements anstrebt, oder ob lediglich in Teilbereichen ein QM-Modell implementiert werden soll. ◘ Abb. 3.15 stellt die Verbreitung der verschiedenen Modelle in Deutschland dar.

◘ Tab. 3.6 und ◘ Tab. 3.7 fassen die verschiedenen Kriterien zusammen, die für die Entscheidungsfindung für oder gegen ein QM-Modell relevant sind.

Generell gilt, dass die ISO ein gutes »Einsteigermodell« ist, um ein Qualitätsmanagement in einer Fachabteilung oder auch in einem Krankenhaus zu etablieren. Sie ist stark prozessorientiert und ermöglicht eine Zertifizierung.

> **Ein wichtiger Vorteil der DIN-ISO ist, dass eine Zertifizierung auch für Einzelabteilungen und sogar für einzelne Bereiche möglich ist. Zudem ist das ISO-Modell ein international bekanntes und anerkanntes Modell**

Im Gegensatz zur ISO kann das KTQ-Modell nur für ein gesamtes Haus angewendet werden. Eine

◨ **Tabelle 3.6** Für die Implementierung wichtige Faktoren der verschiedenen QM-Modelle

Kriterien	KTQ	ISO	EFQM	JCI
Zertifizierung	+	+	-	+
Prozessorientierung	+	+	+	+
Ergebnisqualität	+	+	++	+
Patienten/Mitarbeiterorientierung	+	+	+++	++
Bezug zum Gesundheitswesen	+++	+	-	+++
International	BRD-System	Teilbereiche	Teilbereiche	Gesamt
Einführungszeit	1–3	1–2	<3	1–2
Messung Ergebnisqualität	+	-	++	+
Anwendungsbereich	Gesamt KH	Teilbereiche	Teilbereiche	Gesamt KH

Zertifizierung von Einzelabteilungen ist nicht möglich. KTQ ist ein deutsches Modell, das Aspekte verschiedener anderer Modelle, wie z. B. des ISO-Modells und des Joint Commission Modells, aufgreift. KTQ ist generell nicht international orientiert, sondern auf den deutschsprachigen Raum beschränkt. ProCumCert ist ein QM-Modell für konfessionelle Häuser, das auf dem KTQ-Modell basiert. Auch hier kann jeweils nur das gesamte Haus zertifiziert werden.

Im Gegensatz zur ISO ist EFQM ein Modell für Fortgeschrittene mit einem hohen Abstraktionsniveau. Es findet bislang im deutschsprachigen Raum im Gesundheitswesen noch relativ wenig Anwendung, bietet aber die Möglichkeit, sich auf sehr renommierte Qualitätspreise zu bewerben.

Das Modell der Joint Commission stammt aus den USA. Es ist im US-amerikanischen Raum sehr weit verbreitet und auch international bekannt. Im deutschsprachigen Raum hat es bislang noch eine relativ geringe Verbreitung.

Für Praxen stehen verschiedene Modelle zur Verfügung (▶ Kap. 3.10). Auch für die Zertifizierung von Brustzentren bzw. von anderen onkologischen Zentren existieren spezielle Modelle (▶ Kap. 3.11).

Die Entscheidung für ein bestimmtes QM-System sollte immer individuell auf die Gegebenheiten der eignen Einrichtung zugeschnitten werden. Wichtige Faktoren für die Entscheidungsfindung sind die Größe und Art der Einrichtung, die Internationalität der Ausrichtung und die verfügbaren Ressourcen (zur Entscheidungsfindung ◨ Tab. 3.7).

Das Modell der ISO eignet sich sehr gut als Einsteigermodell. Es erlaubt auch die Zertifizierung einzelner Abteilungen bzw. einzelner Fachbereiche und ist international weit verbreitet.

Das Modell der KTQ ist hingegen ein in Deutschland sehr weit verbreitetes System, das nur die Zertifizierung einer gesamten Einrichtung und nicht einzelner Bereiche erlaubt. ProCumCert ist ein KTQ-basiertes Modell für konfessionelle Häuser.

EFQM ist eher ein Modell für Fortgeschrittene und derzeit im deutschsprachigen Gesundheitswesen relativ wenig verbreitet.

Das Modell der Joint Commission stammt aus den USA und ist derzeit ebenfalls im deutschsprachigen Raum relativ wenig verbreitet.

Für Praxen und onkologische Zentren, wie z. B. Brustzentren, stehen eigene Zertifizierungmodelle zur Verfügung.

◘ Tabelle 3.7 Für die Implementierung wichtige Faktoren der verschiedenen QM-Modelle

System	DIN EN ISO 9001:2000	KTQ	EFQM Das Europäische TQM-Modell
Modellbeschreibung	Deutsche Industrienorm, Europäische Norm der International Standardization Organisation Branchenunabhängiges Modell, universell einsetzbar und kompatibel mit vielen anderen Modellen zertifizierbar	Kooperation, Transparenz und Qualität im Gesundheitswesen für Krankenhäuser, Rehabilitationseinrichtungen, Praxen, Pflegeeinrichtungen, Alternative Wohnformen	Modell der European Foundation for Quality Management, Modell der freien Wirtschaft, 1988 durch Zusammenschluss von 14 führenden Unternehmen
Prüfstelle	Zertifizierungsstelle	Von der KTQ akkreditierte Zertifizierungsstellen	Jury aus erfahrenen Top-Managern europäischer Unternehmen
Überwachung der Prüfstelle	Akkreditierung durch die TGA (Trägergemeinschaft für Akkreditierungen GmbH)	–	Akkreditierte Assessoren der EFQM (Liste)
Unabhängigkeit der Prüfstelle	Standard (ISO) wurde nicht von TGA akkreditiert	KTQ ist selbst als Akkreditierungsstelle tätig	Mitgliedschaft der Jury bei der EFQM
Prüfkriterium	Wirksamkeit eines QM-Systems, Normkonformität	Kriterienkatalog, kein Modell; »Best Practice« aus JCAHO, ISO 9001:2000 und EFQM	Durchführung des eigenen Ansatzes (systematisch, fundiert) und der sich daraus ergebenden Erfolge anhand der Befähiger- und Ergebniskriterien des EQA
Prüfer	Leitender und Co-Auditor	3 Visitoren: 1. Ärztlicher Visitor 2. Kaufmännischer Visitor 3. Pflegerischer Visitor Visitationsbegleiter der Zertifizierungsstelle	Assessorenteam unter der Leitung eines Senior-Assessors
Qualifikation der Prüfer	Zertifiziert von einem akkreditierten Personalzertifizierer (Personenzertifizierung)	Akkreditierung durch die KTQ	Ausbildung bei von der EFQM lizenzierten Stellen; jährliche Überwachung
Prüfaufzeichnung	Handbuch	Standardisierter Zertifizierungsbericht	Feedback-Bericht
Zertifizierung	Ja	Ja	Nein, Validierungsmöglichkeit, Selbstbewertungsmodell
Nachweis, Gütesiegel	Zertifikat, 3 Jahre gültig	Zertifikat, 3 Jahre gültig	Punktevergabe, Möglichkeit der Bewerbung um Qualitätspreise

◨ Tabelle 3.7 Fortsetzung

System	DIN EN ISO 9001:2000	KTQ	EFQM Das Europäische TQM-Modell
Messung der Ergebnisqualität anhand eines Punktesystems	Nein	1521 Punkte verteilt auf 6 Kategorien, Voraussetzung: Erreichung 55% der Gesamtpunktzahl pro Kategorie	1000 Punkte mit unterschiedlicher Gewichtung verteilt auf 9 Kriterien, davon 5 Befähigerkriterien und 4 Ergebniskriterien
Möglichkeit der Bewerbung und des Erhaltes von Qualitätspreisen	DIN Preise, jährlich 3 verschiedene Kategorien	KTQ-Qualitätspreis	Bewerbung um den EEA, LEP oder die Anerkennung der Stufen der Excellence
QM-Handbuch	Vorgeschrieben	Nicht zwingend vorgeschrieben	Dokumentation der Ergebnisse bei Fortgeschrittenen-Niveau im 72-seitigen Excellence-Handbuch
Bezug zum Gesundheitswesen	Neutral, jedoch in der letzten Revision für den Dienstleistungsbereich angepasst	Ausgeprägt	Neutral
Prozessorientierung	Prozessorientiertes Modell mit Fokussierung auf PDCA-Zyklus	Starke Prozessorientierung mit ausgeprägtem Fokus auf den Deming-Zyklus	Ausgeprägte Orientierung auf Geschäftsergebnisse/ Schlüsselergebnisse, Erschließung neuer Marktsegmente
Nationalität, Internationalität	International in über 60 Ländern der Erde bekannt	Vorwiegend im deutschsprachigen Raum	Gesamter europäischer Sektor
Patienten/Mitarbeiterorientierung	Betonung auf Befragung und Ressourcenmanagement	Verankert in den Kategorien 1 und 2	Starke Betonung
Alter	20 Jahre	Erste Zertifizierung 2002	Gründung der EFQM 1988
Verbreitung	Weltweit	Deutschlandweit	Europaweit
Charakter	Prozessorientiertes Befähigungsmodell mit DIN Preisbewerbungsmöglichkeit	Bewertungsmodell mit Möglichkeit zur Bewerbung um den KTQ-Preis	Bewertungsmodell und Teilnahmemöglichkeit an Wettbewerben
Schulungskosten	Je nach Anbieter und Durchdringungsgrad unterschiedlich (2000–3000 Euro/Person)	KTQ-Manual um 240 Euro lizensiertes KTQ-Training pro Mitarbeiter 400–600 Euro, Erwerb des KTQ-Trainers um 2500 Euro	Grundlagen- und Selbstbewertungstraining etwa 1300–1500 Euro/Person
Externer Beratungsaufwand	Hoch	Hoch	Sehr anspruchsvoll

◘ **Tabelle 3.7** Fortsetzung

System	DIN EN ISO 9001:2000	KTQ	EFQM Das Europäische TQM-Modell
Zertifizierungskosten (ohne Überwachungsaudits)	Abhängig von Unternehmensgröße und Zertifizierer ab 2500 Euro	Abhängig von Unternehmensgröße ab ca. 5000 Euro	Validierungskosten ab 4000 Euro (abhängig vom validierten Level und der Validierungsorganisation)

Begleitkonzepte des Qualitätsmanagements

4.1   Failure Mode and Effects Analysis (FMEA) – 72

4.2   Quality Function Deployment (QFD) und House of Quality – 74

4.3   Statistical Process Control (SPC) – 77

4.4   Balanced Scorecard – 79

4.5   Six Sigma – 80

4.1 Failure Mode and Effects Analysis (FMEA)

Die Fehlermöglichkeits – und Einflussanalyse (»**failure mode and effects analysis**«, FMEA) dient dazu, potentielle Schwachstellen vor dem Auftreten von Fehlern aufzudecken. Das Ziel ist dabei das frühzeitige Erkennen und das Verhindern von möglichen Fehlern bei Produkten und Prozessen. Die FMEA entstand in den USA als präventive Methode zur Beherrschung potentieller Risiken des NASA Apollo-Projektes. Später fand sie einen Einsatz in der Nukleartechnik und in der Automobilindustrie.

Mit der FMEA lässt sich gleichzeitig bestimmen, welche Prozesse, Produkte oder Systeme eine besonders hohe Risikorelevanz haben, damit unverzüglich Maßnahmen zur Schadensabwendung eingeleitet werden können. ☐ Abb. 4.1 fasst potentielle Risiken im Krankenhaus zusammen. Die FMEA im Krankenhaus sollte vor allem dort eingesetzt werden, wo Patientensicherheit und Behandlungszuverlässigkeit einen hohen Sicherheitsgrad fordern.

Durch die FMEA lassen sich viele Ziele im Krankenhaus sichern und unterstützen, beispielsweise:

- Erhöhung der Zuverlässigkeit von Behandlungen und anderen Prozessen
- Aufdecken von Schwachstellen in allen Behandlungsphasen des Patienten
- Erhöhung der Transparenz
- Verbesserung des Dienstleistungsgedankens
- Verbesserung der Kommunikation zwischen allen Berufsgruppen
- Austausch von Wissen

Die FMEA wird in 5 Schritten durchgeführt:
1. Strukturanalyse
2. Funktionsanalyse
3. Fehleranalyse
4. Risikoanalyse
5. Optimierungsanalyse

Die Schritte 1 und 2 werden auch als Systembeschreibung zusammengefasst, die Schritte 3–5 als Risikobeschreibung.

Risikoanalysen und FMEA sind keine Entscheidungen von Einzelpersonen, sondern werden in Zirkeln bearbeitet. Für einen solchen Zirkel ist ein Team von 4–6 Personen ausreichend. Die Lösung und Fehlerprävention wird von der Gruppe herbei-

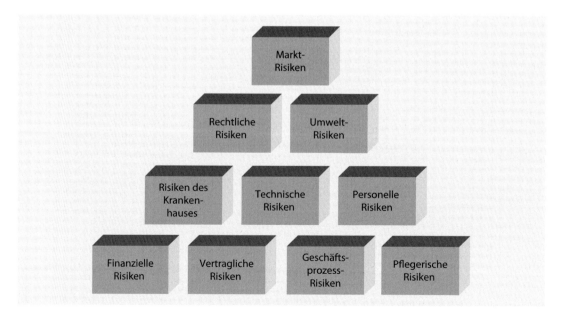

☐ **Abb. 4.1.** Darstellung potentieller Risiken in einem Krankenhaus

geführt. Ziel der Risikoanalyse in der FMEA ist es, kritische Pfade zu identifizieren. Aus wirtschaftlichen und zeitlichen Gründen können natürlich nicht alle Systeme, Prozesse und Produkte untersucht werden. Es sollte eine Auswahl in Hinblick auf die Wichtigkeit für den Kunden und auf die Realisierbarkeit getroffen werden.

Besonders wichtig für die FMEA ist die Risikobewertung. Wie in ◘ Tab. 4.1 erläutert, ergibt sich die Risikoprioritätszahl aus der Bewertung des Risikos der Bereiche:

(A) **Auftretenswahrscheinlichkeit**, bewertet mit einer Zahl zwischen 1 und 10:
- Sind Fehler aufgrund ihrer Ursache selten, ist die Auftretenswahrscheinlichkeit gering = 1
- Sind Fehler aufgrund ihrer Ursache häufig, ist die Auftretenswahrscheinlichkeit hoch = 10

(B) **Bedeutung**, bewertet mit einer Zahl zwischen 1 und 10:
Hier wird bewertet, welche Bedeutung die Folge eines wahrscheinlich auftretenden Fehlers für den Patienten und das Krankenhaus hat. Ist B=10, so ist das Risiko für den Patienten nicht tolerierbar.

(E) **Entdeckungswahrscheinlichkeit.** Die Entdeckungswahrscheinlichkeit zeigt an, wie wahrscheinlich es ist, dass die Ursache erkannt wird, bevor es zum Fehler kommt. Ist die Ursache leicht zu erkennen, also die Entdeckenswahrscheinlichkeit hoch, so ist E niedrig; ist die Ursache schwer zu erkennen, also die Entdeckenswahrscheinlichkeit niedrig, so ist E niedrig.

Die Risikoprioritätszahl (RPZ) wird dann wie folgt berechnet:
- $RPZ = A \times B \times E$

Liegt die RPZ vor, ist auch die Risikorelevanz ermittelt, von der abhängig ist, ob Maßnahmen ergriffen werden müssen oder nicht. Die RPZ kann theoretisch einen Wert von 1–1000 haben. Je höher der Punktwert ausfällt, umso gefährdeter ist der Patient.

Die Bewertung von A, B und E erfolgt nach standardisierten Bewertungskatalogen (◘ Tab. 4.2).

> **Die Risikoprioritätszahl (RPZ) wird aus dem Produkt von Auftretenswahrscheinlichkeit, Bedeutung und Entdeckungswahrscheinlichkeit berechnet.**

Experten empfehlen bei Unsicherheit eine eher hohe Bewertung des Risikos.

Liegt die RPZ unter 40 Punkten, so handelt es sich um ein tolerables Risiko. Liegt sie über 100 Punkten, so ist das Risiko nicht tolerabel und Abstellmaßnahmen sind erforderlich.

Liegt die RPZ hingegen zwischen 40 und 100 Punkten, ist die Risikolage unklar. Abstellmaßnahmen sollten diskutiert werden und die Überführung des Themas in Qualitätszirkel ist sinnvoll. Die Ergebnisse der FMEA werden in ein Formblatt überführt.

In der DIN EN ISO 9001:2008 sind Fehlervermeidung, Korrektur- und Vorbeugemaßnahmen hinterlegt (8.3. Lenkung fehlerhafter Produkte, 8.5.2. Korrekturmaßnahmen, 8.5.3. Vorbeugemaßnahmen). In der DIN EN ISO 9004:2000 Absatz 7.1.3.3 wird unter dem Abschnitt Produkt- und Prozessvalidierung und -änderungen gefordert, dass eine Risikobewertung stattfinden sollte, deren Ergebnisse in Vorbeugemaßnahmen münden. Ein klassisches Einsatzfeld für die FMEA ist die Behandlungsprozessplanung.

Mit der Failure Mode and Effects Analysis (FMEA) können Schwachstellen frühzeitig erkannt und Fehler somit verhindert werden. Die FMEA erfolgt in 5 Schritten: Strukturanalyse, Funktionsanalyse, Fehleranalyse, Risikoanalyse und Optimierungsanalyse. Die ersten beiden Schritte werden auch als Systembeschreibung zusammengefasst, die Schritte 3–5 als Risikobeschreibung. Die Analysen werden in der FMEA in Zirkeln durchgeführt und bearbeitet. Ein wichtiger Parameter der Risikobeschreibung ist die Ermittlung der Risikoprioritätszahl (RPZ). Die RPZ wird aus dem Produkt von Auftretenswahrscheinlichkeit, Bedeutung und Entdeckungswahrscheinlichkeit berechnet. Liegt sie über 100 Punkten, so ist das Risiko nicht tolerabel und Abstellmaßnahmen sind erforderlich, unter 40 Punkten wird das Risiko als tolerabel bewertet.

Tabelle 4.1 Schematischer Ablauf einer Risikoanalyse nach FMEA

Inhalt	**Risikoanalyse für** Systeme: z. B. Dienstzeit, Aufnahme, Polytraumazentrum Produkte: z. B. Beatmung, Venenkatheter, Ganzkörperwaschung Prozesse: z. B. Pflegevisite, ärztliche Anordnung, Angehörigeninfo	
Ausgangspunkt	**Funktionsanforderung Qualitätsmerkmale** Patient erfährt sichere Pflege, er erleidet keinen Schaden Erhält z. B. eine Dekubitusrisikoeinschätzung	
Fehler	⇩ **Fehlfunktion (negierte Funktion)** identifiziert potentielle Fehler, die sich aus verneinten Qualitätsmerkmalen ergeben haben Der Patient ist z. B. dekubitusgefährdet	
	⇩ **Fehlerfolgen** Welche Auswirkungen hat der potentielle Fehler für den Patienten, die Organisation?	⇩ **Fehlerursachen** Welche Ursachen führen zu dem Fehler mit Folge? (pro Auswirkung 2 Ursachen definieren)
	⇩ **Bestehende Maßnahmen der:** Fehlervermeidung: Fehlerentdeckung: Welche Maßnahmen gibt es bisher:	
Bewertung	**A**	Auftreten eines Fehlers mit einer bestimmten Fehlerursache
	B	Bedeutung der Fehlerfolgen aus Kundensicht, Bedeutung für die Organisation
	E	Entdeckungswahrscheinlichkeit eines Fehlers mit einer bestimmten Fehlerursache
Risikoprioritätszahl	**RPZ**	**= A × B × E** **Eingriffsgrenze: 100 Punkte**
Ergebnis	Bestimmung anhand der identifizierten RPZ, ob Risikorelevanz besteht oder nicht, Ableitung von Prioritäten anhand des Punktwertes	

Einleiten geeigneter Maßnahmen zur Beherrschung potentieller Risiken
Ziel: Verringerung der Risikoprioritätszahl

4.2   Quality Function Deployment (QFD) und House of Quality

Quality Function Deployment (QFD) – im Deutschen auch als Merkmal-Funktions-Darstellung oder Qualitätsfunktionen-Darstellung bezeichnet – ist ein Teil der strategischen Qualitätsplanung. QFD wurde 1966 von Yoji Akao, einem japanischen Professor, eingeführt. Es gilt als Verfahren zur Entwicklung einer Entwurfsqualität, das sich an den Bedürfnissen der Kunden orientiert. QFD ist keine Methode an sich, sondern ein Leitfaden für einen Arbeitsstil, also eine Art Vorgehensempfehlung. Je nach den vorherrschenden Bedingungen in einem Unternehmen bzw. in einem Krankenhaus kann die QFD angepasst werden.

> **QFD ist ein System aufeinander abgestimmter Planungs- und Kommunikationsprozesse mit dem Ziel, die Stimme des Kunden in die Qualitätsmerkmale der Prozesse oder Dienstleistungen zu über-

setzen und einzuplanen, welche der Kunde erwartet bzw. benötigt, und welche dem Wettbewerbsdruck standhalten.

QFD wurde initial von Mitsubishi angewendet, zu Beginn der 1980er Jahre dann auch in der Ford Motor Company. In den 1980er Jahren sorgten die Steinbeis Transferzentren Qualität im Unternehmen und die Gesellschaft für Management und Technologie für eine zunehmende Ausbreitung im deutschsprachigen Raum.

In einer **QFD-Matrix** werden die Anforderung (Was?) an ein Produkt oder einen Prozess den Ressourcen (Wie?) gegenübergestellt. ◘ Abb. 4.2 zeigt eine exemplarische QFD-Matrix, mit einem einfachen Korrelationsschema. Für Forderungen aus den Zeilen gelten Was-Fragen, z. B.:

- Was braucht der Kunde?
- Was soll erreicht werden?
- Was wird benötigt?

Für Forderungen aus den Spalten gelten Wie-Fragen, die die Qualitätsmerkmale beschreiben, z. B.:

- Wie bekommt man etwas?
- Wie stellt man es her?

Innerhalb der Zeilen und Spalten können die einzelnen Fragestellungen gewichtet werden, wodurch auch eine Priorisierung innerhalb der Matrix erfolgen kann.

In der Literatur wird häufig auch von einem Qualitätshaus, dem **House of Quality**, gesprochen. Damit ist die erste Matrix von Akao gemeint, in der Kundenforderungen mit Qualitätsmerkmalen korreliert werden. Dieses House of Quality hat immer die gleiche Grundstruktur, die an ein Haus erinnert (◘ Abb. 4.3). Jedes Haus ist in verschiedene Zimmer aufgeteilt. Je mehr Zimmer ein Haus hat, desto komplexer wird die Beurteilung, die mit Hilfe des Formulars vorgenommen werden kann. Bei der Bearbeitung des Formulars des House of Quality werden in der Horizontalen alle Informationen eingetragen, die die Kunden- oder Marketingsicht widerspiegeln. In der Vertikalen finden sich alle Informationen, die aus technischer Sicht wichtig sind.

Im zentralen Zimmer des Hauses findet die Umsetzung der Kundenanforderungen in die Produkt- bzw. Prozessanforderungen statt. Dieses Zimmer gilt als wichtigster Bereich des Formulars.

◘ **Tabelle 4.2** Bewertungskatalog für die FMEA

Auftretenswahrscheinlichkeit A	
Punkte	
1	Unwahrscheinlich
2–3	Sehr gering
4–5	Gering
6–7	Mäßig
8–9	Hoch
10	Sehr hoch
Bedeutung B	
Punkte	
1	Kaum wahrnehmbare Auswirkung
2–3	Geringe Auswirkung auf den Patienten
4–6	Mäßige Auswirkung auf den Patienten
7–8	Verärgerung der Patienten und Angehörigen
9	Verlust des Kunden/Patienten
10	Schaden an Leib und Leben des Patienten
Entdeckungswahrscheinlichkeit E	
Punkte	
1	Hoch
2–4	Mäßig
5–7	Gering
8–9	Sehr gering
10	Unwahrscheinlich

Das sog. Was-Zimmer liegt links neben dem zentralen Zimmer. Im Was-Zimmer werden die Kundenanforderungen an das geplante Produkt aufgelistet. Kundenanforderungen können z. B. sein, dass das Produkt leicht und preiswert sein soll. Die Kundenanforderungen werden gewichtet, in-

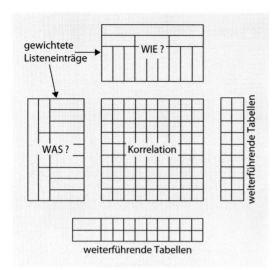

gewichtete Listeneinträge

WIE ?

WAS ?

Korrelation

weiterführende Tabellen

weiterführende Tabellen

◘ **Abb. 4.2.** Darstellung einer typischen QFD-Matrix, mit einem in diesem Fall einfachen Korrelationsprinzip

dem alle Anforderungen jeweils paarweise gegenüber gestellt werden. Hierauf wird beurteilt, welcher Teil eines Paares wichtiger ist als der andere. Die Summe der gewonnenen Paarvergleiche ergibt das Gewicht einer Anforderung.

Das Wie-Zimmer liegt oberhalb des zentralen Zimmers. Im ihm werden die Produkt- bzw. Prozessanforderungen aufgelistet. Solche Anforderungen können beispielsweise sein, dass das Produkt ein Gehäuse und einen Bildschirm haben soll.

Das Wieviel-Zimmer liegt unterhalb des zentralen Zimmers. In ihm werden Zielgrößen für jede Produkt- bzw. Prozessanforderung formuliert. So könnten z. B. Zielgrößen für das oben erwähnte Gehäuse sein, dass es aus Aluminium besteht und maximal 20 Gramm wiegt.

Zur Umsetzung wird die Stärke der Beziehung zwischen jeder Kundenanforderung und Produkt- bzw. Prozessanforderung beurteilt. Die Ergebnisse der technischen Bedeutung einer Produkt- bzw. Prozessanforderung und deren Rangfolgen werden im Ergebniszimmer abgebildet.

Ein weiteres Zimmer des House of Quality ist des Zimmer der technischen Wechselbeziehungen. Hier wird dargestellt, wie sich die Designanforderungen gegenseitig beeinflussen. Im Zimmer der Produktvergleiche werden die Ergebnisse des Pro-

duktvergleichs mit Konkurrenzprodukten dokumentiert.

❯❯ **Im zentralen Zimmer des House of Quality findet die Umsetzung der Kundenanforderungen in die Produkt- bzw. Prozessanforderungen statt.**

Die initiale QFD-Matrix wurde von Bob King, einem Schüler von Akao, weiterentwickelt in eine sog. Matrix der Matrizen. Diese Matrix der Matrizen besteht in den Spalten A bis D aus Elementen von Akao, in den Spalten E und F wurden von Bob King neue Konzepte und Hilfsmethoden eingeführt. Zudem wurde die Zeile 5 mit dem Inhalt Prozessentwicklung hinzugefügt. ◘ Abb. 4.4 zeigt eine solche Matrix der Matrizen nach Bob King.

Abhängig von den Bedürfnissen eines Unternehmens können auch lediglich einzelne dieser Konzepte zur Anwendung kommen. Die Matrix der Matrizen findet ihre Anwendung auch im House of Quality.

❯❯ **In einer QFD-Matrix werden die Anforderung (Was?) an ein Produkt oder einen Prozess den Ressourcen (Wie?) gegenübergestellt.**
Ein Problem des QFD ist, dass die Methode sehr komplex werden kann. Daher wird QFD, gerade auch im Gesundheitswesen, relativ wenig angewendet.

Die Systematik und die Methoden des QFD fließen direkt in das Konzept des House of Quality ein (▶ Kap. 4.3).

Quality Function Deployment (QFD) ist ein Werkzeug der strategischen Qualitätsplanung. Im QFD werden aufeinander abgestimmte Planungs- und Kommunikationsprozesse angewendet, um die Stimme des Kunden in die Qualitätsmerkmale der Prozesse oder Dienstleistungen zu übersetzen. In einer QFD-Matrix wird die Anforderung (Was?) an ein Produkt oder einen Prozess den Ressourcen (Wie?) gegenübergestellt.
Das House of Quality ist eine Anwendung der QFD. Die Grundstruktur dieses Formulars erinnert an ein Haus, das aus verschiedenen
▼

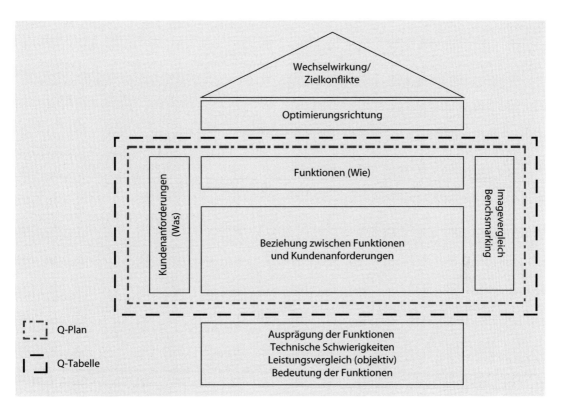

Wechselwirkung/
Zielkonflikte

Optimierungsrichtung

Kundenanforderungen
(Was)

Funktionen (Wie)

Imagevergleich
Benchsmarking

Beziehung zwischen Funktionen
und Kundenanforderungen

Q-Plan

Q-Tabelle

Ausprägung der Funktionen
Technische Schwierigkeiten
Leistungsvergleich (objektiv)
Bedeutung der Funktionen

☐ Abb. 4.3. Konzept des House of Quality

Zimmern besteht. Im zentralen Zimmer des Hauses findet die Umsetzung der Kundenanforderungen in die Produkt- bzw. Prozessanforderungen statt. Weitere wichtige Zimmer sind das Was-, das Wie- und das Wieviel-Zimmer, sowie das Ergebniszimmer und das Zimmer der technischen Wechselbeziehungen.

Die QFD-Matrix wurde von Bob King zu einer Matrix der Matrizen weiterentwickelt, die ihre Anwendung auch im House of Quality findet. Ein Problem des QFD ist seine Komplexität. Gerade auch im Gesundheitswesen kommt QFD deshalb relativ wenig zum Einsatz.

4.3 Statistical Process Control (SPC)

Die statistische Prozesssteuerung oder statistische Prozesslenkung (»statistical process control«, SPC)

basiert auf einer Qualitätsregelkartentechnik und hat zum Ziel, eine einmal erreichte Prozessqualität fortwährend aufrecht zu erhalten.

Das Konzept, Prozesse auf der Basis von Stichproben kontinuierlich zu überprüfen und zu lenken, wurde 1924 von Walter Andrew Shewhart eingeführt und in seinem Buch »Economic Control of Quality of Manufactured Products« 1931 veröffentlicht.

❯ **SPC basiert auf einer kontinuierlichen Überprüfung und Lenkung von Stichproben.**

Für Shewhart hängt die Qualität des Produktes im Kern von der Normabweichung der Einzelteile ab. Für eine solche Streuung der Parameter macht er zwei Ursachen verantwortlich:

1. eine zufällige stochastische Verteilung vom Mittelwert, also einem »Rauschen« um den Mittelwert, sowie

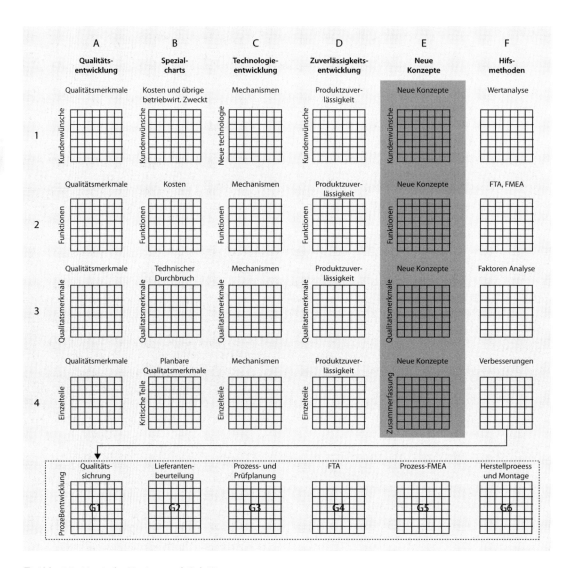

□ Abb. 4.4. Matrix der Matrizen nach Bob King

2. eine Streuung aufgrund von »besonderen« Ursachen, beispielsweise Material-,
Maschinen- oder Konstruktionsfehler. Hier
liegen also Prozessfehler vor.

Bei dem Versuch, diese Normabweichungen zu begrenzen, können zwei Fehler auftreten. Zum einen
kann eine Abweichung aufgrund der Zufallsvertei-
lung einer besonderen Ursache zugeschrieben werden, zum anderen kann eine besondere Ursache für
einen Effekt der stochastischen Verteilung gehalten
werden.

Das Werkzeug, um solche Normabweichungen
korrekt zu erfassen und zu steuern, sind die Qualitätsregelkarten (»control charts«). Diese von Shewhart erfundenen Qualitätsregelkarten werden sowohl bei Prozessanalysen als auch bei der Prozesslenkung benötigt. Die Qualitätsregelkarten sind
auf alle Bereiche anwendbar. Sie sind graphische
Formen von statistischen Tests.

❯ **SPC erfasst Normabweichungen mit Qualitätsregelkarten, die inzwischen auch elektronisch verfügbar sind.**

In den Qualitätsregelkarten sind obere und untere Warngrenzen sowie obere und untere Eingriffs-grenzen zu definieren. Diese werden aus den vorhandenen Prozessdaten berechnet.

Es gibt unterschiedliche Formen der Qualitätsregelkarten. Beispiele hierfür sind die XmRKarte, die eine Kombination aus Einzelwerten und gleitenden Spannweiten darstellt, oder die XbarSKarte (auch als x-quer-s-Karte bezeichnet), die den arithmetischen Stichprobenmittelwerten $\bar{x}$ (»x-quer« bzw. im Englischen »x-bar«) und die Stichprobenstandardabweichung s verwendet.

Statistical Process Control (SPC) basiert auf einer kontinuierlichen Überprüfung und Lenkung von Stichproben. Sie wurde von Walter Andrew Shewhart 1924 entwickelt. Laut Shewhart hängt die Qualität vor allem von Normabweichungen ab, wobei diese Normabweichungen der statistischen Normalverteilungen entsprechen könne. Sie können aber auch auf spezifischen Ursachen beruhen. Im Rahmen des SPC werden Normabweichungen bzw. Streuungen der Parameter mit Hilfe von Qualitätsregelkarten erfasst und gesteuert. Hierbei gibt es zahlreiche verschiedene Arten der Qualitätsregelkarten, die jeweils andere Parameter darstellen.

4.4 Balanced Scorecard

Robert S. Kaplan und David P. Norton entwickelten Anfang der 1990er Jahre an der Harvard-Universität die inzwischen praktisch jedem Manager geläufige Balanced Scorecard (BSC). Mit dieser werden die Aktivitäten eines Unternehmens oder eines Unternehmensteiles auf ihre Übereinstimmung mit Vision und Strategie analysiert, um den Führungskräften einen umfassenden Überblick über die Leistungsfähigkeit und Effektivität der Organisation zu bieten.

Innovativ an der BSC war insbesondere die Einbeziehung von nicht-finanziellen Parametern. Damit fokussiert die BSC neben den mitunter kurzfristig sehr volatilen Finanzdaten auf weitere,

in der Regel fundamentalere Elemente, die für den Geschäftserfolg ebenso relevant sind. Übliche Dimensionen sind dabei die Kunden- und Prozessperspektive sowie die Potential- oder Mitarbeiterperspektive. Damit lassen sich unabhängig von Finanzzahlen die Fortschritte bei der Umsetzung einer Unternehmensvision beobachten und als Controlling-Instrument nutzen. In vielen Unternehmen werden die variablen Gehaltsanteile an die Erfüllung von Vorgaben geknüpft, die in einer BSC festgehalten und permanent verfolgt werden können.

Nach der ersten Publikation 1992 erreichte die BSC innerhalb von nur 5 Jahren mit angeblich 60% einen enormen Verbreitungsgrad unter den größten Unternehmen (Fortune 500) in den USA. In Deutschland herrscht zwar ebenfalls ein enormes Interesse an der Methodik, die praktische Anwendung hinkt allerdings weit hinter den amerikanischen Vorbildern zurück.

Prägendes Element einer BSC ist der unterstellte Ursache-Wirkungs-Zusammenhang zwischen den in der BSC definierten Kriterien oder Erfolgsfaktoren und den Unternehmenszielen. Die übergeordneten Ziele Vision und Strategie werden also mittels eines für jedes Unternehmen individuell zu definierenden Kriteriensets auf einzelne Ursache-Wirkungs-Beziehungen heruntergebrochen. Damit kann eine direkte und für den einzelnen Mitarbeiter nachvollziehbare Verknüpfung von Strategie und persönlichen Aufgaben erzielt werden.

❯ In der BSC werden Ursache-Wirkungs-Zusammenhänge zwischen den in der BSC definierten Kriterien oder Erfolgsfaktoren und den Unternehmenszielen ermittelt.

Kriterien einer Balanced Scorecard sind beispielsweise in der Kategorie der **Finanzperspektive**:

- Umsatz pro Vertriebsmitarbeiter als Kenngröße für Wachstum, nicht aber notwendigerweise für Profitabilität
- Kosten pro produzierte Einheit mit einem Fokus auf Kostenbewusstsein, wobei hohe Volumina häufig in Konflikt mit Qualität stehen.

Ein wichtiger Parameter in der Kategorie **Kundenperspektive** ist die

▬ Kundenzufriedenheit: diese unterstützt kundenorientiertes Verhalten, jedoch nicht notwendigerweise kurzfristigen Gewinn; sie ist dabei aber schwierig zu messen.

Aus der **Perspektive der Prozesse** ergeben sich beispielsweise folgende Kriterien:
▬ Prozessqualität: sie stellt die ausgelieferte Qualität sicher, ohne auf die Effizienz zu achten.
▬ Prozessdurchlaufzeit: sie fokussiert auf minimale Durchlaufzeit und Kapitalbindung.

Aus der **Potenzial- und Wachstumsperspektive** ergeben sich u. a. folgende Kriterien:
▬ Fluktuation von Mitarbeitern, insbesondere von Leistungsträgern, die das Unternehmen ungewollt verlassen. Das Unternehmen fördert damit u. a. die langfristige Bindung von Leistungsträgern an die Organisation und fördert Leistungsdifferenzierung.
▬ Umsatzverhältnis neuer Portfolioelemente zu alten Portfolioelementen zur Förderung der zügigen (Neu-) Entwicklung von Produkten und Serviceangeboten.

Der häufigste Fehler beim Einsatz der BSC ist die Definition zu vieler Kategorien oder Einzelkriterien in einer Scorecard. Damit wird der Hauptvorteil der BSC, nämlich eine ausbalancierte Ausrichtung der Unternehmensaktivitäten an den wesentlichen Zielen, durch eine Defokussierung ins Gegenteil verkehrt.

> ❱❱ Die BSC ist eine rein prozessunterstützende Methodik, die auch bei der Umsetzung »falscher« Strategien gute Arbeit leisten kann.

Die Balanced Scorecard wurde Anfang der 1990er Jahre an der Harvard Universität entwickelt. Sie hat vor allem in der US-amerikanischen Wirtschaft eine rasante Verbreitung erfahren. In vielen Unternehmen werden die variablen Gehaltsanteile an die Erfüllung von Vorgaben geknüpft, die in einer BSC festgehalten und permanent verfolgt werden

▼

können. In der BSC werden Ursache-Wirkungs-Zusammenhänge zwischen den in der BSC definierten Kriterien oder Erfolgsfaktoren und den Unternehmenszielen ermittelt. Wichtige Perspektiven sind die Finanzperspektive, die Kundenperspektive, die Prozessperspektive und die Potenzial- und Wachstumsperspektive. Im Rahmen der Balanced Scorecard sollte eine ausbalancierte Ausrichtung der Unternehmensaktivitäten an den wesentlichen Zielen erfolgen.

4.5 Six Sigma

Der Begriff »Six Sigma« kommt aus der Statistik. Sigma steht als griechischer Buchstabe hierbei als Maßzahl für Prozessvariation. Durch diese Prozessvariation kommt es zu Fehlern und hierdurch zu zusätzlicher Arbeit und zu Kosten. Auch Six Sigma fußt auf der Statistischen Prozesskontrolle (SPC), geht aber weit über diese hinaus.

Six Sigma wird seit den 1980er Jahren in der Industrie angewendet. Die Methode wurde von Statistikern der Firma Motorola entwickelt.

Der hohe Anspruch von Six Sigma begründet sich auf der Annahme, dass bei einem Sigma-Niveau von 6 lediglich 3,4 Fehler auf 1 Million Möglichkeiten kommen sollten. Darunter liegende Sigma-Niveaus gehen mit einer deutlich erhöhten Fehlerrate einher, die hohe Kosten verursacht. Bei einem Sigma-Niveau von 4 fallen beispielsweise 15–25% des Umsatzes als Qualitätskosten an (❏ Tab. 4.3).

Was die verschiedenen Sigma-Niveaus bedeuten, lässt sich gut an dem Beispiel eines 140 Quadratmeter großen, gereinigten Teppichs verdeutlichen. Bei 3 Sigma wären noch 4 Quadratmeter schmutzig, bei 6 Sigma nur noch ein stecknadelkopfgroßes Areal.

Six Sigma verfolgt folgende wichtige Ziele:
▬ Varianzreduzierung auf 3,4 Fehler pro 1 Million Möglichkeiten
▬ Optimierung von Geschäftprozessen
▬ Steigerung der Rentabilität
▬ Verbesserung der Gewinnspanne
▬ Schaffung von Wettbewerbsvorteilen

Wie andere Konzepte auch, erfordert Six Sigma unbedingt eine Verantwortungsübernahme der obersten Leitung. Aber auch Mitarbeiter, Lieferanten und Kunden müssen miteinbezogen werden.

Six Sigma sieht ein umfassendes, abgestuftes Ausbildungsprogramm vor. Im Rahmen dieses Ausbildungsprogrammes können die Absolventen verschiedene Qualifikationsniveaus erwerben, die denen der Kampfsportarten ähneln. So können ein White Belt, also ein weißer Gürtel, ein Green Belt, ein Black Belt, ein Master Black Belt und eine Champion Auszeichnung erlangt werden. Champions sind dabei die Führungskräfte, die alle Instrumentarien von Six Sigma überblicken und die Projektauswahl treffen. Zudem üben sie eine Überwachungsfunktion aus und sind im Prozess weisungsbefugt. Der Inhaber des Master Black Belts hat bereits die Durchführung von Six-Sigma-Projekten nachgewiesen und beherrscht alle Managementmethoden. Er ist fachlicher Ansprechpartner der anderen Black Belts und für das Management.

Zur Anwendung des Six-Sigma-Konzeptes existiert eine sog. 7 × 7 Toolbox. Diese beinhaltet folgende Werkzeuge:
- 7 Design-Werkzeuge
- 7 Statistik-Werkzeuge
- 7 Projekt-Werkzeuge
- 7 Schlankheits-Werkzeuge für schlankere Prozesse
- 7 Kunden-Werkzeuge
- 7 Grafik-Werkzeuge
- 7 Management-Werkzeuge

Unter den Design-Werkzeugen finden sich auch das Quality Function Deployment (QFD) und die FMEA. Die einzelnen Werkzeuge sind in ◻ Tab. 4.4 zusammengefasst. Das Akronym TRIZ kommt aus dem Russischen und steht für die Theorie des erfinderischen Problemlösens. In der CTQ-Analyse geht es um die Analyse von Kundenerwartungen und -bedürfnissen.

Die Anwendungsbereiche der Six-Sigma-Methode sind:
- Prozessverbesserungen
- Designverbesserungen
- Projektmanagement
- Entwicklungsprozesse

◻ **Tabelle 4.3** Fehler pro Million Möglichkeiten (FPMM) für die verschiedenen Sigma-Niveaus

Sigma-Niveau	FpMM	Qualitätskosten
2	308537	Nicht anwendbar
3	66807	25–40% des Umsatzes
4	6210	15–25%
5	233	5–15%
6	3,4	1%

In der rechten Spalte sind jeweils die Kosten durch die Qualitätseinbußen bezogen auf den Umsatz aufgelistet.

Eine wichtige Prozessverbesserungsmethode ist die DMAIC-Methode (Define, Measure, Analyze, Improve, Control). DMAIC wird angewendet, um Prozesse so zu gestalten, dass sie ein vorgegebenes Six-Sigma-Niveau langfristig halten. DMAIC wird für bestehende Produkte angewendet. Für neue Produkte gibt es DMADV (Define, Measure, Analyze, Design, Verify), für neue Prozesse DMAEC (Define, Measure, Analyze, Engineer, Control).

Das Six-Sigma-Modell kommt aus der Statistik. Im Six-Sigma-Modell sollte es bei einem Sigma-Niveau von 6 zu lediglich 3,4 Fehlern auf 1 Million Möglichkeiten kommen. Darunter liegende Sigma-Niveaus haben deutlich höhere Fehlerquoten mit dementsprechend höheren Qualitätskosten. Absolventen eines Six-Sigma-Ausbildungsprogrammes können verschiedene Qualifikationsstufen erwerben, die denen der Kampfsportarten ähneln. Hohe Qualifikationsniveaus sind Black Belt, Master Black Belt und Champion. Für die Anwendung des Six-Sigma-Modells gibt es die 7×7 Toolbox mit zahlreichen Werkzeugen, die sich auf unterschiedliche Kategorien verteilen. Die DMAIC-Methode (Define, Measure, Analyse, Improve, Control) findet in der Verbesserung bestehender Produkte ihre Anwendung, die DMAVD-Methode (Define, Measure, Analy-

▼

▣ Tabelle 4.4   Elemente der 7×7 Toolbox der Six-Sigma-Methode

7 Design-Werkzeuge	– Robustes Design
	– Quality Function Deployment
	– TRIZ
	– Konzeptauswahlanalyse nach Pugh
	– FMEA
	– Fehlerbaumanalyse
	– Toleranzdesign
7 Statistik-Werkzeuge	– Statistische Versuchsplanung
	– Fähigkeitsanalyse
	– Regressionsanalyse
	– Multivariate Analyse
	– Statistische Testverfahren (ANOVA/ANOM)
	– Wahrscheinlichkeitsnetz
	– Gage R&R-Analyse
7 Projekt-Werkzeuge	– Netzplan
	– Projekt- und Teambeschreibung
	– CTQ-Analyse
	– Baumdiagramm
	– Fähigkeitsanalyse
	– Kosten-Nutzen-Analyse
	– Regelkarten
7 Schlankheits-Werkzeuge	– Standardisierung
	– Verschwendungsanalyse
	– Engpassanalyse
	– Flussdiagramm
	– Versorgungskettenmatrix
	– Rüstzeitanalyse
	– Red-Tag-Analyse

▣ Tabelle 4.4   Fortsetzung

7 Kunden-Werkzeuge	– Kano-Modell
	– Anforderungsstrukturierung
	– House of Quality
	– Taguchi-Verlustfunktion
	– Kundeninterviews
	– Kundenfragebögen
	– Conjoint-Analyse
7 Grafik-Werkzeuge	– Prüfformulare inkl. Messplan
	– Histogramm
	– Pareto-Diagramm
	– Ursache-Wirkungs-Diagramm (Ishikawa)
	– Grafischer Vergleich
	– Relationendiagramm
	– Regelkarten
7 Management-Werkzeuge	– Entscheidungsbaum
	– Affinitätsdiagramm
	– Beziehungsdiagramm
	– Baumdiagramm
	– Matrixdiagramm
	– Matrix Daten-Analyse
	– Netzplantechnik

se, Design, Verify) bei neuen Produkten, die DMAEC-Methode (Define, Measure, Analyse, Engineer, Control) bei neuen Prozessen.

Voraussetzungen für Qualitätsmanagement

5.1   Definition von Kunden, Lieferanten und interessierten
       Parteien – 84

5.2   Anforderungen an die Führungsebene – 85

5.3   Personalführung und -entwicklung – 87

5.4   Prozessentwicklung – 89

5.1   Definition von Kunden, Lieferanten und interessierten Parteien

In Krankenhäusern und Gesundheitseinrichtungen ist der Begriff »Kunde« häufig nicht sehr vertraut. Er ist aber ein ganz zentraler Begriff im Qualitätsmanagement. Vor der Einführung eines QM-Systems ist es daher unabdingbar, genau festzulegen, wer die Kunden des eigenen Bereichs sind.

In der DIN EN ISO 9000:2005 wird als **Kunde** jede Organisation oder Person definiert, die ein Produkt bzw. eine Leistung empfängt.

> **Der Kundenbegriff in der DIN EN ISO 9000:2005 ist deutlich weiter gefasst, als es im allgemeinen Sprachgebrauch üblich ist. Auch sind hier recht komplexe Wechselbeziehungen möglich.**

Mögliche Kunden im Krankenhausbereich sind daher u. a.:

- Patient
- Zuweisender Arzt
- Mitarbeiter
- In akademischen Einrichtungen der Studierende
- Ggf. in Forschungseinrichtungen der Drittmittelgeber

Zu Beginn eines QM-Projektes sollten alle relevanten Kunden genau definiert und festgelegt werden. Dies ist wichtig, da sich daraus unterschiedliche Handlungsperspektiven ergeben, die berücksichtigt werden müssen. Unter anderem sollten solche Handlungsperspektiven auch in das Leitbild und in das Wertesystem der eigenen Einrichtung einfließen.

Zudem müssen von Kunden Rückmeldungen zur eigenen Qualität eingeholt werden. Dies kann durch Befragungen stattfinden. Hier sind als Beispiele Patientenbefragungen, Zuweiserumfragen oder Mitarbeiterbefragungen zu nennen.

> **Für ein funktionierendes QM-System ist es wichtig, dass alle relevanten Kunden miteinbezogen werden, und dass deren Erwartungen im gesamten Aufbau des QM-Systems berücksichtigt werden.**

Ein QM-System, das die Erwartungen seiner Kunden missachtet, stünde im luftleeren Raum. Dieser wichtige Aspekt wird im Modell der ISO 9001:2008 durch die Ermittlung der Anforderungen in der »Inputsäule« des Modells und im »Outcome« bei der Kundenzufriedenheitsbefragung abgedeckt. Erst wenn diese Aspekte gesichert sind, kann sich die Organisation dem Kern des Modells, der Verantwortung der Leitung, dem Management von Ressourcen, der Produktrealisierung und letztlich der Messung, Analyse und Verbesserung des Systems mit dem Ziel der kontinuierlichen Verbesserung zuwenden.

Als **interessierte Parteien** werden in der DIN EN ISO 9000:2005 alle Personen oder Gruppen bezeichnet, die ein Interesse an der Leistung oder an dem Erfolg der Organisation haben. Dies beinhaltet also alle Organisationen, die Verträge oder Vereinbarungen mit der eigenen Organisation haben.

Eine Gruppe kann in der Definition der ISO aus einer Organisation, einem Teil davon oder aus mehreren Organisationen bestehen. Interessierte Parteien können in der Begrifflichkeit der ISO Kunden, Eigentümer, Personen in einer Organisation, Lieferanten, Bankiers, Vereinigungen, Partner oder auch die Gesellschaft im Allgemeinen sein. Der Begriff ist also sehr weit gefasst, der Übergang zum Kunden ist zudem fließend. Eine Gruppe kann daher zugleich Kunde und interessierte Partei sein.

Mögliche interessierte Parteien in Krankenhäusern oder Gesundheitseinrichtungen sind:

- Krankenkassen
- Medizinischer Dienst der Krankenkassen
- Gesetzgeber
- Behörden, die bestimmte Auflagen machen
- Gesellschaft

Als **Lieferanten** werden in der DIN EN ISO 9000:2005 alle Organisationen oder Personen bezeichnet, die ein Produkt bereitstellen. Dies können »greifbare« Produkte, wie medizinische Geräte oder Medikamente, aber auch Teilprozesse sein, die für die Gesamtqualität entscheidend sind. Auch Leihfirmen können als Lieferanten fungieren.

In der ISO werden als mögliche Lieferanten Hersteller, Vertriebseinrichtungen, Einzelhändler, Verkäufer eines Produktes, Erbringer einer Dienstleistung und auch Bereitsteller von Informationen genannt. Ein Lieferant kann der Organisation angehören oder ein Außenstehender sein. In einer Vertragssituation wird ein Lieferant manchmal als Auftragnehmer bezeichnet.

> ❱ **Für ein funktionierendes QM-System ist es wichtig, dass alle Lieferanten qualitativ hochwertige Produkte bzw. Leistungen abliefern. Daher müssen sie in sog. Lieferantenaudits regelmäßig überprüft und bewertet werden.**

Stellt ein Lieferant nur eine unzureichende Qualität bereit, so muss entweder sichergestellt werden, dass die Qualität entscheidend verbessert wird, oder der Lieferant muss von der im Unternehmen zu führenden Lieferantenliste gestrichen werden.

Beispiele für Lieferanten in Krankenhäusern oder Gesundheitseinrichtungen sind:

- Medizinproduktehersteller
- Pharmafirmen
- Abteilung für Anästhesie für eine chirurgische Abteilung etc.

> ❱ **Lieferanten können zugleich Kunden sein und umgekehrt.**

Auch hier kann der Übergang zum Begriff des Kunden fließend sein. Eine Gruppe oder Organisation kann beispielsweise zugleich als Lieferant und als Kunde einer anderen Organisation oder Gruppe dienen. So kann beispielsweise die Anästhesie zum einen als Lieferant der Radiologie dienen, indem sie Narkosen oder Sedierungen für in der Radiologie untersuchte Patienten durchführt oder den Herzalarm bereitstellt. Zum anderen kann sie aber auch Kunde der Radiologie sein, indem sie für die Patienten der anästhesiologischen Intensivstation bei der Radiologie bildgebende Leistungen anfordert.

> Zu Beginn eines QM-Projektes müssen für die eigene Abteilung bzw. die eigene Organisation alle relevanten Kunden, Lieferanten und interessierte Parteien individuell definiert werden. Diese stellen die wichtigen Handlungsperspektiven dar. Sie sind zugleich als Basis für das Leitbild, das Wertesystem, und das gesamte QM-System unabdingbar.
>
> ▼

In der DIN EN ISO 9000:2005 wird als Kunde jeder definiert, der eine Leistung erhält bzw. empfängt. Beispiele für Kunden in Krankenhäusern bzw. Gesundheitseinrichtungen sind Patienten, Zuweiser und Mitarbeiter. Als interessierte Parteien werden alle Personen oder Gruppen bezeichnet, die ein Interesse an der Leistung oder an dem Erfolg der Organisation haben. Beispiele hierfür sind im Gesundheitswesen die Krankenkassen, der Gesetzgeber oder die Gesellschaft.

Lieferanten sind gemäß DIN EN ISO 9000:2005 alle Organisationen oder Personen, die ein Produkt bereitstellen. Beispiele hierfür sind Pharmafirmen oder Medizinproduktehersteller, aber auch interne Dienstleister.

5.2 Anforderungen an die Führungsebene

In der DIN EN ISO 9000:2005 wird die oberste Leitung als die Person oder Personengruppe definiert, die eine Organisation auf der obersten Ebene leitet und lenkt. Als oberste Leitung können die Führungspersonen angesehen werden, die Einstellungs-, Abmahnungs – und Kündigungsberechtigung haben. Die oberste Leitung kann demzufolge der Klinikumsvorstand, die Krankenhausleitung, aber auch der Chefarzt einer Klinik, jedoch nicht der verantwortliche QM-Beauftragte sein.

> ❱ **In allen beschriebenen QM-Systemen wird die besondere Führungsverantwortung der obersten Leitung betont. Sie muss Sorge tragen für die Auswahl des geeigneten Systems, sowie ggf. für die Auswahl und Finanzierung einer geeigneten Beratungsgesellschaft und für die sich daran anschließende Zertifizierung.**

Die oberste Leitung ist verantwortlich für die Ernennung von Personen, die Aufrechterhaltung des QM-Systems und dessen kontinuierliche Überwachung.

Entscheidet sich die Führungsebene für die Einführung eines QM-Systems, so verpflichtet sie sich, durch ihr Führungsverhalten und ihr Handeln eine Umgebung zu schaffen, in der Mitarbeiter und Partner des Krankenhauses vollkommen einbezogen sind, und in der ein QM-System wirksam betrieben werden kann. Hierfür gibt es in der DIN EN ISO Norm 8 Grundsätze, die von der obersten Leitung für ihre Aufgabenwahrnehmung verwendet werden können.

Diese 8 Grundsätze lauten verkürzt wie folgt:
1. Kundenorientierung
2. Führung
3. Einbeziehung der Mitarbeiter
4. Prozessorientierung
5. Systemorientierter Managementansatz
6. Ständige Verbesserung
7. Sachbezogener Ansatz zur Entscheidungsfindung
8. Lieferantenbeziehungen zum gegenseitigen Nutzen

Der Normabschnitt 5 der ISO 9001 setzt eindeutig die Verantwortung für das QM-System bei der obersten Leistung fest. Diese ist für die Einführung und Verwirklichung dieses Systems zuständig und maßgeblich verantwortlich.

Die oberste Leitung muss ebenso wie die später zu ernennenden QM-Beauftragten über eine entsprechende Qualifikation für das gewählte QM-System verfügen. Dies ist insbesondere bei der Berichterstattung von Bedeutung, da sich QM-Experten und Zertifizierungsgesellschaften, aber auch alle Ausbildungsinstitute einer speziellen QM-Sprache, ähnlich der Nomenklatur in der ISO-Norm, bedienen.

> ❯ **Die oberste Leitung sollte über eine entsprechende Ausbildung im gewählten QM-System verfügen, die vor Implementierung des Systems erfolgen sollte.**

Die oberste Leitung hat insbesondere die Verantwortungen, Zuständigkeiten, Befugnisse und Aufgaben festzulegen, zu verschriften und zu delegieren, die im Rahmen des QM-Systems anfallen. Diese sollten in Aufgabenbeschreibungen definiert sein, um bei den Mitarbeitern für Handlungsklarheit und Akzeptanz zu sorgen.

Dies sieht in der Praxis so aus, dass als Nachweis zum einen ein Organigramm der Institution

vorliegen muss. Darüber hinaus muss die oberste Leitung in einem sog. QM-Organigramm Personen benennen und auch schriftlich ernennen, die für die Implementierung des gewünschten QM-Systems zuständig sind. Die Zusammensetzung des Teams sollte immer interdisziplinär sein. Es sollte also aus Vertretern des ärztlichen Dienstes, des Pflegedienstes und ggf. der Verwaltung bestehen. Ebenso muss die oberste Leitung aus diesem Kreis einen federführenden QM-Projektverantwortlichen (QM Quality Officer) benennen, der gleichzeitig letztendlicher Ansprechpartner für die oberste Leitung ist und die gesamte Berichterstattung, Informationswesen und Projektierung, Verteilung der Arbeitspakete ggf. im Benehmen mit dem Beratungsunternehmen übernimmt.

> ❯ **Das QM-Team sollte interdisziplinär zusammengesetzt sein.**

Die oberste Leitung ist außerdem verpflichtet, ein Leitbild, Qualitätsziele und eine Qualitätspolitik zu verfassen. Dies sind die Instrumente, die später den großen Orientierungsrahmen und die Zielausrichtung für das gesamte QM-System bilden.

Hierfür ist es zweckmäßig, frühzeitig eine Klausurtagung des Führungskreises einzuberufen, an der die oberste Leitung, alle Personen der Institution, die Führungsverantwortung tragen, und die ernannten QM-Beauftragten teilnehmen. Dort sollen gemeinsam die Strategie, Qualitätsziele und Qualitätspolitik erarbeitet werden.

Der offizielle Projektstart erfolgt für alle weiteren Mitarbeiter, für die wichtigen Schnittstellenpartner und für sonstige wichtige Partner im Rahmen einer sog. Kick-Off-Veranstaltung.

Zudem ist die oberste Leitung verantwortlich für die Erfüllung der Kundenanforderungen und die Erhöhung der Kundenzufriedenheit, die auch zentrale Themen der ISO Norm sind. So ist die Organisation verpflichtet, Kundenanforderungen zu ermitteln und Befragungen durchzuführen. Die Befragungen umfassen Mitarbeiter, Lieferanten, interne Zuweiser und Patienten.

Außerdem muss die oberste Leitung sicherstellen, dass das QM-System in jährlichen Abständen auf seine Wirksamkeit hin bewertet wird. Dies geschieht durch das sog. Management Review, in der alle Bewertungsergebnisse in einer Art Executive

Summary zusammengefasst werden müssen. Die Audits und insbesondere das Management Review sind für eine erfolgreiche Zertifizierung eine grundlegende Voraussetzung. Der federführende QM-Beauftragte ist verantwortlich dafür, auf der Arbeitsebene die von dem jeweiligen QM-Modell geforderten Ergebnisse zu ermitteln.

❯ **Durch ein Management Review wird das QM-System auf seine Wirksamkeit hin überprüft.**

Eingaben für die Managementbewertung müssen Informationen zu Folgendem enthalten:
- Ergebnisse von Audits
- Rückmeldungen von Kunden
- Prozessleistung und Produktkonformität und ermittelte Kennzahlen
- Status von Vorbeugungs- und Korrekturmaßnahmen
- Folgemaßnahmen vorangegangener Managementbewertungen
- Änderungen, die sich auf das QM-System auswirken könnten
- Empfehlungen für Verbesserungen
- Überprüfung und Bewertung der Qualitätspolitik und der Qualitätsziele

Insgesamt kommt der obersten Leitung also eine entscheidende Rolle bei der Einführung eines QM-Systems zu. Verpflichtet sie sich nicht zum Qualitätsmanagement, so ist das Projekt zum Scheitern verurteilt.

Die oberste Leitung trägt die Verantwortung für das QM-System und muss für die Umsetzung folgender Punkte Sorge tragen und die Verantwortung übernehmen:
- Ernennung, Ausbildung und Freistellung benannter QM-Beauftragter, die mit der Implementierung und Aufrechterhaltung des QM-Systems betraut sind
- Festlegen und Aufrechterhalten der Qualitätspolitik und der Qualitätsziele
- Förderung der Qualitätspolitik und der Qualitätsziele, um das Bewusstsein, die Motivation und die Einbeziehung aller zu erhöhen

▼

- Sicherstellen, dass sich das System an den Kundenanforderungen orientiert und diese kontinuierlich ermittelt
- Umsetzung geeigneter Prozesse
- Sicherstellen der Verfügbarkeit der erforderlichen Ressourcen
- Sicherstellen von regelmäßigen Audits und Managementbewertungen (Management Review)
- Treffen von Maßnahmen zur Verbesserung des QM-Systems für das Folgejahr

---

5.3 Personalführung und -entwicklung

Über einen längeren Zeitraum kann ein QM-System in einer Organisation nur dann erfolgreich sein, wenn Interesse und Motivation der Mitarbeiter durch entsprechende Personalführungs – und Personalentwicklungsinstrumente sichergestellt sind. Unter Personalführung ist dabei neutral die Beeinflussung des Verhaltens von unterstellten Mitarbeitern zu verstehen. Von einer guten, die Motivation der Mitarbeiter positiv beeinflussenden Führung kann dann gesprochen werden, wenn die Anweisungen am übergeordneten Ziel einer Organisation ausgerichtet sind, der angewandte Führungsstil die Mitarbeiter respektiert und ein Interesse an ihrer persönlichen Entwicklung demonstriert.

❯ **Personalführung und - entwicklung sind entscheidende Bausteine eines QM-System.**

Unter Personalentwicklung sind grundsätzlich all die Maßnahmen zu verstehen, die zur Entwicklung und Optimierung der Leistungsfähigkeit von Mitarbeitern geeignet sind. Am häufigsten werden dabei interne oder externe Kurse angeboten, in denen die Mitarbeiter sich in neue technische Verfahren oder Vorgehensweisen einarbeiten können. Neben diesen fachbezogenen Trainings dienen stärker persönlichkeitsorientierte Seminare dazu, Mitarbeiter auf neue Herausforderungen – beispielsweise durch Übernahme einer Team- oder Führungsverantwortung – vorzubereiten.

Durch die Veränderung von Rahmenbedingungen wie z. B. eine Reorganisation oder die Einführung eines QM-Systems können sich die Anforderungen an das Management und die Mitarbeiter mitunter so deutlich verändern, dass geeignete Personalentwicklungsmaßnahmen in größerem Rahmen zu definieren sind. In einer optimalen Organisation würden die mit einer Veränderung verbundenen Anforderungen an die Fähigkeiten der Mitarbeiter vorab identifiziert, mit den bestehenden Fähigkeiten abgeglichen und frühzeitig entsprechende Schulungsmaßnahmen bereitgestellt. In der realen Welt können wir von einem funktionierenden Personalentwicklungssystem auch dann sprechen, wenn im Anschluss an tiefgreifende Veränderungen zeitnah die notwendigen Schulungsbedürfnisse ermittelt und entsprechende Schulungsmaßnahmen ergriffen werden.

Neben der inhaltlich-fachlichen Personalentwicklung steht als spezielles Element die individuelle Entwicklung von Führungsnachwuchs. Diese kann als hervorragendes Mittel zur tiefgreifenden Etablierung des Qualitätsmanagements in einer Organisation dienen. Notwendige Voraussetzung ist dabei allerdings, dass Qualitätsmanagement einen hohen Stellenwert beim Management besitzt und das Engagement für Qualitätsmanagement einen positiven Einfluss auf die Bewertung individueller Karrierechancen ausübt. In dieser Konstellation wird das Thema für begabte und leistungsorientierte Mitarbeiter besonders interessant und lässt sich für die zügige und effiziente Umsetzung von QM-Themen nutzen.

Zur erfolgreichen Aufrechterhaltung eines QM-Systems ist immer auch eine Vorausplanung hinsichtlich des Nachwuchses der direkt am QM-System beteiligten Mitarbeiter notwendig. Hierfür ist es erforderlich, rechtzeitig geeignete Nachwuchskräfte beispielsweise für eine Rolle als QM-Beauftragter oder als interner Auditor auszubilden und zu schulen, um hier beim Ausscheiden anderer Mitarbeiter keine Lücken entstehen zu lassen.

> **Für ein langfristig funktionierendes QM-System ist die individuelle Personalentwicklung, u. a. von Führungsnachwuchs,**

aber auch von anderen Nachwuchsmitarbeitern, die am QM-System entscheidend beteiligt sind, sehr wichtig.

Bildet man ein neues Team bzw. eine neue Projektgruppe, so sollte man immer an die verschiedenen Phasen der Teamentwicklung denken, die sich in den meisten Teams ausbilden und die aufeinander folgen. Die klassischen Phasen der Teamentwicklung sind:
1. Forming bzw. Austesten
2. Storming bzw. Kampf und Auseinandersetzung
3. Norming bzw. Organisation
4. Performing bzw. Integration und Funktionieren des Teams

In der Phase des **Forming** kommt es zunächst zu einem Kennenlernen und zur Suche nach der eigenen Position in der Gruppe. Konflikte und Emotionen werden in dieser Phase vermieden.

Während des **Storming** findet der eigentliche Beziehungsaufbau statt. Hier kommt es typischerweise zu Auseinandersetzungen und Kämpfen. Dies ist eine Phase der Teambildung, die unproduktiv und frustrierend sein kann, die aber dennoch i.d.R. notwendig ist, um die nächsten, stabileren Ebenen zu erreichen.

In der Phase des **Norming** findet eine Organisation statt. Das Team wird zunehmend funktionsfähig. Die Ziele werden klarer, die Spielregeln der Zusammenarbeit dauerhafter.

In der letzten Phase des **Performing** funktioniert das Team schließlich. Die Teammitglieder gehen offen miteinander um und respektieren sich gegenseitig.

> **Werden die verschiedenen Phasen der Teamentwicklung nicht beachtet, kann dies leicht zu Frustrationen führen. Letztlich treten der Wandel und die Stabilisierung von Teams im Verlauf meist von selbst ein.**

Personalführung und - entwicklung sind wichtige Bausteine bei der Etablierung und Aufrechterhaltung eines QM-Systems. Dessen Neueinführung stellt eine tiefgreifende Veränderung der Organisation dar. Es ist

▼

daher wichtig, die Fähigkeiten der Mitarbeiter hierfür entsprechend zu optimieren. Dies kann insbesondere durch Schulungen erfolgen. Um ein QM-System langfristig am Leben zu halten, ist eine individuelle Personalentwicklung sehr wichtig. Hierzu gehört es auch, für geeigneten und ausreichenden Nachwuchs der am QM-System beteiligten Personen – beispielsweise der QM-Beauftragten und der internen Auditoren – zu sorgen. Werden neue Teams zusammengestellt, so sollte immer auch an die klassischen Phasen der Teamentwicklung (Forming, Storming, Norming, Performing) gedacht werden. Erst in der letzten Phase funktioniert das Team effektiv.

5.4 Prozessentwicklung

Prozesse sind von entscheidender Bedeutung für die Etablierung und Aufrechterhaltung eines QM-Systems. Im allgemeinen Sprachgebrauch bedeutet der Begriff »Prozess« ganz allgemein einen Verlauf oder eine Entwicklung – besonders vertraut ist er uns natürlich im juristischen Kontext, beispielsweise im Sinne eines Strafprozesses.

Die DIN EN ISO 9000:2005 bezeichnet Prozesse als einen Satz von in Wechselbeziehung oder Wechselwirkung stehenden Tätigkeiten, der Eingaben in Ergebnisse umwandelt (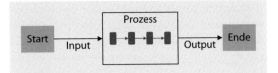 Abb. 5.1). Ein Prozess ist also ein gerichteter Ablauf eines Geschehens. Letztlich besteht eine Organisation, wie z. B. ein Krankenhaus, aus einer großen Summe solcher gerichteter Prozesse. Diese müssen erfasst, strukturiert und kategorisiert werden, um letztendlich eine Optimierung der Abläufe zu bewirken.

Damit ein Krankenhaus oder eine Gesundheitseinrichtung wirksam funktionieren kann, müssen zahlreiche miteinander verknüpfte Tätigkeiten erkannt, geleitet und gelenkt werden. Eine Tätigkeit, die Ressourcen verwendet und ausgeführt wird, um die Umwandlung von Eingaben in Ergebnisse zu ermöglichen, kann als Prozess angesehen werden. Oft bildet das Ergebnis des einen Prozesses die direkte Eingabe für den nächsten.

Abb. 5.1. Exemplarische Darstellung eines Prozesses

> **Prozesse sind ein entscheidender Baustein jeder Organisation und natürlich auch jedes QM-Systems.**

Bereits seit den 1980er Jahren hat der Begriff des Prozessmanagements eine strategische Bedeutung, die vor allem durch die Total Quality Management (TQM)-Bewegung verursacht wurde. Der TQM-Ansatz bewirkte eine Abkehr von den bis dahin üblichen Qualitätsendprüfungen hin zur Planung, Durchführung, Überprüfung und Verbesserung von Prozessen. Diesen ganzheitlichen Ansatz vertritt auch die DIN EN ISO 9001:2008 nach ihrer Revision 1994 von der elementeorientierten Version hin zur Prozessorientierung. In dieser Revision wurde die ISO auch für das Gesundheitswesen angepasst.

> **Ein prozessorientierter Ansatz ist die Anwendung eines Systems von Prozessen in einer Organisation, gepaart mit dem Erkennen der Prozesse und ihrer Wechselwirkungen sowie ihrem Management.**

Maßnahmen des Prozessmanagements werden in der Regel von der Organisation ergriffen, um Unternehmensflüsse stringent zu gestalten, von Störungen zu befreien und vor allem zu beschleunigen. Sowohl die 9000er-Normenreihe als auch das EFQM-Modell für Excellence ermöglichen dem Krankenhaus, ihre wertschöpfenden Prozesse am Kunden von einer rein abteilungsbezogenen Organisation in eine prozessorientierte Richtung zu transformieren.

Alle für Krankenhäuser in Frage kommenden QM-Systeme beinhalten daher zum einen den Plan-Do-Check-Act-Ansatz und zum anderen die Prozessorientierung als eines ihrer Hauptziele.

Wie in ▶ Kap. 5.2 diskutiert, ist die Einführung eines QM-Systems gemäß der DIN EN ISO 9001:2008 zunächst eine strategische Entscheidung der obersten Leitung einer Organisation. Die Gestaltung und Verwirklichung des QM-Systems einer Organisation werden von sich verändernden Erfordernissen, besonderen Zielen, den bereitgestellten Produkten, den angewendeten Prozessen und der Größe und Struktur der Organisation beeinflusst.

> ❱❱ **Die DIN EN ISO 9001:2008 fördert die Wahl eines prozessorientierten Ansatzes für die Entwicklung, Verwirklichung und Verbesserung der Wirksamkeit eines QM-Systems, um die Kundenzufriedenheit durch die Erfüllung der Kundenforderungen zu erhöhen.**

Gemäß der ISO-Normforderung, aber auch bei anderen QM-Systemen wie KTQ und EFQM, muss das Krankenhaus bzw. die Gesundheitseinrichtung die für das QM-System erforderlichen Prozesse und ihre Anwendung in der gesamten Organisation:
- erkennen,
- die Abfolge und Wechselwirkung der Prozesse festlegen,
- Kriterien und Methoden festlegen um die Lenkung/Durchführung der Prozesse zu gewährleisten,
- Mitarbeiterressourcen und Informationsflüsse garantieren, die für die Prozesse benötigt werden,
- die identifizierten und verschrifteten Prozesse überwachen, messen und analysieren, sowie
- Maßnahmen treffen, um die geplanten Ergebnisse und eine ständige Verbesserung der Prozesse zu realisieren.

Außerdem muss das Krankenhaus diese Prozesse in Übereinstimmung mit den Anforderungen der Internationalen Norm bzw. des gewählten QM-Systems leiten und lenken (▶ Kap. 7.2).

Die Prozesse, die für das gewählte QM-System erforderlich sind, sollten Prozesse für Leitungstätigkeiten, Bereitstellung von Ressourcen, Produktrealisierung und Messung immer mit einschließen.

Ein wichtiger Vorteil eines prozessorientierten Ansatzes liegt in der ständigen Lenkung und Überprüfung der Prozesse über die PDCA-Methode.

Hierbei werden in der Planungsphase (»plan«) Ziele und Prozesse festgelegt und identifiziert, die zum Erzielen von Ergebnissen in Übereinstimmung mit den Kundenanforderungen und der Poli-

tik der Organisation notwendig sind. In der Durchführungsphase (»do«) werden die Prozesse in Prozessworkshops oder Arbeitsgruppen verschriftet; anschließend werden sie implementiert und in der Praxis umgesetzt.

In der Prüfphase (»check«) werden die laufenden, nun verschrifteten Prozesse durch Prozessteams überwacht, auditiert, gemessen und die Produkte anhand der Qualitätsziele und Qualitätspolitik ständig auf Einklang und Zusammenspiel geprüft. Letztlich werden die Prozesse in dieser Phase auf ihre Wirksamkeit und Durchdringung hin geprüft. Hierfür sind Kennzahlen und Messwerte von großer Bedeutung, da sie eine verhältnismäßig einfache Überprüfung von Ist-Zustand und kontinuierlichen Verbesserungen ermöglichen.

Sind die überprüften Prozesse nicht optimal, so müssen sie in der nächsten Phase (»act«) überarbeitet und an die Erfordernisse angepasst werden. Anhand der Ergebnisse der Prüfphase werden dann Maßnahmen zur kontinuierlichen Verbesserung der Prozessleistung am Ende des Geschäftsjahres als neue Zielsetzung für das Folgejahr verschriftet.

> ❱❱ **Eine regelmäßige Überprüfung von Prozessen ist für eine kontinuierliche Verbesserung notwendig.**

Insgesamt muss einer der ersten Projektschritte bei der Einführung eines QM-Systems die Identifikation und Abbildung der Unternehmensprozesse sein. Diese werden dann unterteilt in die sog. Führungs-, Kern – und Unterstützungsprozesse (▶ Kap. 6.2). Kernprozesse werden dabei gerne auch als die wertschöpfenden Prozesse bezeichnet.

Darüber hinaus muss ein Krankenhaus bzw. ein Bereich, der sich für eine ISO-Zertifizierung entscheidet, ein QM-Handbuch erstellen und fortführen, das die folgenden Inhalte enthält:
- Anwendungsbereich des QM-Systems mit Einzelheiten und ggf. Ausschlüssen
- Für das QM-System erstellte dokumentierte Verfahren oder Verweise
- Beschreibung der Wechselwirkungen der Prozesse des QM-Systems; dies kann durch die Erstellung einer Prozesslandkarte erfolgen

Ein Krankenhaus bzw. eine Gesundheitseinrichtung, die eine Zertifizierung anstrebt, muss nachweisen, dass die beschriebenen Prozesse in der Lage sind, die geplanten Ergebnisse zu erreichen. Werden die geplanten Ergebnisse nicht erreicht, müssen, soweit angemessen, Korrekturen und Korrekturmaßnahmen ergriffen werden, um Qualitätsstandard sicherzustellen. Dieses wird nach der Normforderung durch Audits, Visitationen etc. erreicht.

Ein prozessorientierter Ansatz im Krankenhaus kann immer nur interdisziplinär, d. h. unter Einbezug aller Berufsgruppen, erfolgreich realisiert werden, da sonst entscheidende Anteile der Prozesse vernachlässigt würden.

> **Prozesse und Prozesslandschaft sind ein wichtiger Teil des QM-Handbuchs.**

Prozesse werden in der DIN EN ISO 9000:2005 als ein Satz von in Wechselbeziehung oder Wechselwirkung stehenden Tätigkeiten definiert, der Eingaben in Ergebnisse umwandelt. Prozesse sind ein entscheidender Baustein jeder Organisation und jedes QM-Systems. Auch die DIN EN ISO 9001:2008 vertritt einen prozessorientierten Ansatz. Das Krankenhaus muss die für das QM-System erforderlichen Prozesse und ihre Anwendung in der gesamten Organisation erkennen, die Abfolge und Wechselwirkung der Prozesse sowie Kriterien und Methoden festlegen, um die Lenkung/Durchführung der Prozesse zu gewährleisten, Mitarbeiterressourcen und Informationsflüsse garantieren, die für die Prozesse benötigt werden, die identifizierten und verschrifteten Prozesse überwachen, messen und analysieren, sowie Maßnahmen treffen, um die geplanten Ergebnisse und eine ständige Verbesserung der Prozesse zu realisieren. Die verschrifteten Prozesse müssen in ihrer Dokumentation gelenkt werden. Die Prozesse und die Prozesslandschaft sind ein wichtiger Teil des QM-Handbuchs. Die Prozesse einer Organisation unterliegen dem PDCA-Zyklus (plan, do, check, act). Eine regelmäßige Überprüfung ist notwendig, um eine kontinuierliche Verbesserung sicherzustellen.

Entwicklung einer Prozesslandschaft

6.1   Welche Prozesse sind vorhanden?
       Erfassung des Ist-Zustandes – 94

6.2   Was sind Führungs-, Kern- und Unterstützungsprozesse? – 95

6.3   Wie gewichte ich meine Prozesse? Wertschöpfungsanalyse – 96

6.4   Wie erfasse und dokumentiere ich meine Prozesse? – 98

6.5   Wer hat welche Rolle im Prozessmanagement? – 106

6.1   Welche Prozesse sind vorhanden? Erfassung des Ist-Zustandes

Generell besteht jedes Krankenhaus aus einer Vielzahl von Prozessen, von denen die meisten nicht verschriftet sind und auch nicht von allen Mitarbeitern in gleicher, verbindlicher Weise gehandhabt werden. Neue Ansätze verlangen nach einer eigenen Sprache. Für das Verständnis des Prozessdenkens und das gemeinsame Kommunizieren darüber, sind deshalb einige Definitionen wichtig. Ein Prozess ist eine Folge von zwangsläufig aufeinander aufbauenden Tätigkeiten (Unterprozesse), die Eingaben (»inputs«) in Ergebnisse (»outputs«) umwandeln.

Die DIN ISO 9000:2005 definiert den Begriff Prozess als:

» Satz von in Wechselbeziehung oder Wechselwirkung stehenden Tätigkeiten, der Eingaben in Ergebnisse umwandelt «

Aus Strukturen entstehen durch Prozesse Ergebnisse. Mehrere Mitarbeiter bzw. Abteilungen arbeiten zusammen, um das gewünschte Ergebnis zu erreichen.

Ein Prozess setzt sich im Regelfall aus mehreren Unterprozessen zusammen. Der Input eines Prozesses sind Informationen, Daten, Dienstleistungen, Produkte u. Ä., die für die Tätigkeit erforderlich sind. Der Output einer Tätigkeit sind Informationen, Daten, Dienstleistungen, Produkte u. Ä., die entweder im gleichen und/oder anderen Prozess weiterverarbeitet werden.

🛇 Mit einer Gesamtübersicht, dem sog. Prozessmodell, wird der Gesamtumfang der ablaufenden Unternehmensprozesse abgebildet. Es ist daher von entscheidender Bedeutung, sich nicht im Detail zu verlieren, sondern das Ziel – nämlich die Beschreibung der relevanten Prozesse – im Auge zu behalten.

Als erste Vereinfachung und Klassifizierung unterteilt das Qualitätsmanagement die Prozesse in 3 Prozesskategorien, nämlich Führungsprozesse, Kernprozesse und Unterstützungsprozesse. Diese

Kategorien werden in ► Kap. 6.2 näher erläutert. Sie bilden das Gerüst für das sog. Prozessmodell, in dem graphisch alle identifizierten Prozesse abgebildet sind, die dann verschriftet werden müssen.

Prinzipiell ist die Prozessidentifikation an sich nicht schwierig, da diese Prozesse ja in der täglichen Praxis täglich seit Jahren vollzogen werden. Zu Beginn eines QM-Projektes sollten zunächst alle relevanten Prozesse aufgelistet werden. Diese sind dann den unterschiedlichen Kategorien und ggf. auch Unterkategorien zuzuordnen. Hierauf empfiehlt es sich, Teams zu bilden, die die einzelnen Prozesse verschriften.

Zu beachten ist, dass diese Prozesse in Wechselbeziehung und Wechselwirkung stehen und dies vom Krankenhaus bei der Prozessgestaltung erkannt werden muss. Fällt z. B. ein wichtiges Gerät oder die gesamte EDV aus, so hat dies eine enorme Wirkung auf den Teilkernprozess der Diagnostik. Auch die Durchführung von Mitarbeitergesprächen oder Fort- und Weiterbildungen kann beispielsweise einen starken Einfluss auf die Personaleinsatzplanung haben.

Krankenhäuser, die sich mit dem Wunsch nach einer Zertifizierung auseinandersetzen, sollten von Beginn an ihr Managementsystem nach Unternehmensprozessen aufbauen, diese logisch verschriften und miteinander verketten und vernetzen.

Das erarbeitete Prozessmodell in Kombination mit dem ausgewählten Prüfmodell wie etwa der DIN EN ISO 9001:2008 bietet die Struktur für das QM-Handbuch und ist das Raster für die Gliederung.

Besonders hilfreich und wertvoll sind für die Erstellung von Prozessen bereits vorhandene Standards, Leitlinien, Richtlinien oder etwa vorhandene GCP, GLP oder GMP. Diese werten einzelne Prozessschritte oder Prozessabfolgen nicht nur qualitativ auf, sondern verhindern auch, dass der Detaillierungsgrad des Prozesses zu umfangreich wird.

Ein Prozess ist eine Folge von zwangsläufig aufeinander aufbauenden Tätigkeiten (Unterprozesse), die Eingaben (»inputs«) in Ergebnisse (»outputs«) umwandeln. Zu Beginn eines QM-Projektes sollten zunächst alle relevanten

▼

Prozesse aufgelistet und den unterschiedlichen Kategorien und ggf. auch Unterkategorien zugeordnet werden. Hierauf empfiehlt es sich, Prozessteams zu bilden. Die einzelnen Prozesse stehen untereinander in Wechselbeziehungen und Wechselwirkungen, die erkannt und berücksichtigt werden müssen. Bei der Verschriftung der Prozesse sollte man sich nicht zu sehr im Detail verlieren.

6.2 Was sind Führungs-, Kern- und Unterstützungsprozesse?

In einer Prozesslandschaft werden üblicherweise drei Arten von Prozessen unterschieden:
- Führungs- oder Managementprozesse
- Kernprozesse
- Unterstützende Prozesse bzw. Supportprozesse

Diese Unterscheidung beruht auf den unterschiedlichen Beiträgen der einzelnen Prozesskategorien zum Funktionieren einer Organisation. Aufgrund der Herkunft der Prozessanalyse aus der Wirtschaftswelt sind die genutzten Bezeichnungen zumeist aus der ökonomischen Begriffswelt entlehnt, in der zunehmend englische Bezeichnungen einfach übernommen und nicht mehr übersetzt werden.

Führungs- oder Managementprozesse dienen dazu, eine Organisation oder ein System zu steuern und unter Kontrolle zu halten. Typische Beispiele sind der Strategie- und der Planungsprozess, wobei ersterer die Definition der strategischen Ziele einer Organisation beschreibt und letzterer die Umsetzung dieser strategischen Vorgaben in konkrete (Geschäfts-) Ziele für die einzelnen Einheiten einer Organisation umfasst.

Für die Erstellung einer Prozesslandkarte im Krankenhaus eignet sich beispielsweise die weitere Untergliederung der Führungsprozesse in:
- Strategieentwicklung
- Personalentwicklung
- Marketing
- Innovation

Unter Strategieentwicklung fallen die eingangs erwähnten strategischen und Planungsprozesse. Hierzu zählen auch die Planung einer Strategieklausur und die Durchführung eines Management Reviews, wie er ja auch in der ISO-Norm vorgeschrieben ist (▶ Kap. 5.2).

Bei der Personalentwicklung geht es um die Mitarbeiterkarrieren. Letztlich zählt hierzu der gesamte Zyklus der Personalentwicklung, von der Anwerbung, Bewerberauswahl, Einstellung, Einarbeitung, Mitarbeitergesprächen, Fort-, Aus- und Weiterbildung bis hin zu direktiven Maßnahmen und der Kündigung, Berentung oder Ausstellung von Mitarbeitern.

In den Kategorien Innovation und Marketing geht es um die Etablierung neuer Methoden und um die Vermarktung der eigenen Potentiale.

Kernprozesse beschreiben die Abläufe, in denen die größte Wertschöpfung in einem Unternehmen erbracht wird. In fast jeder Organisation zählt der Herstellungsprozess zu dieser Kategorie. Allerdings variiert dies von Unternehmen zu Unternehmen, insbesondere auch zwischen profit- und nichtprofitorientierten Unternehmen. So können Prozesse, die zum absoluten Kern des einen Unternehmens zählen, in einer anderen Organisation nur Stützprozesse oder gar nur verkümmert ausgeprägt sein. Ein Beispiel ist der Kundenbindungs- oder neudeutsch CRM (Customer Relationship Management)-Prozess. Er beschreibt von der Erschließung der Kunden, über die Anbahnung und den Abschluss eines Geschäfts bis hin zur anschließenden Betreuung alle Aktivitäten, die dazu dienen, einen Kunden zufrieden zu stellen und im Sinne des Unternehmens »auszuschöpfen«. Für alle Unternehmen, die in einem umkämpften Wettbewerbsumfeld aktiv sind, ist dieser Prozess absolut zentral, da er über den Erfolg und den Fortbestand des Unternehmens unmittelbar entscheidet. In einem monopolistischen, nachfrageorientierten oder nichtprofitorientierten Umfeld spielt dieser Prozess dagegen häufig eine völlig untergeordnete Rolle, da er nicht über den Erfolg einer Organisation entscheidet. Ein anderes Beispiel wären IT-Prozesse, die für ein Internetunternehmen existentiell, für eine Bäckerei oder einen Optiker dagegen nur unterstützend wirken.

Bezogen auf das Krankenhaus sind typische Kernprozesse die Prozesse, die die Behandlung des Patienten direkt abbilden. Hierzu zählen beispielsweise die Aufnahme, die Aufklärung, die Diagnostik, die Behandlung, die Entlassung und auch die Nachsorge des Patienten. Hier bietet es sich an, die Teilprozesse Aufnahme und Entlassung zuerst zu regeln, bevor mit der Beschreibung von DRG bezogenen Prozessen begonnen werden kann. An akademischen Zentren sind hier aber auch die Prozesse der Lehre und der Forschung mit abzubilden.

> **Kernprozesse sind die Prozesse, in denen die Wertschöpfung einer Organisation stattfindet. Im Krankenhaus sind das typischerweise die direkt patientenbezogenen Prozesse.**

Unterstützende Prozesse sind diejenigen Abläufe, die das Funktionieren eines Systems befördern und effizienter gestalten. Sie sind ebenfalls notwendig für den Erfolg einer Organisation, allerdings wirken sie in einer mittelbaren Form. Ihr kurzfristiger Ausfall führt zu Unannehmlichkeiten, aber nicht zu einem Zusammenbruch.

Typische Beispiele für das Krankenhaus sind Prozesse die unter folgende Kategorien fallen:

- Abrechung, Controlling, Statistik
- Personalplanung und Dienstplangestaltung
- EDV, Datenpflege, Krankenhausinformationssystem
- Interne Kommunikation und Datenschutz
- Beschaffung
- Medizingeräte
- Öffentlichkeitsarbeit
- Archivierung von Patientenakten
- Arbeitsschutz
- Qualitätsmanagement

Je nach Art des Krankenhauses bzw. der Gesundheitseinrichtung können diese Prozesse selbstverständlich variieren. Auch die unterstützenden Prozesse verdienen ein besonderes Augenmerk, da sie nicht zu unterschätzende finanzielle Ressourcen verbrauchen und ebenso in Wechselbeziehung und Wechselwirkung zu den Kern- und Führungsprozessen stehen.

> **Unterstützende Prozesse lassen eine Organisation reibungsloser funktionieren, tragen aber nicht direkt, sondern nur mittelbar zur Wertschöpfung bei.**

In einer Prozesslandkarte werden die Prozesse einer Organisation typischerweise eingeteilt in Führungsprozesse, Kernprozesse und unterstützende Prozesse. Diese Prozesskategorien haben in der Regel mehrere Unterkategorien. Führungsprozesse dienen dazu, eine Organisation oder ein System zu steuern und unter Kontrolle zu halten. Typische Beispiele sind Prozesse der Strategieentwicklung, der Personalentwicklung, des Marketings und der Innovation. Kernprozesse sind die Prozesse, in denen die Wertschöpfung einer Organisation stattfindet. Im Krankenhaus sind das direkt patientenbezogene Prozesse. In akademischen Zentren sollten zudem die Prozesse der Forschung und der Lehre berücksichtigt werden. Unterstützende Prozesse tragen nicht direkt, sondern nur mittelbar zur Wertschöpfung bei, lassen eine Organisation aber insgesamt reibungsloser funktionieren.

6.3   Wie gewichte ich meine Prozesse? Wertschöpfungsanalyse

Bei der Reorganisation oder Neuausrichtung einer Organisation ebenso wie bei ihrer qualitätsorientierten Umgestaltung ist es von enormer Bedeutung, die erfolgskritischen Abläufe oder Kernprozesse zu ermitteln. In der komplexen Organisation eines Unternehmens oder einer Klinik ist es mitunter schwierig, diese Prozesse auf den ersten Blick zu identifizieren.

> **Zu Beginn der Einführung eines QM-Systems sollten die Prozesse identifiziert werden, die erfolgskritisch sind. Ihr Funktionieren ist unerlässlich und muss mit allen verfügbaren Mitteln sichergestellt werden,**

6.3 · Wie gewichte ich meine Prozesse? Wertschöpfungsanalyse

97

6

da die Existenz der Organisation oder im medizinischen Kontext die Gesundheit des Patienten auf dem Spiel stehen.

Ein populäres Hilfsmittel stellt die Wertschöpfungsanalyse dar, die Michael Porter Mitte der 1980er Jahre als »value chain analysis« entwickelt hat. Unter Wertschöpfungskette ist dabei eine Aneinanderreihung von Aktivitäten oder Prozessen zu verstehen, in denen beispielsweise ein Produkt von Schritt zu Schritt durch Veredelung an Wert gewinnt. Am einfachsten zu verstehen ist dies sicher anhand der Produktherstellung, in der aus einem Rohstoff durch Bearbeitung, Zusammenbau und schließlich Lackieren und Präsentation z. B. ein wertvolles Möbel oder ein Werkzeug entsteht. Jeder Produktionsschritt fügt dabei auf dem Weg zum Endprodukt einen bestimmten Wertanteil hinzu. Die Wertschöpfungsanalyse befasst sich mit der genauen Ermittlung dieser Wertanteile mit dem Ziel, die Produktionsabläufe zu optimieren und zumeist effizienter zu gestalten.

Im Dienstleistungsbereich oder im Gesundheitswesen lässt sich diese Methode ebenfalls anwenden. Allerdings ist die Bestimmung, an welchen Stellen die eigentliche Wertschöpfung stattfindet, häufig weniger offensichtlich. Ob im Heilungsprozess das Gespräch mit dem Arzt, die fürsorgliche Betreuung durch das Pflegepersonal oder die Verabreichung eines Medikaments den größten Beitrag leistet, mag mitunter gar nicht abschließend festzustellen sein. Annäherungsweise kann durch geschultes und erfahrenes Personal aber oft ermittelt werden, an welchen Stellen der Hauptanteil erbracht wird. Auf dieser Basis lassen sich dann personelle und materielle Ressourcen optimal zuweisen, um eine höchstmögliche Qualität bei möglichst geringem Aufwand zu erreichen.

> **Auch im Gesundheitswesen lassen sich Wertschöpfungsanalysen durchführen, obwohl die Zuordnung der Wertanteile oft nicht so kategorisch sein kann, wie bei einfacheren Produktionsprozessen.**

In vielen Unternehmen lassen sich die Wertschöpfungsstufen mit folgenden Begriffen zumindest annähernd erfassen:

- Forschung und Entwicklung
- Design von Produkten, Dienstleistungen oder Prozessen
- Herstellung bzw. Erbringung von Dienstleistungen
- Marketing und Vertrieb
- Verteilung
- Kundenservice

Im Gesundheitswesen sehen die Wertschöpfungsstufen natürlich deutlich anders aus oder verwenden zumindest andere Begrifflichkeiten. In einem akademischen Zentrum bzw. Universitätsklinikum wären beispielsweise folgende Schritte denkbar:
- Forschung und Entwicklung von neuen Diagnose- und Behandlungsverfahren
- Design von Therapien und Behandlungsabläufen
- Diagnose und Behandlung des Patienten
- Publikation von neuen Therapien und Behandlungserfolgen in Fachzeitschriften und auf Kongressen
- Öffentlichkeitsarbeit des Krankenhauses
- Nachsorge des Patienten

Eine Wertschöpfungsanalyse (Value Chain Analysis) ermittelt die Wertanteile, die jeder Prozess zum Endprodukt hinzufügt – sie wichtet also die einzelnen Prozesse bzw. Prozessschritte hinsichtlich ihrer Wertigkeit für das Endprodukt. Wertschöpfungsanalysen können in modifizierter Form auch im Gesundheitswesen durchgeführt werden, wenn auch meist nicht so kategorisch wie in einfacheren Produktionsprozessen.

Zu Beginn der Einführung eines QM-Systems sollten immer die Prozesse identifiziert werden, die erfolgskritisch sind und deren Funktionieren mit allen Mitteln sichergestellt werden muss. Hierauf fußt auch die Priorisierung von Prozessen.

6.4   Wie erfasse und dokumentiere ich meine Prozesse?

Prozesse sind eine Abfolge unternehmerischer Abläufe, die zu einem vorbestimmten Zweck geschaffen wurden (▶ Kap. 5.4). Sie finden wiederholt in gleicher oder ähnlicher Form statt und können über mehrere Organisationseinheiten verteilt sein.

Prozesse können einen oder mehrere Kunden haben. Häufig sind sie in vielfältiger Weise mit dem Kunden und im Unternehmen vernetzt. Sie führen – evtl. auch indirekt – zu wertschöpfenden Veränderungen, sind beeinflussbar und gestaltbar. Hierbei hat das Prozessmanagement zum Ziel, Prozesse so zu gestalten, zu lenken und mit Kennzahlen zu versehen, dass deren Ergebnisse zu einem messbaren Nutzen führen.

> **Prozesse sind notwendig, um den Unternehmensauftrag zu erfüllen. Im Gesundheitsbereich wären das beispielsweise die Krankenversorgung sowie Vor- und Nachsorge, aber ggf. auch Lehre und Forschung.**

Ein Krankenhaus bzw. eine Abteilung innerhalb eines Krankenhauses oder einer Gesundheitseinrichtung besteht aus einer Vielzahl von Prozessen. Um ein Krankenhaus bzw. eine einzelne Abteilung als Prozessmodell darstellen zu können, müssen zunächst die dort ablaufenden Prozesse erkannt werden. Bei der Entwicklung eines Prozessmodells empfiehlt es sich, wie folgt vorzugehen:

- Reduktion der Anzahl der Prozesse durch Darstellung zunächst nur der wesentlichen Prozesse
- Abbildung der Prozesse hinsichtlich der Erfolgsfaktoren; dies bedeutet, dass zunächst diejenigen Prozesse abgebildet werden, die für den Unternehmenserfolg am wichtigsten sind (▶ Kap. 5.4). Dies sind beispielsweise die Prozesse, die für die Abrechung nach DRG besonders relevant sind oder in denen ein Krankenhaus einen Expertenstatus hat.
- Aufschlüsselung der übergeordneten Behandlungsprozesse; dies ist beispielsweise der Behandlungsprozess der Aufnahme – dieser übergeordnete Behandlungsprozess wird dann weiter unterteilt, beispielsweise in Notaufnahme, elektive stationäre Aufnahme etc.
- Darstellung von weiteren Behandlungsprozessen in z. B. Röntgen, Labor, OP, Intensivstation etc.

Grundsätzlich ist die Prozessdokumentation eine Forderung der DIN EN ISO 9001:2008. Zudem sind die Prozesse das Kernstück eines jeden QM-Systems. Sie unterliegen der sog. »Dokumentenlenkung«, auf die in den Folgekapiteln noch explizit eingegangen wird.

Die DIN EN ISO 9001:2008 beschreibt in ihren Ausführungen nicht, wie viele Prozesse zu verschriften sind. Sie definiert aber sog. Muss-Prozesse, die dokumentarisch und praktisch nachzuweisen sind. Die Dokumentation dieser Verfahren ist in der Norm gefordert und bezeichnet unter:

Kap. 4.2.3 Lenkung von Dokumenten
Kap. 4.2.4 Lenkung von Aufzeichnungen
Kap. 8.2.2 Internes Audit
Kap. 8.3   Lenkung fehlerhafter Produkte
Kap. 8.5.2 Korrekturmaßnahmen
Kap. 8.5.3 Vorbeugemaßnahmen

> **Die Identifikation und die Festlegung der Anzahl der zu verschriftenden Prozesse bleibt weitgehend dem Krankenhaus überlassen; die DIN EN ISO 9001:2008 sieht jedoch mehrere Muss-Prozesse vor.**

Nach der abgeschlossenen Identifikation aller relevanten Prozesse kann mit der Verschriftung dieser Verfahren begonnen werden. Hierbei ist von Anfang an zu beachten, dass die vom QM-System geforderten Dokumente gelenkt werden müssen. Ein dokumentiertes Verfahren zur Festlegung der erforderlichen Lenkungsmaßnahmen ist als Muss-Prozess »Dokumente lenken« einzuführen. Um ordnungsgemäß gelenkt zu sein, müssen die Dokumente:

- vor Ihrer Herausgabe genehmigt werden,
- regelmäßig bewertet und überprüft und bei Bedarf überarbeitet und neu genehmigt werden,
- bezüglich des Änderungs- und Überarbeitungsstatus gekennzeichnet sein,
- immer in der aktuellen Fassung an den Einsatzorten zur Verfügung stehen,

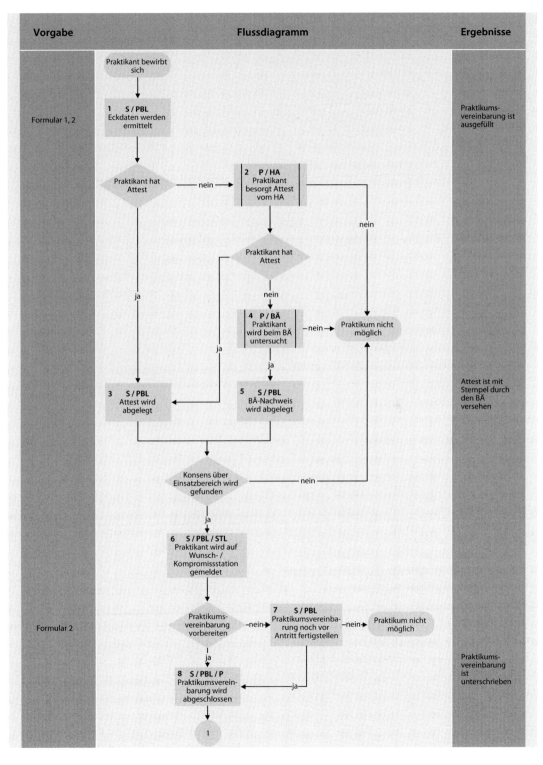

☐ **Abb. 6.1.** Darstellung eines Prozesses in Flowchartform (S: Station, PBL: Pflegebereichsleitung, P: Praktikant, HA: Hausarzt, BÄ: Betriebsärzte)

Nr.	Vorgabe	Verant-wortlich	Prozess-schritt	Ergebnis
1	Erfassungsfor-mular	Frau Mustermann	Eigentum erfassen	Eigentum sichergestellt und dokumentiert
2				
3				
4				
5				
6				
7				
8				
9				
10				

☐ **Abb. 6.2.** Darstellung eines Prozesses in tabellarischer Form

— wenn sie externer Herkunft sind entsprechend gekennzeichnet sein,

— hinsichtlich Ihrer Verteilung gelenkt sein.

❶ **Durch eine durchdachte Archivierung (z. B. Kennzeichnung als »Ungültig«) muss verhindert werden, dass veraltete Dokumente in den Umlauf gebracht werden.**

Bevor überhaupt mit der Verschriftung begonnen werden kann, muss zunächst ein Leerdokument, also ein Formular entwickelt werden. Die Prozesse sollten alle in diesem Formular erfasst werden, um so eine einheitliche Gestaltung zu gewährleisten. Um den Anforderungen an die Dokumentenlenkung zu genügen, muss dieses Formular eine Kopfzeile mit Firmenlogo, Abteilung und Nummerierung des Dokuments, sowie mit Ersteller, Prüfer und autorisierten Personen, die diesen Prozess in Kraft setzen dürfen, enthalten. Ebenso sind Revi-

sionsnummern, Seitenzahlen und das Datum aufzuführen, seit dem der Prozess Gültigkeit hat. Die Dokumentation kann dabei in jeder Art von Medium verwirklicht sein. Für eine unproblematische Umsetzung ist es hilfreich, sofort bei der Einführung des QM-Systems diese »Dokumentenvorlage« gemeinsam zu entwerfen und in elektronischer Form zur Verfügung zu stellen. In dieser Vorlage sollten im nächsten Arbeitsschritt alle Prozesse verschriftet werden. Das Formular sollte für alle Mitarbeiter zugänglich im digitalen Handbuch abrufbar sein.

❶ **Ohne frühzeitig erstellte Dokumentenvorlage und ohne umfassende Information der Mitarbeiter über die entsprechende Muss-Forderung ist später die Gefahr groß, dass ungelenkte Dokumente in Umlauf gebracht werden.**

	Arbeitsanweisung AW – Richtlinie Kontrakturenprophylaxe	

I. Allgemeines

Unter Kontraktur versteht man die Fehlstellung eines Gelenkes. Sie ist die Folge von Inaktivität von Gelenken, Bändern, Kapseln und Muskeln. Dies beinhaltet eine dauerhafte Verkürzung von Muskeln, Sehnen und Bändern mit der Folge einer bleibenden Gelenkversteifung.
Generell wird zwischen einer Beuge-, Streck- oder Abduktionskontraktur unterschieden.

Risikofaktoren:
- Bewusstseinsstörungen
- Mangelnde Beweglichkeit durch Erkrankungen des Nervensystems
- Nervenlähmungen
- Muskelerkrankungen
- Entzündliche Gelenkerkrankungen (z. B. Polyarthritis, Gicht)
- Degenerative Gelenkerkrankungen (z. B. Arthrosen)
- Verletzungen oder Verbrennungen in Gelenknähe (Schrumpfungstendenz von Narben)
- Schmerzhafte Hauterkrankungen im Gelenkbereich
- Lange Bettruhe
- Falsche oder unzureichende Lagerung
- Lange Ruhestellung (Gips -, Schienen- und Streckverbände)
- Sedierung und Relaxierung

II. Pflegeproblem

- Schmerzhafte Einschränkung der Beweglichkeit
- Versteifung der Gelenke
- Unkontrolliertes Zittern
- Atrophie der Muskulatur
- Der Patient hat ein spastisches Beugemuster

III. Pflegeziel

- Schmerzfreie Beweglichkeit der Gelenke, Bänder und Muskulatur ist erhalten
- Der Patient hat eine physiologische Körperhaltung
- Der Patient beherrscht feinmotorische Übungen
- Aufrechterhaltung der physiologischen Stellung
- Der Patient kann sich frei bewegen. Die Schmerzen sind gelindert
- Das spastische Muster ist gelöst
- Der Patient wird in der Wahrnehmung gefördert

Revision 0   Seite 2 von 4

Abb. 6.3. Darstellung eines Prozesses in Prosaform

Grundsätzlich können Prozesse auf drei Arten verschriftet werden:

- Flussdiagramme oder sog. Flowcharts unter Verwendung der Icons aus der ISO 66001 mit Begleittabellen (Abb. 6.1)

- Tabellarische schrittweise Auflistung mit nummerierten Prozessschritten (◘ Abb. 6.2)
- Prosaform mit Flusstext (◘ Abb. 6.3)

Unserer Erfahrung nach empfiehlt es sich, die Prozesse als Flussdiagramme zu erfassen, auch wenn dies zu Beginn mühsamer erscheint. Letztlich können so aber die einzelnen Prozessschritte von den Mitarbeitern besonders gut visuell erfasst werden, und prägen sich damit am besten ein. Zudem zwingt die Form des Flussdiagramms dazu, den Ablauf des Prozesses genau zu durchdenken und logische Fehler zeitig zu erkennen.

> ❗ **Eine Schulung ist wichtig, denn sind die Mitarbeiter nicht ausreichend mit der Erstellung von Prozessen vertraut, schleichen sich leicht systematische Fehler ein.**

Die Visualisierung der Prozesse setzt voraus, dass die Identifikation der wesentlichen Führungs-, Kern- und Unterstützungsprozesse abgeschlossen ist. Zudem müssen alle Schnittstellen identifiziert und die Gliederung der Prozesshierarchie erstellt worden sein.

Das Flussdiagramm oder die tabellarische Prozessbeschreibung gibt einen Überblick über den gesamten Ablauf eines Prozesses. Auf Einzelschritte wird ggf. gesondert eingegangen. Eine vollständige Prozessbeschreibung enthält jedoch weitere wichtige Elemente. Hier ist insbesondere die sog. Verantwortungsmatrix zu nennen. Diese Matrix gibt Hinweise auf die Ausführenden und auf die relevanten Informationsflüsse. Zudem klärt sie die Zuständigkeiten. Zusätzlich sollten aber in der Prozessbeschreibung mögliche Fehler, Kennzahlen sowie Korrektur- und Vorbeugemaßnahmen definiert sein.

Inhalte dieser Matrix sollten sein:

- Prozessidentifikation, also der Name des Prozesses
- Prozessauftrag und Prozessergebnisse, also Ziel des Prozesses (was soll mit dem Prozess erreicht werden?)
- Kunde, Kundennutzen, Ziele, Maßstäbe
- Eigennutzen, Ziele, Maßstäbe
- Forderungen aus Regelwerken, wie beispielsweise Gesetze, Leitlinien oder Verordnungen

- Risiken, also potentielle Probleme, die beim Prozess auftreten könnten; diese sollten gleich mit Handlungsempfehlungen versehen sein, wie potentielle Fehler vermieden werden können
- Regelungen, unverletzbare Festlegungen
- Verbesserungspotential
- Ggf. Kennzahlen des Prozesses
- Abkürzungsverzeichnis
- Mitgeltende Unterlagen, wie beispielsweise Checklisten, Formulare, Standards, Spezifikationen oder Literatur

Die Abbildungen (◘ Abb. 6.4 und 6.5) zeigen, wie eine solche Matrix, die die eigentliche Prozessbeschreibung umgibt, gestaltet werden kann. Dies kann entweder in einer einzelnen Tabelle oder auch flankierend um das Flussdiagramm angeordnet sein.

Der Prozessauftrag sollte zu Beginn einer Prozessbeschreibung immer eindeutig geklärt und beschrieben werden. Die Prozessergebnisse sollten entsprechend ihrer Bedeutung aufgelistet sein. Zudem sollten, soweit möglich, messbare Kriterien für die Prozessergebnisse angegeben werden, also Kennzahlen, anhand derer der Prozess bewertet werden kann.

Ein Beispiel für einen Prozessauftrag des Prozesses »Rechnungen erstellen« wäre, alle kundenbezogenen Ausgangsrechnungen zu erstellen und zu versenden. Das zugehörige Prozessergebnis sind geprüfte und freigegebene Rechnungen für Projektabschlüsse und Teilrechnungen, einschließlich der Reisekosten. Mögliche Kennzahlen hierfür wären die Anzahl der erstellten Rechungen pro Quartal sowie die mittlere Zeit zwischen Erbringen der Leistung und Rechnungsstellung.

Erzeugt ein Prozess Dokumente oder Informationen, so sollten diese benannt und angegeben werden. Auch diese Dokumente müssen ja gelenkt und ggf. archiviert werden. Es empfiehlt sich, den Umgang mit diesen vom Prozess erzeugten Dokumenten und Aufzeichnungen innerhalb der Prozessbeschreibung kurz tabellarisch festzulegen (◘ Abb. 6.5). Hier sollte auf den Ersteller sowie auf Archivierungsort und Archivierungsdauer eingegangen werden.

Titel:	Beschreibung des Prozesses PB 01.023		
Gültigkeitsbereich:	Arzt	Pflegekraft	Verwaltung
Gültig bis:	31.12.2007	Autor:	Andreas Mustermann
Ziel des Prozesses:			
Voraussetzungen:			
Prozesskategorie:			
Teilprozess			
Vorgängerprozess (interne Lieferanten)			
Folgeprozess (interne Kunden)			
Sonstige Schnittstellen			
Messwerte: (Kennzahlen, Sollwerte, Messintervalle)			
Prozessverantwortl.			
Freigabe			

◘ **Abb. 6.4.** Umsetzung einer Prozessübersicht (Beispiel)

Jeder Prozess sollte eine eindeutige Bezeichnung bekommen, die prägnant in einem Kurztitel seine hauptsächliche Aufgabe beschreibt. Zudem sollte jeder Prozess mit einer eindeutigen Kennung identifiziert werden. Diese kann aus Ziffern oder/ und Buchstaben bestehen. Die Prozesskennung soll über den allgemeinen Prozessschlüssel auf der Basis des Prozessmodells eine eindeutige Zuordnung ermöglichen.

❯ **Jeder Prozess sollte eindeutig bezeichnet werden, um auch eindeutig zugeordnet werden zu können. Hier empfiehlt es sich, die Struktur des Handbuchs in der Nummerierung zu reflektieren und zudem ein Kürzel einzufügen, das die eindeutige Identifizierung des Dokumentes als Prozessbeschreibung ermöglicht.**

Sind alle relevanten Prozessbeschreibungen erstellt, so ergibt die Summe der Flussdiagramme eine visualisierte Darstellung des kompletten Prozesssystems. Es ist dabei besonders darauf zu achten, dass die Übergänge lückenlos sind.

❗ **Wird bei der Erstellung von Prozessbeschreibungen nicht auf die Vorgänger- und Folgeprozesse geachtet, kommt es leicht zu logischen Brüchen in der Prozesslandschaft.**

Wie eingangs erwähnt, eignen sich Flussdiagramme besonders gut für eine Prozessdarstellung, da sie rasch visuell erfasst werden können. Auch eine Kombination aus Flussdiagramm und erläuternder Tabelle ist möglich (◘ Abb. 6.6). Hierbei helfen Strukturelemente, den Prozess im Flussdiagramm darzustellen. Diese Strukturelemente haben einen hohen Informations- und Wiedererkennungsgehalt. In ◘ Abb. 6.7 sind die gängigen Strukturelemente gemäß DIN 66001 abgebildet, die für die Erstellung von Flussdiagrammen relevant sind.

Jeder Prozess wird durch einen Auslöser gestartet. Dieser Auslöser wird im Flussdiagramm mit einem Rechteck mit abgerundeten Ecken dargestellt. Der Auslöser eines Prozesses kann z. B. eine Anfrage, eine Diagnose oder ein Untersuchungsauftrag sein. Jeder Prozess schließt nach der vollendeten Prozessleistung mit einem Endzustand ab. Dieser wird mit dem gleichen Symbol dargestellt

Hinweise				
Mögliche Fehler:	Lenkung der Aufzeichnungen			
Auswirkungen:	Ersteller			
Maßnahmen:	Archivierung			
Weitere Erläuterungen/Vorgehen bei außergewöhnlichen Situationen:	Archivierung			
	Archivierungsort			
	Mindestarchivie-rungsdauer			

Abb. 6.5. Umsetzung von Prozesshinweisen (Beispiel)

wie der Auslöser. Der Abschluss eines Prozesses kann z. B. die Entlassung eines Patienten oder die Erstellung eines Befundes sein.

Jeder Prozess muss einen Auslöser und einen Abschluss haben.

Auslöser und Abschluss müssen für jeden Prozess eindeutig festgelegt sein. Alle Symbole werden durchnummeriert. Ausnahme hierfür sind lediglich der Prozessauslöser, das Prozessende und die Check-Elemente, also die Entscheidungsrauten. Diese tragen keine Ziffern.

Das Kreissymbol wird beim Übergang auf eine weitere Seite verwendet und entweder mit Buchstaben oder arabischen Zahlen gekennzeichnet. Die Kreissymbole am Seitenunterrand der Vorgängerseite und am Seitenoberrand der Folgeseite tragen jeweils die gleichen Ziffern oder Buchstaben.

Für Schnittstellen oder sog. »Prozesse im Prozess« wird das Rechteck mit den 2 zusätzlichen senkrechten Strichen angewandt. Ein Prozess im Prozess ist ein Prozessschritt, der einen ganzen eigenständigen Prozess umfasst. Ein Beispiel hierfür wäre »Durchführung der Röntgendiagnostik« im Rahmen des Prozesses »Notaufnahme eines Patienten«.

Das Rautensymbol steht für einen Entscheidungsvorgang, der mit ja oder nein beantwortet werden kann – es wird auch als Check-Element bezeichnet. In der Regel verzweigt die »Nein«-Alternative nach rechts und die »Ja«-Alternative nach unten. Dies ist allerdings nicht zwingend der Fall. Generell sollte die häufigste Flussrichtung – also die aller Wahrscheinlichkeit nach am häufigsten gewählte Alternative – in Flussrichtung nach untern weisen. Mehr als zwei Alternativen sind unüblich.

Es sollte vermieden werden, zwei Rautensymbole direkt untereinander zu platzieren. Hierdurch kommt es gehäuft zu Fehlern. Zwischen zwei Checks sollte ein Tätigkeitssymbol liegen. Das stellt sicher, dass die Checkfrage abgearbeitet wurde.

Der Text eines Entscheidungsvorgangs wird als Ja- oder Nein-Frage formuliert und in die Raute platziert. Ein Beispiel hierfür wäre »Patienteneinwilligung vorhanden?« Ja/nein.

Prozessschritte werden immer mit Substantiv und Verb im Infinitiv formuliert. Richtig: »Patient lagern«; falsch: »Patient wird gelagert«. Die Prozessschritte werden durchgängig nummeriert.

Jeder Prozess hat mindestens einen Kunden. Dies können externe oder interne Kunden sein. Die Ziele des Prozesses werden aus dem Nutzen, den der Empfänger der Prozessleistung, also der Kunde, hat, abgeleitet. Die Prozessziele sollten durch Kennzahlen oder geeignete Maßstäbe messbar sein.

Dokumente sind wichtige Bestandteile von Prozessen. Sie werden in der Regel in die linke und

VORGABE	FLUSSDIAGRAMM		ERGEBNIS	ERLÄUTERUNGEN
CL 1.1 doc	**1**			**1** Der diensthabende Arzt untersucht den Patienten
Kennzahl?	**2**		Vermerk im Anordnungsbogen	**2** Der diensthabende Arzt verordnet Medikation und dokumentiert in der Kurve
		3		**3** Ist keine weiterführende Diagnostik nötig, dann…
PB Dia 04.doc	**4**		Diagnostikplan	**4** Zur weiterführenden Diagnostik wird der Patient…

◻ **Abb. 6.6.** Flowchart mit Begleittabelle (Beispiel)

in die rechte Spalte neben dem Flussdiagramm eingetragen. In der linken Spalte stehen die sog. Vorgabedokumente bzw. Formulare. Sie fließen in den Prozess hinein, stellen also einen Input dar. In der rechten Spalte stehen hingegen Nachweisdokumente bzw. Aufzeichnungen. Diese sind als Resultate der Prozessschritte zu verstehen und stellen daher einen Output dar. Generell können Dokumente in Papierform oder in elektronischer Form vorliegen. Sind mehrere gleichartige Dokumente Vorgabe oder Ergebnis eines Prozessschritts, wird das Symbol für mehrere Dokumente verwendet. Der Dokumentenname wird in das Symbol geschrieben.

Sofern konkrete Forderungen aus internen oder externen Regelwerken bestehen, müssen diese in der Prozessbeschreibung aufgeführt werden. Hierbei muss eine Bezugsquelle angegeben werden. ◻ Abb. 6.8 zeigt Beispiele für Vorgaben und Ergebnisse eines Prozesses.

Schnittstellen werden durch Aufzeichnungen gesichert, d. h. jeder Prozess sollte mit einer Aufzeichnung als Vorgabedokument beginnen. Jeder Prozess sollte als Ergebnis auch eine Aufzeichnung generieren.

❶ **Ohne Risiko keine Chance! Die Prozessbenutzer müssen im Rahmen einer Prozessbeschreibung auf potentielle Risiken hingewiesen werden. Nur dann kann der Benutzer entsprechende eigene Präventiv- oder Korrekturmaßnahmen ergreifen.**

Prozesskennzahlen sind wichtig, um das Funktionieren eines Prozesses – oder auch seine Probleme – nachweisen zu können. Mit Prozesskennzahlen lassen sich auch wichtige kontinuierliche Verbesserungsmaßnahmen einleiten und überprüfen.

Beispiele für wichtige Prozesskennzahlen sind:

- Kundenzufriedenheitsindex
- Zahl und Art der Reklamationen
- Zahl und Art der Rückfragen
- Versagensfälle, Ausfälle, Unglücke
- Ist-/Plankosten
- Materialaufwand
- Lagerbestände, Lagerumschlag
- Reaktionsgeschwindigkeit
- Mengengerüst
- Fehlerraten
- Durchlaufzeiten
- Prozesskosten
- Mitarbeiterzufriedenheitsindex
- Abwesenheitsindex

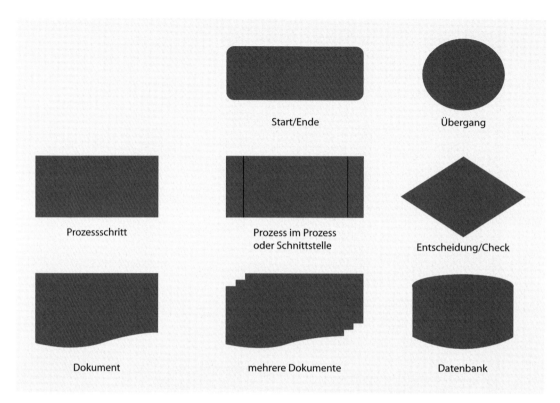

Abb. 6.7. Symbolerklärung für Flussdiagramme

— Mentale Faktoren: Stress/Monotonie
— Physische Faktoren: Belastung

Prozesse sollen so abgebildet und gestaltet werden, dass sie zu einem messbaren Nutzen führen. Bei der Entwicklung eines Prozessmodells sollten zunächst die wesentlichsten Prozesse dargestellt werden. Sogenannte Muss-Prozesse nach der DIN EN ISO 9001:2008 sind die Lenkung von Dokumenten und Aufzeichnungen, die Durchführung interner Audits, die Lenkung fehlerhafter Produkte sowie die Durchführung von Korrektur- und Vorbeugemaßnahmen.

Für die Verschriftung von Prozessen gibt es drei Darstellungsmöglichkeiten: Flowchart, Tabelle oder Prosatext. Wir empfehlen die Flowchartform, sie kann auch durch Tabellen ergänzt werden.

▼

Jeder Prozess muss eine eindeutige Bezeichnung haben und in ein Nummernsystem aufgenommen sein. Zusätzlich müssen eine Prozessübersicht und Prozesshinweise im Dokument enthalten sein, die Zuständigkeiten, Vorgänger- und Nachfolgeprozesse sowie Fehler, Kennzahlen und Korrektur- und Vorbeugemaßnahmen enthalten. Die Flussdiagramme enthalten den sachlogischen Ablauf eines Prozesses mit Haltepunkten, Prüfabläufen oder Schnittstellen. Zur Dokumentation werden spezielle Symbole verwendet.

6.5 Wer hat welche Rolle im Prozessmanagement?

Ein konsequentes Prozessmanagement bedeutet immer auch, die Aufbauorganisation eines Kran-

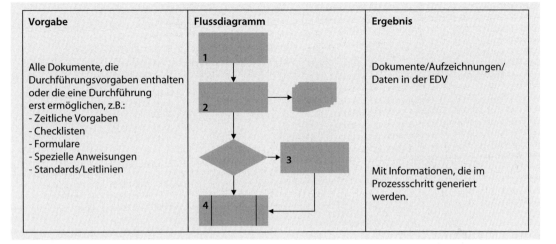

Abb. 6.8. Vorgaben und Ergebnisse eines Prozesses (Beispiele)

kenhauses, also die funktionale Struktur der Bereiche oder Abteilungen, in Frage zu stellen. Diese werden für die Prozesserstellung und das Prozessmanagement durch übergreifende und interdisziplinäre Prozessteams ersetzt. Der Auftrag der Prozessteams ist das konzentrierte und beschleunigte Verschriften, Verbessern und Realisieren wertschöpfender Ablaufketten.

Die Prozessteams sind in ihrer Zusammensetzung nicht konstant. Je nach Auftrag wechseln die Teammitglieder von Team zu Team und sind oft in mehreren Teams gleichzeitig tätig. Damit entstehen völlig neue Perspektiven und Anforderungen für die Mitarbeiter. Nur im Prozessteam kann sichergestellt werden, dass der Prozess alle wichtigen Punkte enthält, unwichtige Dinge weggelassen werden, die Festlegungen der täglichen Praxis entsprechen, die Beschreibung eine hohe Akzeptanz findet und die Impulse direkt aus der Praxis kommen.

Für jeden Kern-, Führungs- und Unterstützungsprozess wird ein Prozessteam mit einer bestimmten Rollenverteilung gebildet. Durch strukturübergreifendes Zusammenfassen in ablauf- und wertschöpfungslogische Prozessketten entsteht eine Folge von Unternehmensprozessen, die von den Prozessteams betreut werden (**Abb. 6.9**).

Im Rahmen des Prozessmanagements werden die wichtigen Prozesse des Krankenhauses immer wieder ziel- und ergebnisorientiert gestaltet, verbessert oder erneuert. Ein effektives Prozessma-

nagement ermöglicht es, Kompetenzen, Verantwortungen und Aufgaben im Krankenhaus so zu ordnen, dass Kundenorientierung, Eigenverantwortung, Teamarbeit und Beteiligung aller Mitarbeiter in hohem Maße erreicht werden können. Hierzu sind folgende Voraussetzungen nötig:

- Bildung von strukturübergreifenden Prozessteams
- Aufzeichnung der bestehenden Prozesslandschaft
- Aufzeigen der Schnittstellen
- Aufzeigen des Material- und Informationsflusses
- Bildung von Prozessclustern
- Benennung von Führungs-, Kern- und Unterstützungsprozessen
- Bewerten der übergeordneten Prozesse
- Deklarieren und Dokumentation der Unternehmensprozesse
- Strukturübergreifendes Umsetzen der Unternehmensprozesse

Bevor mit der Prozessaufnahme begonnen werden kann, müssen Zuständigkeiten und Verantwortlichkeiten für die einzelnen Prozesse klar bestimmt werden. Die Aufgabe der beteiligten Personen ist hierbei, die Anforderungen an den internen Kunden zu übermitteln, Doppelarbeiten zu vermeiden, bevorstehende Veränderungen des Umfelds zu erkennen und geeignete Maßnahmen einzuleiten,

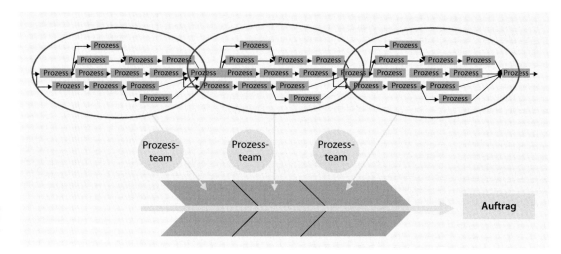

❏ **Abb. 6.9.** Aufteilung von Prozessketten bzw. Unternehmensprozessen auf Prozessteams

Verbesserungspotenziale zu ermitteln und umzusetzen, Schnittstellen mit internen Lieferanten abzustimmen und die Prozesse einmal jährlich zu auditieren und zu überprüfen.

Für ein erfolgreiches Prozessmanagement ist es notwendig, einen Prozesseigentümer zu benennen und das Netzwerk der Prozesse klar zu strukturieren. Liegt eine komplexe Unternehmensstruktur mit einer entsprechend umfassenden Prozesslandschaft vor, so muss an folgende Funktionen gedacht werden:

━ **Steuerungsteam**: Das Steuerungsteam stellt die Weichen in Richtung Prozessmanagement und setzt die übergeordneten Ziele fest. Dieses Team sorgt nicht nur für die Realisierung und Inkraftsetzung des Prozessmodells, aus dem die übergeordneten Ziele abgeleitet werden, sondern stellt auch die nötigen Ressourcen bereit.

━ **Prozesskoordinator**: Der Prozesskoordinator koordiniert die einzelnen Prozessteams und betreut und berät diese regelmäßig. Des Weiteren ist er zuständig für die Festlegung von Prioritäten, das Prozessmarketing und für die Klärung von Motivations- oder Kompetenzproblemen. Ebenso übernimmt er die Erfolgskontrolle, setzt die Prioritäten und ist für die Ergebniskontrolle der Prozessteams zuständig. Außerdem übernimmt der Prozesskoordinator die Sicherstellung der Weiterbildung und

Qualifikation der Mitarbeiter für deren Aufgaben in den Prozessteams und stimmt sich mit dem Steuerungsteam regelmäßig ab. Er ist Ansprechpartner für alle Belange, die den Betriebsrat betreffen, bzw. bei denen der Betriebsrat Mitbestimmungs- oder Beteilungsrecht hat.

━ **Prozessteams**: Die Prozessteams gestalten und entwickeln ihre Prozesse eigenständig, nach den vom QM-Beauftragten vorgegebenen Maßgaben. Ebenso tragen diese Teammitglieder die Verantwortung für die ständige Verbesserung und Weiterentwicklung der Prozesse.

Auch die einzelnen Prozessteams setzen sich wiederum in der Regel aus mehreren Personen zusammen, die unterschiedliche Funktionen haben. Mitglieder eines Prozessteams sind typischerweise:

━ Prozesseigentümer
━ Prozessbenutzer
━ Prozesskunde/n
━ Prozessexperte/n
━ Prozessmoderator/en

Gemäß dem Eigentumsprinzip ist für jeden Prozess ein konkreter Eigentümer zu benennen. Der Eigentümer hat nicht nur die Kompetenz, seinen Prozess zu verändern, sondern definiert das Prozessziel, die Maßstäbe und die Kennzahlen. Mit seinem Prozessteam legt er die Prozessabläufe innerhalb von

Prozessworkshops fest, hält Kontakt zu den Kunden dieses Prozesses und ist ständiger Ansprechpartner für alle Belange des Prozesses.

Der **Prozesseigentümer** ist aktiv und vollverantwortlich für die Gestaltung von Prozessen und anderen wichtigen Teilen des QM-Systems zuständig. Er hält den informativen Kontakt zum Kunden, ermittelt die Kundenzufriedenheit, führt Korrekturen durch und beobachtet die Veränderung. Im QM-Sprachgebrauch wird er häufig als »Kümmerer« bezeichnet, da er den Prozess aufrecht erhält, erster Wissensträger ist und für den Prozess an sich auch hierarchische Verantwortung haben kann. Zudem ist der Prozesseigentümer der Ansprechpartner für Audits. Er kann aber auch andere Eigentümer auditieren und trainiert die Prozessbenutzer.

Als **Prozessbenutzer** im klassischen Sinn werden die Mitarbeiter bezeichnet, die operativ in allen Prozessen oder innerhalb des QM-Systems aktiv tätig sind. Sie sind die wichtigste Ressource für einen funktionierenden Prozess, da die eigentlichen Prozessbenutzer am besten den Nutzen des Prozesses bewerten und somit an der Verbesserung aktiv mitwirken können. Der Grund dafür ist, dass die Prozessbenutzer unmittelbar Schwachstellen, Bürokratie oder Organisationsdefizite innerhalb des Prozesses erleben.

Die **Prozesskunden** als sog. Empfänger der Leistung, können interner oder externer Natur, aber auch Auftragserteilende sein. Häufig sind nur sie es, die die Qualität der Leistung beurteilen und bewerten können. Ihre Qualitätskriterien müssen in die Qualitätskriterien des Eigentümers übersetzt werden. Gleichzeitig sind die Prozesskunden Partner des Eigentümers – sie brauchen die Ergebnisse meist wiederum für eigene Prozesse. Vom Personenkreis handelt es sich um Patienten, aber auch Ärzte, Pflegepersonal, Angehörige oder sonstige Empfänger einer Krankenhausleistung.

Die **Prozessexperten** können interne oder externe Personen sein, die vom Profil in erster Linie Know-how-Träger von speziellem Wissen sind. Diese Personen kennen nicht nur den üblichen oder gehobenen Standard, sondern sie verfügen in der Regel über exzellente Außenkontakte zu den unterschiedlichsten Stellen im Gesundheitswesen. Sie haben große Erfahrung im Qualitätsmanagement

und werden immer fallweise hinzugezogen. Ebenso tragen sie durch Benchmarkingprozesse – also durch den standardisierten Vergleich zu anderen Organisationen – zur gehobenen Leistungsbeurteilung bei. Prozessexperten können externe Berater, Zertifizierer, QM-Beauftragte mit umfangreichen Zusatzausbildungen, Wissenschaftler, Forschungsexperten, Stabsstellen, etc. sein.

Prozessmoderatoren wiederum bereiten die Teamsitzungen vor und sind in der gezielten Anwendung von QM-Werkzeugen ausgebildet. Sie unterstützen die Teams nicht nur methodisch, sondern koordinieren Arbeitspakete, übernehmen die Ergebnisdokumentation und sind prozessübergreifend tätig. Prozessmoderatoren sind insbesondere bei der Neukonzeption von Prozessen als neutraler Rolleninhaber sehr gefragt.

Prozessaudits unterstützen die ständige Verbesserung der Prozesse. In Audits werden die Prozesse regelmäßig und systematisch begutachtet. Das Audit als dokumentiertes Verfahren prüft den Prozess in Hinblick auf vier Grundfragen:

- Ist der Prozess festgelegt und in geeigneter Weise beschrieben?
- Sind die Prozesse so entwickelt und verwirklicht, wie sie dokumentiert sind?
- Sind die Prozesse effektiv bei der Bereitstellung der erwarteten Ergebnisse?
- Werden die Prozesse systematisch weiterentwickelt?

Auf die umfassende inhaltliche Vorgehensweise bei Audits wird in den Folgekapiteln noch näher eingegangen. Die Audits werden von qualifizierten Personen, den sog. »Auditoren« durchgeführt, die ihren Auftrag von der Leitung erhalten und aus dem Kreis der Prozessteams kommen. Sie sind für diese Aufgabe schon bei Beginn der Implementierung des QM-Systems geschult worden und berichten an die Leitung. Interne Auditoren sollten nicht ihre eigenen Prozesse, sondern Prozesse des Gesamtnetzwerkes auditieren. Die Audits müssen sorgfältig geplant werden. Dies geschieht durch die schriftliche, mittelfristige Festlegung eines Auditprogramms und eines Auditplans mit aktuellen Schwerpunkten.

Die internen Audits sollten von mindestens zwei entsprechend ausgebildeten internen Auditoren durchgeführt werden. So können ggf. Fachexperten oder sachkundige Personen zum Audit hinzugezogen werden, die das Auditteam vervollständigen. Es ist sinnvoll, die Prozesseigentümer frühzeitig zu informieren, einen Auditfragenkatalog zu entwickeln und die Auditdokumentation sicherzustellen. Die Auditoren sollten jedes Audit sorgfältig vorbereiten. Sie müssen die spezifische Zielsetzung des Prozesses und die bisherigen Auditergebnisse kennen und eine entsprechende Gesprächsstrategie entwickeln, die in einen festgelegten Zeitplan transferiert wird (► Kap. 5.4).

❯❯ **Die Wirksamkeit und die Durchdringung der Prozesse werden im Rahmen regelmäßiger interner Audits überprüft.**

Im Prozessbenchmarking wird die eigene Leistung mit der Leistung anderer verglichen. Diese internen oder externen Vergleiche zielen darauf ab, die Prozessleistung zu positionieren, um Anstöße für Prozessverbesserungen zu generieren. Hier ist sowohl der interne als auch der externe Vergleich u. a. über Kennzahlen gemeint. Dabei müssen folgende Anforderungen erfüllt werden:
- Identifizieren des Benchmarking-Prozesses
- Identifizieren des Benchmarking-Partners
- Festlegen der Methoden zur Datenermittlung
- Ermitteln und Sammeln der Prozessdaten
- Ermitteln bestehender Defizite
- Festlegen der zukünftigen Stärke
- Kommunizieren der Ergebnisse
- Festlegen und Vereinbaren von Zielen
- Entwickeln eines Aktionsplans
- Beginnen der Veränderungen
- Überwachen des Fortschritts
- Neukalibrieren des Benchmarks

Audits überprüfen die Wirksamkeit und die Durchdringung der Prozesse. Ein Prozessbenchmarking vergleicht die eigene Leistung mit der Leistung anderer. Dies kann intern oder extern erfolgen.

Die Arbeit an den Prozessen erfolgt in Prozessteams. Zu einem Prozessteam gehören Prozesseigentümer, Prozessbenutzer, Prozesskunde, Prozessexperte und Prozessmoderator. Bei komplexen Organisationen mit einer entsprechend umfassenden Prozesslandschaft ist an ein Steuerungsteam, einen Prozesskoordinator, sowie natürlich an die einzelnen Prozessteams zu denken. Regelmäßige interne

▼

Einführung eines Qualitätsmanagement-Systems

7.1   Welche Dokumente habe ich? »Dokumentensturz« – 112

7.2   Wie verwalte ich meine Dokumente?
       Dokumentenlenkung – 112

7.3   Wie dokumentiere ich mein Qualitätsmanagement?
       Handbuch – 115

7.4   Was muss ich tun? Initiierung von Maßnahmenplänen – 117

7.5   Wie beurteile ich meinen Fortschritt? Controlling – 121

7.6   Wie sorge ich für breite Akzeptanz? Kommunikation – 122

7.7   Wie bilde ich aus und weiter? Schulung und Training – 123

7.8   Wie reagiert mein Umfeld auf das Projekt?
       Stakeholderanalyse – 124

7.9   Wie gehe ich mit Widerständen um? – 127

7.10   Nicht zu vergessen – Gesetzliche Anforderungen – 130

7.1 Welche Dokumente habe ich? »Dokumentensturz«

Zu Beginn der Einführung eines QM-Systems empfiehlt es sich, die Abteilung bzw. das Krankenhaus nach vorhandenen Dokumenten zu durchforsten. Dies ist zugleich eine hervorragende Möglichkeit, die Abteilung von veralteten, ungelenkten Dokumenten zu befreien.

Dieser Dokumentensturz sollte gleich zu Beginn der Implementierung erfolgen.

> ❗ Wird mit dem Dokumentensturz zu spät begonnen, ergeben sich oft Schwierigkeiten mit einer konsistenten Dokumentenlenkung.

Es empfiehlt sich, zunächst die Leitungen der einzelnen Bereiche aufzufordern, alle in ihrem Bereich vorhandenen Dokumente zu übergeben. Dies können zum einen Dokumente in Papierform, zum anderen aber auch elektronische Dokumente sein. Es sollte anschließend abgeglichen werden, welche Dokumente bereichsspezifisch und welche übergeordnet allgemeingültig sind.

> ❯ Ein Dokumentensturz ist zwar zunächst aufwendig, aber ein ausgezeichnetes QM-Werkzeug, um Ordnung in den Blätterwald zu bringen.

Wichtig ist, dass wirklich alle Dokumente, auch die aus den entlegenen Abteilungsbereichen, erfasst werden. Hierbei sollte auch auf Schubladen, Schränke und Nebenräume geachtet werden. Nur so lässt sich vermeiden, dass gerade im Zertifizierungsaudit ein ungelenktes Dokument auftaucht, was dann zu einer Abweichung führt.

Das QM-Team sollte die eingegangenen Dokumente ggf. gemeinsam mit dem Berater sichten und in eine Archivierungsstruktur bringen. Die QM-Beauftragten sollten dabei in der Lage sein, überflüssige oder veraltete Dokumente zu identifizieren. Der Berater bzw. die QM-Beauftragten sollten darauf achten, dass die bei der Zertifizierung geforderte Dokumentation vorhanden ist. Zugleich sollte die Dokumentation auf ein vernünftiges, überschaubares Maß beschränkt werden.

Alle Dokumente, die für wichtig erachtet werden, sollten in ihrer aktuellsten Version Bestandteil der Dokumentenmatrix werden und korrekt gelenkt werden (▶ Kap. 7.2). Diese Dokumente werden zudem Teil des nicht öffentlich zugänglichen Anteils des Handbuchs (▶ Kap. 7.3).

> ❗ Alle veralteten oder überflüssigen Dokumente müssen sofort als ungültig gekennzeichnet und aus dem Verkehr gezogen werden. Sonst besteht die Gefahr, dass sie weiter benutzt werden.

Nicht alle Dokumente müssen extensive Kopf- und Fußzeilen tragen. Wichtig ist jedoch, dass in der Fußzeile Revisionsstand, Ersteller, Name des Dokuments, Seitenanzahl und Freigabedatum angegeben ist.

> Der Dokumentensturz sollte schon zu Beginn der Implementierung eines QM-Systems erfolgen. Es sollten alle Dokumente aus allen Bereichen gesammelt werden. Hierauf sind veraltete und überflüssige Dokumente auszusortieren – sie sind als ungültig zu markieren und aus dem Verkehr zu ziehen. Alle relevanten Dokumente hingegen müssen einer Dokumentenlenkung unterzogen werden.

7.2 Wie verwalte ich meine Dokumente? Dokumentenlenkung

Die Dokumentenlenkung ist ein essentieller Muss-Prozess, der von den verschiedenen QM-Systemen gefordert wird – so verlangt beispielsweise die DIN EN ISO 9001:2008 in Kapitel 4.2.3 eine sichere Dokumentenlenkung sowie in Kapitel 4.2.4 eine Lenkung aller Aufzeichnungen.

Dies bedeutet, dass alle Dokumente, die im Dokumentensturz gefunden wurden, sowie alle Aufzeichnungen einer Dokumentenlenkung unterworfen werden müssen. Es ist dabei wichtig, von Anfang an ein durchdachtes Konzept zu haben, um nicht Dokumente oder Aufzeichnungen zu übersehen, und um zu vermeiden, dass veraltete Versionen noch im Umlauf sind.

> Die Lenkung von Dokumenten und Aufzeichnungen sollte zu Beginn eines QM-Projekts schriftlich festgelegt werden – sie ist ein Muss-Prozess nach DIN EN ISO 9001:2008.

Als Dokument bezeichnet die DIN EN ISO 9001:2008 eine Information und ihr Trägermedium.

Folgende Dokumente werden in QM-Systemen verwendet:
- Handbuch
- QM-Pläne
- Dokumente, die Anforderungen enthalten; diese werden dann als Spezifikation bezeichnet
- Dokumente, die Empfehlungen oder Vorschläge enthalten; diese werden als Leitfäden bezeichnet
- Dokumente, die beschreiben, wie bestimmte Tätigkeiten und Prozesse konsistent auszuüben bzw. durchzuführen sind; diese können Arbeitsanleitungen, Dienstanweisungen, Expertenstandards, Prozessbeschreibungen, Verfahrensanweisungen oder Leitlinien sein
- Dokumente, die einen objektiven Nachweis über ausgeübte Tätigkeiten oder erreichte Ergebnisse liefern; diese werden dann als Aufzeichnungen bezeichnet

Aufzeichnungen sind also Dokumente, die eine Tätigkeit oder ein Ergebnis nachweisen. Ein leeres Aufklärungsformular ist also beispielsweise ein Dokument, ein ausgefülltes und unterschriebenes Aufklärungsformular hingegen eine Aufzeichnung.

> Aufzeichnungen weisen ausgeübte Tätigkeiten oder erreichte Ergebnisse objektiv nach.

Beispiele für Aufzeichnungen sind Auditberichte, Befragungsergebnisse, Dienst- und Urlaubspläne, Komplikationsstatistiken, OP-Dokumentationen, Fehleraufzeichnungen, Gefährdungsanalysen, Geräteeinweisungen und Hygieneaufzeichnungen. Diese stellen nur einzelne Beispiele dar. In jeder Abteilung lassen sich zahlreiche verschiedene Aufzeichnungsarten finden.

In der Prozessbeschreibung zur Lenkung von Dokumenten und Aufzeichnungen sollten die Ziele der Dokumentenlenkung und die Verantwortungs-regelungen klar festgehalten sein. Es müssen die Verfahrensschritte zur Erstellung eines Dokuments erfasst sein. Zudem muss aber auch festgehalten werden, welche Hierarchiestufen ein Dokument bis hin zur Inkraftsetzung durchläuft.

> Die Inkraftsetzung von Dokumenten muss auf einen schriftlich fixierten Personenkreis begrenzt sein – sonst herrscht schnell ein gefährlicher Wildwuchs der Freigabe.

Es müssen Layout, Prüfung, Freigabe und Inkraftsetzung der Dokumente bereits frühzeitig geklärt sein. Das Layout darf nach der initialen Festsetzung nicht mehr durch einzelne Personen verändert werden.

Zudem müssen die Verteilung der Dokumente, ihre Ungültigkeitserklärung und ihre Revision genau definiert werden.

Folgende Angaben muss ein Dokument gemäß der DIN EN ISO 9001:2008 enthalten:
- Logo und Namen der Organisation
- Nummer des Dokuments
- Name des Dokuments
- Revisionsnummer und Stand einschließlich des Datums der letzten Revision
- Name und Unterschrift des Erstellers, sowie Erstellungsdatum
- Name und Unterschrift des Überprüfers, sowie Überprüfungsdatum
- Name und Unterschrift des Freigebenden, sowie Freigebungsdatum

Viele Unternehmen handhaben die Dokumentenlenkung so, dass in der Kopfzeile Name und Logo der Organisation sowie Name und Nummer des Dokuments platziert sind. Die Fußzeile bietet sich für die Angaben zu Freigabe, Prüfung und Revision an. ☐ Abb. 7.1 gibt ein Beispiel für die Kopfzeile eines Dokuments, ☐ Abb. 7.2 für die Fußzeile eines Dokuments.

Jedem Dokument sollte eine eindeutige Dokumentenbezeichnung zugeteilt werden. Hierbei gibt es unterschiedliche Möglichkeiten der Darstellung. Wichtig ist jedoch, dass das System gut durchdacht und eindeutig ist. Dokumente könnten beispielsweise mit folgendem Chiffre gekennzeichnet werden:

X.Y._ZZ_Dokumentenname_JJJJMMTT, wobei X.Y. für das Handbuchkapitel, ZZ für das Do-

Gültigkeitsbereich: Alle Bereiche	**Konzept**	Kliniklogo
QMH:	**»Lenkung von Dokumenten und Aufzeichnungen«**	

◻ **Abb. 7.1.** Beispiel für eine Kopfzeile eines Dokuments

Erstellung: *Unterschrift(en)*	Prüfung: *Unterschrift(en)*	Freigabe: *Unterschrift(en)*
Datum:	Datum:	Datum:
Datei: Dokumentenname		**Seite: 2 von** (Gesamtseitenzahl)

◻ **Abb. 7.2.** Beispiel für die Fußzeile eines Dokuments

kumentenkürzel, JJJJ für das Erstellungsjahr, MM für den Erstellungsmonat, sowie TT für den Erstellungstag stehen. In dem Dokumentenkürzel sollte die Art des Dokuments festgelegt sein. Dies erleichtert ein Sortieren. Beispiele wären PB für Prozessbeschreibung oder OG für Organigramm.

Im Rahmen der Dokumentenlenkung sollten die vorgeschriebenen bzw. festgesetzten Aufbewahrungsfristen der Dokumente bzw. der Aufzeichnungen eindeutig geklärt werden. Dies kann ggf. mit Hilfe des Datenschutzbeauftragten erfolgen. Die Dokumentenlenkung muss sicherstellen, dass keine veralteten bzw. ungültigen Dokumente nicht gekennzeichneter Art und Herkunft im Umlauf sind.

Nach Dokumentensturz und festgelegter Dokumentenlenkung, sollte eine sog. Dokumentenmatrix erstellt werden, in der alle Dokumente verzeichnet sind. Folgende Angaben sollte eine solche Dokumentenmatrix enthalten:

- Dokumentennummer
- Dokumentenname bzw. Kürzel
- Ersteller bzw. Verantwortlicher für das Dokument
- Freigabedatum
- Ggf. Gültigkeitsbegrenzung
- Aufbewahrungsfristen
- Datum der letzten Revision

Zu Erleichterung der Dokumentenlenkung gibt es mittlerweile elektronische Dokumentenlenkungssysteme. Diese sind inzwischen nicht selten web-basiert mit integrierten Wissensdatenbanken.

Solche Dokumentenlenkungs-Softwaresysteme sind nicht zwingend erforderlich, erleichtern aber gerade in großen Abteilungen den Umgang mit der Dokumenten- und Datenflut.

🚫 **Bei großen Abteilungen bzw. Kliniken sollte schon im Vorfeld der Einführung eines QM-Systems festgelegt werden, ob und welche Dokumentenlenkungssoftware verwendet wird. Eine Umstellung im späteren Verlauf des Projektes ist mit viel Mühe verbunden.**

Alle Dokumente, die sich im Dokumentensturz gefunden haben, sowie alle Aufzeichnungen müssen einer Dokumentenlenkung unterworfen werden. Diese sollte schon zu Beginn der Einführung eines QM-Systems klar und strukturiert festgelegt werden. Aufzeichnungen sind dabei Dokumente, die ausgeübte Tätigkeiten oder erreichte Ergebnisse objektiv nachweisen. Layout, Prüfung, Freigabe und Inkraftsetzung der Dokumente sollten bereits frühzeitig geklärt sein. Zudem müssen die Verteilung der Dokumente, ihre Ungültigkeitserklärung und ihre Revision genau definiert werden. Es muss sichergestellt werden, dass keine veralteten bzw. ungültigen Dokumente nicht gekennzeichneter Art und Herkunft im Umlauf sind. Dokumentenlenkungs-Softwaresysteme können die Arbeit gerade bei großen Abteilungen bzw. Kliniken deutlich erleichtern.

7.3 · Wie dokumentiere ich mein Qualitätsmanagement? Handbuch

115

7

7.3 Wie dokumentiere ich mein Qualitätsmanagement? Handbuch

Das QM-Handbuch ist das Dokument, in dem das QM-System einer Organisation festgelegt ist. QM-Handbücher können hinsichtlich Detaillierung und Format unterschiedlich sein, um sie an die Größe und Komplexität der Abteilung bzw. der Klinik anzupassen. Die Erstellung eines QM-Handbuchs ist eine Forderung der DIN EN ISO 9001:2008.

In seiner Funktion ist das QM-Handbuch das Nachschlagewerk für alle Mitarbeiter der Organisation. Wenn es eine öffentliche Version gibt, die auch für Dritte außerhalb der Organisation zugänglich ist, so sollte diese Version die Prozessbeschreibungen in der Regel nicht enthalten. Diese Version sollte dann meist nicht länger als etwa 60 Seiten sein.

Im System der QM-Dokumentation stellt das QM-Handbuch die obere Spitze der gezeichneten Pyramide dar. Die Dokumente der Ebene 2, 3 und 4 beschreiben interne Abläufe und sollen daher nicht in dem für die Öffentlichkeit zugänglichen Teil des QM-Handbuchs erscheinen. In dieser öffentlich zugänglichen Version sind allerdings Verweise auf die Dokumente der unteren Ebenen vorhanden.

Es gibt verschiedene Möglichkeiten, ein QM-Handbuch zu strukturieren. Zum einen kann das Handbuch gemäß der DIN EN ISO-Norm prozessgruppenorientiert aufgebaut sein. Es könnte beispielsweise folgende Gliederung haben:

1. Vorwort
2. Benutzerhinweise
3. Überblick über die Organisation – Prozessmodell, Organisationsstruktur
4. QM-System
5. Verantwortung der Leitung
6. Management von Ressourcen
7. Produktrealisierung
8. Messung, Analyse, Verbesserung
9. Glossar

Zum anderen kann aber auch eine individuell gestaltete, mitarbeiterbezogene Gliederung verwendet werden. Diese könnte beispielsweise wie folgt aussehen:

1. Unternehmensstruktur/Wir über uns
2. Qualitätspolitik und Qualitätsziele

3. Verantwortlichkeiten und Kommunikation
4. Prozesslandschaft und Prozessbeschreibungen
5. Schulungen und Fortbildungen
6. Formulare
7. Richtlinien und Verordnungen

Folgende Informationen sollten unabhängig von der Gliederung in einem QM-Handbuch enthalten sein:

- Qualitätspolitik
- Qualitätsziele
- Unternehmensprofil und Leistungsspektrum
- QM-System
- Organigramm der Organisation und des Qualitätsmanagements
- Stellen- bzw. Funktionsbeschreibungen
- Prozesslandschaft
- Angaben zu Kundenorientierung und interner Kommunikation
- Dokumentation des QM-Systems einschließlich Lenkung von Dokumenten und Aufzeichnungen
- Lieferanten und Partnerschaften
- Angaben zu Schulung und Fortbildung
- Benutzerhinweise und Glossar

Es sollte immer ein Organigramm der gesamten Organisation vorliegen. Hieraus sollte die Struktur der Abteilung bzw. des Klinikums genau hervorgehen und graphisch einprägsam dargestellt sein. Die Struktur des QM-Beauftragtenwesens sollte dabei klar hervorgehen und ggf. in einem eigenen Organigramm erfasst werden.

> ❯ Organigramme der Organisation sind ein wichtiger Bestandteil eines jeden QM-Handbuchs. Auch weitere Organigramme, beispielsweise zum gesamten Beauftragtenwesen, können hilfreich sein, da sie rasch visuell die wichtigsten Informationen liefern.

Nicht zu vergessen sind auch die genauen Stellen- bzw. Funktionsbeschreibungen. Hier sollten die Aufgaben und Befugnisse festgelegt werden. Wichtig ist insbesondere eine genaue Festlegung der Funktionen und Aufgaben der QM-Beauftragten, damit diese ihre Funktionen adäquat wahrnehmen können. Aber auch zu anderen Beauftragten und

Titel:	Funktionsbeschreibung QM-Beauftragter		
Gültigkeitsbereich:	☐ Arzt	☐ MTRA	☐ Verwaltung
Gültig ab:	01.04.2008		Autor:

(1) Arbeitsbereich:

(2) Fachliche Qualifikationen und Rechtsgrundlage:

(3) Persönliche Anforderungen:

(4) Beratung von

(5) Direkte Berichtspflicht an

(6) Vertretung

> **(6.1) Funktionsinhaber vertritt:**
> **(6.2) Funktionsinhaber wird vertreten durch:**

(7) Aufgaben

(8) Informationspflicht gegenüber:

Mitgeltende Unterlagen	
Freigabe	

◘ Abb. 7.3. Beispiel für die Struktur einer Funktionsbeschreibung

den verschiedenen anderen Funktionen innerhalb einer Organisation sollten Funktionsbeschreibungen vorliegen. ◘ Abb. 7.3 gibt ein Beispiel für die Struktur einer solchen Funktionsbeschreibung.

Ein QM-Handbuch ist ein wichtiger und geforderter Bestandteil von QM-Systemen. Es sollte das QM-Nachschlagewerk für alle Mitarbeiter einer Organisation sein. Ein QM-Handbuch kann nach verschiedenen Systemen gegliedert
▼

7.4 · Was muss ich tun? Initiierung von Maßnahmenplänen

117   **7**

werden – eine Möglichkeit ist eine Gliederung in Anlehnung an die DIN EN ISO 9001:2008. QM-Handbücher sollten u. a. immer Angaben zur Qualitätspolitik, Organigramme zur Unternehmens- und QM-Struktur und Funktionsbeschreibungen enthalten – insbesondere auch zur Funktion der QM-Beauftragten.

7.4 Was muss ich tun? Initiierung von Maßnahmenplänen

Die Erstellung von konkreten Maßnahmenplänen mit entsprechenden Zeitfenstern ist bei der Einführung eines QM-Systems außerordentlich wichtig. ◘ Tab. 7.1 zeigt ein Beispiel für einen Maßnahmenplan, beginnend bei der Einführung eines QM-Systems bis hin zu seiner Zertifizierungsreife. Dieses Beispiel ist selbstverständlich nicht bindend und auch nicht umfassend, sondern soll nur das prinzipielle Vorgehen erläutern. Der Ablauf der einzelnen Projektschritte kann durchaus flexibel gehandhabt werden – beispielsweise kann die Strategieklausur vor oder nach der Kick-off-Veranstaltung stattfinden. Generell empfiehlt es sich, bei Maßnahmenplänen konkrete Zeitfenster anzugeben und auch zu erfassen, von wem die einzelnen Schritte zu erledigen sind.

Bereits zu Beginn eines QM-Projekts sollte geklärt sein, welches QM-System gewählt wird und wie die konkreten Anforderungen hierfür sind. Es ist wichtig, zu überprüfen, ob evtl. Zusatzanforderungen für die Abteilung gelten, beispielsweise die DIN EN ISO 13485 für die Zentralsterilisation. Zudem muss festgelegt werden, ob es Bereiche gibt, die von dem Projekt ausgeschlossen bleiben sollen. Dies ist beispielsweise im Rahmen der DIN EN ISO 9001:2008 möglich.

❯❯ **Bei einer Zertifizierung nach DIN EN ISO müssen Ausschlüsse von Bereichen in der Prozessgruppe 7 schriftlich dokumentiert werden.**

Als nächstes sollte ein Zeitrahmen für das Gesamtprojekt bis zu einer evtl. Zertifizierung festgelegt werden. Der Mindestzeitraum zur Vorbereitung einer Erstzertifizierung beträgt in der Regel 1 Jahr.

Es ist zu empfehlen, den Zeitraum nicht länger als 2 Jahre zu wählen, da sonst die Motivation und die Aufmerksamkeitsspanne der Mitarbeiter überstrapaziert werden.

❗ **Wird der Zeitraum eines QM-Projekts zu lang gewählt, sinkt die Motivation der Mitarbeiter.**

Ist eine Abteilung bzw. eine Klinik sehr groß oder sehr komplex, so sollte nicht der Zeitraum des Projekts ausgedehnt, sondern die Anzahl der Mitarbeiter des Kernteams erhöht werden. Es sollte immer schon zu Beginn eines QM-Projekts eine detaillierte Ressourcenplanung durchgeführt werden.

An einer Strategieklausur sollte die Führungsebene einer Abteilung teilnehmen. Es ist empfehlenswert, sie außerhalb der Arbeitsstätte in einem Rahmen stattfinden zu lassen, der ein konstruktives und freies Arbeiten erlaubt. Die Strategieklausur dient der Festlegung der strategischen Ausrichtung, dem Formulieren von Zielen und der Initiierung von entsprechenden Arbeitsgruppen.

Es ist wichtig, möglichst konkrete Qualitätsziele festzulegen, damit der Erfolg des QM-Systems im weiteren Verlauf konkret überprüft werden kann. Hierbei ist ratsam, sich an der SMART-Regel zu orientieren. SMART ist ein Akronym und steht für:

- **S**pezifisch; die Ziele sollten eindeutig definiert sein
- **M**essbar; die Ziele sollten messbar sein
- **A**ngemessen; die Ziele sollten mit den Ressourcen erreichbar sein
- **R**elevant; die Ziele müssen bedeutsam sein und einen Mehrwert produzieren
- **T**erminiert; zu jedem Ziel sollte eine klare Zeitvorgabe definiert sein

Ein Beispiel für ein Qualitätsziel wäre: »In den nächsten 12 Monaten sollen mindestens 85% der Patienten eine Wartezeit bis zum ersten Arztkontakt von weniger als 15 Minuten haben.«

Schon zu Beginn des Projekts sollte eine Begehung der gesamten Abteilung bzw. des gesamten Bereichs, der durch das Projekt erfasst werden soll, erfolgen. Im Rahmen dieser Begehung sollte auf Dokumente, Prozesse und Räumlichkeiten geachtet werden.

◘ **Tabelle 7.1** Maßnahmenplan für QM-System (Beispiel)

Maßnahme bzw. Projektschritt	Bis wann?	Von wem?	Erledigt?
Entscheidung für ein QM-System			
Ausschlussbereiche ggf. festlegen			
Identifikation von Zusatznormen und essentiellen Richtlinien			
Zu zertifizierende Bereiche definieren			
Bildung eines QM-Teams			
Ressourcenplanung			
Entscheidung für oder gegen Berater			
Kick-off-Veranstaltung			
Begehung und Ist-Analyse der Zertifizierungsbereiche			
Ausarbeitung eines Zeit- und Projektplans mit Arbeitspaketen und Meilensteinen			
Grundschulungen im QM-System			
Moderatorenschulungen			
Auditorenschulungen			
Strategieklausur			
Erstellen von Leitbild, Mission, Qualitätspolitik und Qualitätszielen			
Erstellen von Organigrammen der Abteilung			
Überprüfen eines umfassenden Beauftragtenwesens, ggf. Ernennungen			
Entwickeln von Funktions- und Stellenbeschreibungen mit einer Qualifikationsmatrix			
Überprüfen der gesetzlichen Anforderungen			
Festlegung der EDV-Infrastruktur			
Dokumentensturz			
Ausarbeitung einer Dokumentenlenkung			
Ausarbeitung einer Lenkung von Aufzeichnungen			

7.4 · Was muss ich tun? Initiierung von Maßnahmenplänen

119

7

◻ **Tabelle 7.1** Fortsetzung

Maßnahme bzw. Projektschritt	Bis wann?	Von wem?	Erledigt?
Erstellung einer Prozesslandschaft			
Bildung von QM-Zirkeln			
Erstellung der Prozessbeschreibungen			
Aufbau des QM-Handbuchs			
Erstellen einer Dokumentenmatrix			
Festlegen der internen Kommunikation mit Besprechungsmatrix			
Beginn der internen Audits, Erstellung eines Auditkalenders			
Befragungen von Patienten, Mitarbeitern, Zuweisern, Lieferanten			
Aufbau des Fehlermanagements			
Aufbau des Beschwerdemanagements			
Entwickeln und Implementieren von Korrektur- und Vorbeugemaßnahmen			
Qualitätsvereinbarungen mit Schnittstellenpartnern			
Auswertungen von Audits, Befragungen und Kennzahlen			
Management Review			
Auswahl der Zertifizierungsstelle			
Präaudit			
Nachbesserungen gemäß Präaudit			
Briefing der Mitarbeiter zur Zertifizierung			
Zertifizierungsaudit			

Insbesondere sollte auf die für den Dokumentensturz (▶ Kap. 7.1) zu erfassenden Unterlagen und auf die bestehenden Prozesse geachtet werden. Zudem ist bereits kritisch zu prüfen, ob die gesetzlichen Vorgaben vollumfänglich eingehalten werden und ob ggf. Baumaßnahmen notwendig sind.

🔴 **Falls Baumaßnahmen für die erfolgreiche Implementierung eines QM-Systems notwendig sind – beispielsweise um gesetzliche Vorgaben einhalten zu können – kann dies den Zeitplan stark verzögern.**

Erst wenn die Analysephase abgeschlossen ist, kann ein detaillierter Projektplan mit endgültigen

Zeitfenstern für die zu absolvierenden Arbeitspakete festgelegt werden.

Bei der Erstellung der Prozesslandschaft ist darauf zu achten, dass alle Wechselbeziehungen, Abfolgen und die Abgrenzung der einzelnen Prozesse voneinander sauber erfolgen. Das Schaffen einer umfassenden und präzisen Prozesslandschaft ist ein essentiell wichtiger Schritt im Projektfortschritt, auf dem zahlreiche weitere Maßnahmen aufbauen. Hierfür sollte genügend Zeit eingeplant werden, auch um die erstellte Landschaft intensiv auf ihre Tauglichkeit zu überprüfen. Bereits zu diesem Zeitpunkt empfiehlt es sich, QM-Zirkel zu bilden.

Der größte Anteil der Zeit für die Ersteinführung eines QM-Systems ist in der Regel auf die Erstellung der Prozesslandschaft, die sich daran anschließenden Prozessbeschreibungen sowie Dokumentensturz und Dokumentenlenkung zu verwenden. Dies ist in der Zeit- und Maßnahmenplanung entsprechend zu berücksichtigen.

Das zweite große Zeitfenster sollte für die Befragungen von Patienten, Mitarbeitern, Zuweisern und Lieferanten sowie für das Beschwerde- und Fehlermanagement und die Einführung von Korrektur- und Vorbeugemaßnahmen veranschlagt werden.

Bei der Durchführung von Befragungen ist daran zu denken, ausreichend Zeit für die Auswertung, Analyse und Kommunikation der Ergebnisse einzuplanen.

> **Die umfassende Durchführung von Befragungen ist für ein QM-System essentiell.**

Rechtzeitig sind auch interne Auditoren zu schulen. Mit ihnen sollten dann umfassende interne Audits in den einzelnen Bereichen durchgeführt werden. Es sollte unbedingt ein langfristig geplanter Auditkalender für diese internen Audits vorliegen. Zudem sollten das Vorgehen und die zu führende Begleitdokumentation in einer Prozessbeschreibung fixiert sein. Als systematischer und dokumentierter Prozess dient er zur Fortschrittskontrolle und zur Beurteilung des Reifegrades.

Sowohl die Durchführung von internen Audits als auch das Vorliegen von Befragungsergebnissen und die Zusammenführung und Verdichtung der Daten im Management Review sind für die Erlangung der Zertifizierungsreife essentiell.

Auch mit der Umsetzung eines Beschwerde- und Fehlermanagements sowie von Korrektur- und Vorbeugemaßnahmen sollte rechtzeitig begonnen werden, um entsprechenden Vorlauf zu haben, damit das System aktiv werden kann. Die Handhabung und Vorgehensweise müssen in Prozessbeschreibungen schriftlich fixiert sein. Treten Fehler auf, so sind entsprechende Korrektur- und Vorbeugemaßnahmen zu dokumentieren.

Gerne wird in der Vorbereitung zu einer Zertifizierung das Beauftragtenwesen vernachlässigt. Es ist jedoch gefordert, ein strukturiertes und dokumentiertes Beauftragtenwesen zu haben. Hierfür sollten die Benennungsurkunden der Beauftragten und ihre Funktions- bzw. Stellenbeschreibungen vorliegen. Auch müssen alle Unterlagen zu Begehungen, Analysen, Untersuchungen und Einschätzungen umfassend und sauber dokumentiert vorliegen – dies sind wichtige, QM-relevante Aufzeichnungen.

> **Bei der Einführung eines QM-Systems darf das Beauftragtenwesen nicht vergessen werden.**

Nach einem Präaudit vor dem eigentlichen Zertifizierungsaudit ergeben sich in der Regel noch mehrere Arbeitspakete, für die wiederum ausreichend große Zeitfenster zur Verfügung stehen müssen. Hier ist es oft empfehlenswert, noch einen eigenen Maßnahmenplan zu erstellen. Zwischen Prä- und Zertifizierungsaudit ist also ausreichend Zeit zu veranschlagen.

Schon zu Beginn eines QM-Projektes sollte eine möglichst detaillierte Maßnahmen- und Ressourcenplanung mit Zeitfenstern vorgenommen werden. Der Zeitraum bis zur Zertifizierungsreife sollte realistisch gewählt werden, aber nicht zu lang sein – meist liegt er zwischen 1 und 2 Jahren. Der größte Zeitbedarf liegt dabei in der Regel zum einen bei der Erstellung von Prozesslandschaft, Prozessbeschreibungen, Dokumentensturz und Dokumentenlenkung, zum anderen bei Befragungen, Beschwerde- und Fehlermanagement und der Einführung von Korrektur- und Vorbeugemaßnahmen.

7.5 • Wie beurteile ich meinen Fortschritt? Controlling

121   **7**

7.5   Wie beurteile ich meinen Fortschritt? Controlling

Es gibt zahlreiche Methoden, den Fortschritt in der Implementierung eines QM-Systems zu beurteilen. Auf der einfachen Projektebene sollten die Maßnahmenpläne immer mit Fristen versehen sein, innerhalb derer bestimmte Arbeitspakete termingerecht abzuarbeiten sind. Die fristgerechte Einhaltung sollte dabei regelmäßig überprüft werden, um nicht in Verzug zu geraten. Bei Verzögerungen sollten die entsprechenden Mitarbeiter zeitnah angemahnt werden. Dies erfolgt in der Regel durch den QM-Beauftragten. Kommt es trotz Mahnungen zu weiteren Verzögerungen, sollte ggf. der Berater mit der obersten Leitung sprechen, um das Projekt auf Kurs zu halten. Dies ist ein Vorteil eines Beraters, da der QM-Beauftragte nicht so sehr in die Schusslinie gerät und dadurch ein konstruktiveres Arbeiten möglich ist.

❯ **Direkt bei der Erstellung von Maßnahmenplänen sollten diese mit Zeitfristen versehen sein – auf die Einhaltung dieser Fristen ist kontinuierlich zu achten.**

Wenn bestimmte Arbeitspakte abgearbeitet und Meilensteine erreicht sind, sollte es eine Besprechung geben, damit die Mitarbeiter über den Fortschritt informiert werden und weiter motiviert bleiben. Dies sollte ggf. auch per e-mail kommuniziert werden, um alle betroffenen Mitarbeiter zu erreichen. Werden die Mitarbeiter nicht regelmäßig über den Fortschritt des Projekts und die Erreichung von Meilensteinen informiert, machen sich schnell Frust und mangelnde Motivation breit.

Ein ganz entscheidendes Mittel, um die Wirksamkeit und den Fortschritt eines implementierten QM-Systems zu beurteilen, sind die Audits, in denen konkret überprüft wird, inwieweit die Anforderungen der Norm in der Realität umgesetzt worden sind.

Eine weitere Methode ist das in der Norm geforderte, bereits beschriebene Management Review, in dem konkrete Aussagen und Ergebnisse zu Beschwerdemanagement, Patienten-, Mitarbeiter- und Zuweiserbefragungen bewertet und verdichtet werden. Hier fließen auch alle Ergebnisse aus den durchgeführten Audits und dem Fehlermanagement ein. Ebenso werden die Wirksamkeit und der Erfolg der durchgeführten Korrektur- und Vorbeugemaßnahmen und der neu initiierten Projekte beurteilt. Zum Schluss werden alle gewonnenen Daten dahingehend überprüft, ob sie die Zielsetzung und die Strategie der obersten Leitung unterstützen oder behindern, bzw. deren Anpassung oder gar Neuausrichtung vollzogen. Dabei müssen auch alle Änderungen, die sich auf das QM-System auswirken könnten, wie Änderung von Gesetzen, Personalwechsel, Aufgabenänderungen etc., mit berücksichtigt und entsprechende Vorsorgemaßnahmen ergriffen werden.

❯ **Für eine gute Fortschrittskontrolle sollten bereits in die Prozessbeschreibungen Abfragekriterien integriert werden, um notwendige Korrektur- und Vorbeugemaßnahmen frühzeitig aufzugreifen.**

Spätestens nach dem Überwachungsaudit sollte mit der schrittweisen Integration von Kennzahlen in die Prozesse begonnen werden, um nach und nach nicht nur über Audits, sondern auch über Kennzahlen den Erfolg und ggf. auch Einsparungen nachweisen zu können. Zunächst sollten alle Prozesse daraufhin durchgesehen werden, ob sich für die Erledigung bestimmter Arbeitsvorgänge Fristen setzen lassen. Mögliche Kennzahlen sind dabei die prozentuale Einhaltung dieser Fristen. Ein Beispiel hierfür wäre, wie viel Prozent der Beschwerden innerhalb der ersten Woche nach Eingang einen Zwischenbescheid bekommen.

Zudem sollte man die Prozessbeschreibungen auch dahingehend überprüfen, ob bei bestimmten Checks möglicherweise Risikoskalen hinterlegt werden könnten, um das Gefährdungspotential möglichst gering zu halten. Sind Risikoskalen nicht verfügbar, können auch Ampelsysteme eingesetzt werden.

> Um ein QM-Projekt auf Kurs zu halten, sollte regelmäßig der Fortschritt beurteilt werden. Bereits bei der Erstellung von Maßnahmenplänen empfiehlt es sich, Zeitfristen für die termingerechte Abarbeitung zu setzen. Auf deren Einhaltung sollte geachtet werden. Au-
> ▼

dits sind hervorragende Instrumente, um den Fortschritt des QM-Projekts und insbesondere auch dessen Durchdringung zu beurteilen. Im Verlauf der Implementierung eines QM-Systems sollten zunehmend auch Kennzahlen erhoben werden, die eine Beurteilung des Fortschritts erleichtern. Im Rahmen des Management Reviews fließen zahlreiche Daten und Analysen zusammen, um den Projektfortschritt zu beurteilen und gezielt weitere Maßnahmen in die Wege zu leiten.

7.6 Wie sorge ich für breite Akzeptanz? Kommunikation

Für das Gelingen und den Erfolg eines QM-Projektes ist eine frühzeitige Information und Beteiligung der Führungskräfte und Mitarbeiter unverzichtbar. Ein erfolgreiches QM-Projekt steht und fällt mit der obersten Leitung, die absolut hinter diesem Projekt stehen muss und dies auch auf allen Ebenen vertritt. Erfolgreiche QM-Projekte werden immer von Offenheit, Akzeptanz und einem konsequenten Einbezug aller Personen begleitet. Folglich ist es wichtig, dass die ernannten QM-Beauftragten nicht nur über Führungsfähigkeiten verfügen, sondern gleichermaßen gut ausgebildet sind, einen offenen und demokratischen Kommunikationsstil vertreten und Vertrauensträger und Garanten für das Projekt sind. Sie müssen in der Lage sein, das QM-Projekt jederzeit auch in kritischen Phasen attraktiv zu präsentieren und zu vertreten.

> **Ein QM-Projekt steht und fällt mit der Qualität der Mitarbeiterkommunikation. Die Signale, die von der obersten Leitung und den QM-Beauftragten gesendet werden, müssen bei den Mitarbeitern das Gefühl erzeugen, dass es sich lohnt, sich für dieses Projekt zu engagieren. Die QM-Beauftragten sollten auch herausstellen, wo der Nutzen des Projekts für den einzelnen Mitarbeiter liegt.**

Im Rahmen einer offenen Kommunikation darf die offizielle Verkündung des Projektvorhabens im Rahmen einer Kick-Off-Veranstaltung, die auch alle wichtigen Schnittstellenpartner und Mitarbeiter mit einbezieht, nicht fehlen. Dazu gehört als soziale Komponente auch, dass dieses Ereignis gefeiert und gebührend präsentiert wird. Die Ankündigung der Kick-off-Veranstaltung sollte Neugier wecken, so dass die Mitarbeiter gerne hingehen. Die Einladung sollte von der obersten Leitung selbst ausgesprochen werden, die selbstverständlich auch anwesend und aktiv involviert sein muss.

Im Rahmen einer solchen Kick-off-Veranstaltung sollten die QM-Beauftragten, der Berater und wichtige Entscheidungsträger vorgestellt und deren Aufgaben klar definiert werden. Auch die Aufgaben der Mitarbeiter und der Zeitplan des Projekts sollten dargestellt werden.

Ein wichtiger Bestandteil eines QM-Projekts ist auch, dass die oberste Leitung bzw. die Führungsebene sich zu einer Strategieklausur zurückzieht, um Leitbild, strategische Ausrichtung, Qualitätspolitik und Qualitätsziele im engsten Leitungskreis zu kreieren. Die wichtigsten Ergebnisse dieser Strategieklausur sollten dann durch die oberste Leitung den Mitarbeitern zügig bekannt gemacht werden.

Die sog. interne Kommunikation ist immer ein besonderer Schwerpunkt in QM-Projekten. Hierfür lohnt es sich, ein Kommunikationskonzept zu entwerfen, das in einen sog. QM-Kalender überführt wird, der für alle Mitarbeiter einsehbar ist. In diesem Kalender sind dann alle Informationsveranstaltungen, alle Qualitätszirkel, alle eventuellen Krisensitzungen oder Projektbesprechungen, Prozessworkshops, alle Besprechungen an sich, in denen Qualität generiert wird (auch mit sonstigen Schnittstellen wie Verwaltung, Beauftragtenwesen, Pflege, anderen Partnern oder Kunden), aufgeführt. Ebenso werden alle Audits, das Management Review, QM-Leitungssitzungen, kurz gesagt nicht nur die gesamte Kommunikationsstruktur, sondern auch deren Häufigkeit aufgeführt. Ein besonderes Werkzeug kann hier auch die Funktion sein, über diesen Kalender gleichzeitig die geführten Besprechungsergebnisse und Protokolle zu verlinken, die dann auch für den Auditor einsehbar sind.

Alle Ergebnisse, die sich aus Messungen und Analysen ergeben, sollten den Mitarbeitern zeitnah kommuniziert werden. Dies ist ganz besonders auch für die Mitarbeiterbefragungen wichtig.

7.7 · Wie bilde ich aus und weiter? Schulung und Training

123   **7**

❗ **Werden die Mitarbeiter nicht ausreichend und zeitnah über Ergebnisse, beispielsweise der Befragungen, informiert, entsteht Frustration und die Motivation schwindet.**

Nach Abschluss der initialen Implementierung ist auch in Erwägung zu ziehen, einen regelmäßigen QM-Newsletter für die Mitarbeiter zu erstellen. Hierdurch bleibt das Thema bei den Mitarbeitern präsent, und sie werden zeitnah über den Projektstand informiert.

Sinnvoll ist es auch, alles Wissenswerte zum Thema, wie beispielsweise Unterlagen von Schulungen und Unterweisungen, allen Mitarbeitern digital zur Verfügung zu stellen, damit diese jederzeit einsehbar sind. Diese können auch mit dem Handbuch verlinkt werden.

> Kommunikation ist ein entscheidender Erfolgsfaktor für ein QM-Projekt. Die Mitarbeiter sollten regelmäßig über das Projekt informiert werden, wobei es wichtig ist, dass Offenheit, Akzeptanz und ein konsequenter Einbezug aller Personen vorherrschen. Zu Beginn des Projekts sollte eine Kick-off-Veranstaltung organisiert werden, bei der Mitarbeiter und Schnittstellenpartner ausführlich informiert werden. Es sollte während des gesamten Projekts eine strukturierte interne Kommunikation mit einem QM-Kalender durchgehalten werden. Ggf. empfiehlt sich auch die regelmäßige Herausgabe eines QM-Newsletters. Die Mitarbeiter müssen regelmäßig über den Fortgang des Projektes und über alle Ergebnisse informiert werden, insbesondere auch über Befragungsergebnisse.

7.7 Wie bilde ich aus und weiter? Schulung und Training

Die Befähigung der Mitarbeiter für QM Aufgaben ist eine der wichtigsten Größen überhaupt, um ein tragfähiges Projekt aufzusetzen. Nicht selten wird entweder zu spät oder mit einem viel zu geringen Schulungsdurchsatz gearbeitet. Dies kann für das Projekt fatale Folgen haben. Im Rahmen der Einführung eines QM-Systems ist es außerordentlich wichtig, die Mitarbeiter nach einem entwickelten Stufenkonzept adaptiert auf das ausgewählte QM-System zu schulen.

❗ **Der Schulungsaspekt darf in keinem Fall vernachlässigt werden oder im Projektplan zu spät terminiert sein, um den Erfolg nicht zu gefährden. Denn sonst könnte es schnell zu Widerständen kommen, die aus Angst und Unsicherheit entstehen und das Projektvorhaben zu Fall bringen können.**

Schulungen haben einen enorm wichtigen pädagogischen Effekt und beugen unnötigen Widerständen vor. Deshalb ist es nötig, frühzeitig ein Schulungskonzept für die verschiedenen Hierarchieebenen zu erstellen, um einen hohen Erreichungs- und Durchdringungsgrad des Systems zu gewährleisten.

Die besondere Herausforderung besteht darin, das Konzept so zu gestalten, dass zum einen die Aufrechterhaltung des Routinebetriebes nicht gestört, zum anderen ein möglichst hoher Schulungsdurchsatz garantiert wird. Die Ausbildung und Schulung der Mitarbeiter ist ein wichtiger Benefit, der diesen im Gesundheitswesen angeboten werden kann.

Es muss also ganz am Anfang des Projektes geklärt werden, wie viele Mitarbeiter in welche Art von Schulung entsandt werden. Hier kann es auch sinnvoll sein, auf bestehende Schulungskapazitäten oder Personalressourcen in der eigenen Abteilung zurückzugreifen, die über ein QM-Expertenwissen verfügen. Auch ist es denkbar, dass einige der Schulungen durch den leitenden QM-Beauftragten durchgeführt werden.

Ebenso ist es aber üblich, dass bei der Implementierung eines QM-Systems durch einen Berater alle Schulungen durch den Berater übernommen werden. Dies hat den Vorteil, dass die Mitarbeiter frühzeitig eine Arbeits- und soziale Beziehung zum Berater herstellen können und Vertrauen in die Vorgehensweise entwickeln.

Für die erste Implementierung eines QM-Systems ist eine »Schulungspyramide« durchzuführen. Die Zahl der zu schulenden Mitarbeiter nimmt dabei nach oben immer weiter ab. Folgende Schulungen sind dabei notwendig:

- **Grundlagenschulung für die Mitarbeiter.** Sie steht an der Basis der Pyramide und es werden entsprechend viele Mitarbeiter geschult. Es geht bei dieser Schulung um Grundbegriffe des Qualitätsmanagements und die wesentliche Inhalte der DIN EN ISO 9001:2008 bzw. eines sonstigen gewählten Modells, um den grundsätzlichen Ablauf des Zertifizierungsprojektes, um das Prozessmanagement, sowie um den Aufbau des QM-Systems.
- **Moderatorenschulungen für ausgewählte Mitarbeiter,** die bestimmte Funktionen innerhalb des Projektes, wie die Leitung von Qualitätszirkeln, übernehmen werden. Die Mitarbeiter werden in der Leitung von Qualitätszirkeln und in der Anwendung von QM-Tools befähigt. Dies ist sehr wichtig, da in den Zirkeln Beschwerden, unerwünschte Ereignisse oder Befragungsergebnisse bearbeitet und in Verbesserungsprojekte umgewandelt werden. Hier liegt ein wichtiges Herzstück des Qualitätsmanagements.
- **Ausbildung von internen Auditoren,** die befähigt werden sollen, den Reifegrad des Systems und die Normkonformität zu überprüfen. Zielgruppe sollten hier bis zu 12 Mitarbeiter (abhängig von der Größe der Fachabteilung und der Anzahl der Standorte) sein, die als interne Auditoren zusammen mit den QM-Beauftragten nach der Zertifizierung das QM-System aufrecht erhalten müssen. Am ersten Schulungstag sollten die Grundlagen des QM-Modells unter den Aspekten Auditplanung, Auditcheckliste, Auditdurchführung, Auditfragenkatalog, Gesprächsführung, Auditprotokoll vertieft werden. Am zweiten Schulungstag sollte der Schwerpunkt auf praktischen Übungen in der Gruppe liegen, möglichst in Form eines Übungsaudits in der betreffenden Fachabteilung.

> ❯ Bis zur Zertifizierungsreife sind Mitarbeiterschulungen, Moderatorenschulungen und Schulungen für die internen Auditoren durchzuführen.

Wichtig sind die Rahmenbedingungen der Schulungen. Sie sollten möglichst in der ersten Projekthälfte in geeigneten Räumlichkeiten erfolgen und alle in der Fachabteilung vertretenen Berufsgruppen einbeziehen. Nebenarbeiten, Funkanrufe und weitere Störungen sind zu vermeiden. Praktische Übungen sollten betont werden, wohingegen der theoretische Frontalunterricht eher zu begrenzen ist. Eine Vorstellungsrunde mit Erwartungsabfrage kann als Einstieg sinnvoll sein. Die Dauer für die verschiedenen Schulungen sollte bei 1–2 Tagen liegen.

Über die gezeigte Schulungspyramide (❏ Abb. 7.4) hinausgehend kann es sinnvoll sein, die leitenden QM-Beauftragten extern weiter schulen zu lassen bis hin zu einer Personenzertifizierung. Dies befähigt die QM-Beauftragten, in anderen Organisationen auditieren zu dürfen, wo sie einen entsprechenden Erfahrungsschatz sammeln können. Dieser Wissens- und Erfahrungsschatz kann eine Organisation letztlich beraterunabhängig machen. Um das Personenzertifikat aufrecht zu erhalten, sind eine bestimmte Anzahl an externen Audits sowie kontinuierliche Nachschulungen nachzuweisen. Die Personenzertifizierung gilt jeweils für 3 Jahre.

> Mitarbeiterschulungen sind ein kritischer Erfolgsfaktor für jedes QM-Projekt. Nur durch gezielte Schulungen lässt sich Widerständen vorbeugen, die auf Angst und Unwissenheit basieren. Bis zur Zertifizierungsreife sollten Mitarbeiterschulungen, Moderatorenschulungen und Schulungen zu internen Auditoren durchgeführt werden. Die QM-Beauftragten können ggf. bis zur Personenzertifizierung weitergeschult werden.

7.8 Wie reagiert mein Umfeld auf das Projekt? Stakeholderanalyse

Der Erfolg bei der Einführung eines QM-Systems ist, wie bei jedem Projekt, nicht allein von Engagement, fachlichem Know-how und weiteren vom Projektteam direkt zu beeinflussenden Faktoren abhängig. Ein derartiges Unterfangen findet in der Regel in einer etablierten und mehr oder weniger

7.8 · Wie reagiert mein Umfeld auf das Projekt? Stakeholderanalyse

125 **7**

stabilen Umgebung statt, an deren Grund- und Machstrukturen sich aufgrund dieser Aktivitäten unvermeidlich einiges ändern wird. Nicht zuletzt in einem klinischen Umfeld wird ein solches Bestreben daher nicht nur Befürworter finden. Die Erfolgschancen hängen damit entscheidend davon ab, wie gründlich das Umfeld des Projektes analysiert und wie aktiv und professionell das Projektteam mit den positiven wie negativen Einflüssen umgeht.

Das ideale Instrument hierfür stellt die sog. Projektumfeldanalyse bereit, die heute zumeist mit dem englischen Begriff »Stakeholderanalyse« bezeichnet wird. Kernelement ist dabei die Identifikation möglichst aller Interessengruppen des Projektes und ihrer Ziele und Motivation. Idealerweise findet sie zu Beginn des Projektes statt, um schon bei der Projektplanung auf Basis dieser Informationen die Struktur und insbesondere die Entscheidungsgremien so zu gestalten, dass alle wesentlichen »Stakeholder« eingebunden sind. Hiermit ist zumindest sichergestellt, dass so gut wie keine Querschüsse oder Widerstände von außerhalb des Projektrahmens zu erwarten sind, was den eigenen Reaktionsmöglichkeiten deutlich zugute kommt.

Im Rahmen einer Stakeholderanalyse empfiehlt es sich, auf die folgenden Punkte zu achten:
- Rahmenbedingungen
- Interessensgruppen und deren Motivation
- Risikofaktoren
- Organisatorische Einbettung des Projekts in die Klinik/das Umfeld
- Chancen
- Visualisierte Übersicht aller Projektbeteiligten (Personen, Organisationseinheiten etc.) in einer Stakeholder-Landkarte
- Maßnahmen zur Beeinflussung des Projektumfelds

Zur Durchführung einer Stakeholderanalyse müssen die Ziele und die Reichweite des Projektes, sowie die wesentlichen Akteure bekannt sein. Letztere sollten in einem persönlichen Workshop die Stakeholderanalyse erstellen. Wer zu den wesentlichen Akteuren gehört, ist natürlich vom jeweiligen Umfeld, in dem das QM-System eingeführt werden soll, abhängig.

Abb. 7.4. Schulungspyramide für die bis zur Zertifizierungsreife durchzuführenden Mitarbeiterschulungen

> Aktive Stakeholder können selbst aktiv in das Geschehen eingreifen, passive Stakeholder bestimmen eher die Rahmenbedingungen.

Als Anhaltspunkt für eine eigene Stakeholderanalyse seien hier einige übliche aktive Stakeholderrollen genannt:
- Projektteam, Projektleiter
- Vertreter der verschiedenen Hierarchieebenen mit Weisungsbefugnis
- Auftraggeber
- Fachpromotor
- Kunden

Passive Stakeholder können sein:
- Betriebsrat
- Wettbewerber
- Behörden
- Familienmitglieder der Projektmitarbeiter
- Indirekt vom Projekt betroffene Mitarbeiter

Bei der Vorbereitung und Durchführung einer Stakeholderanalyse können Leitfragen helfen, möglichst alle Aspekte eines Umfeldes zu erfassen. Hier einige Beispiele:
- Wodurch wird das Projekt unterstützt?
- Welche Einflüsse stehen dagegen?
- Bei wem ist das Problem oder Ziel des Projekts bekannt und akzeptiert?
- Wo und wodurch gibt es Veränderungsdruck?

- Was wäre in den einzelnen Bereichen, wenn es dieses Projekt nicht gäbe?
- Wie ist die »Großwetterlage« für das Projekt?
- Welche Reizthemen liegen vor?

Zudem gilt es, Kernfragen zu klären. Hierzu zählen beispielsweise:
- Welche Zwischenergebnisse sind abzustimmen?
- Wer übergibt was, wann, an wen?
- Welcher der Beteiligten informiert wen worüber?
- Unter welchen Bedingungen werden Ergebnisse übergeben?

Üblicherweise werden diese Fragen in einem gemeinsamen Workshop des Projektkernteams mit der Leitung gestellt und beantwortet oder zumindest mit Hypothesen belegt. Aufgabe des Projektleiters ist es dann, offene Punkte möglichst zeitnah abzuklären und schließlich entsprechend der erstellten Stakeholderanalyse das Umfeld des QM-Projekts zu steuern.

Wird eine Stakeholderanalyse nach obiger Struktur durchgeführt, sollten mögliche oder tatsächliche Quellen von Störfeuer weitgehend sichtbar werden. Bereits zu Beginn erkennbare Widerstände können im Aufsatz des Projektes bei Struktur und Prioritäten berücksichtigt werden.

> **Der größte Wert der Stakeholderanalyse besteht darin, durch die vorangegangene Analysearbeit auf Störfaktoren schnell und gezielt reagieren zu können, da diese ja bereits theoretisch durchgespielt worden waren.**

Je exakter die Motivation der verschiedenen Interessensgruppen erfasst werden konnte, umso leichter kann der Projektleiter gegen Störungen vorgehen. Keine auch noch so gute Stakeholderanalyse kann natürlich berechtigte und fundierte Gegenargumente aus dem Wege räumen. Mit diesen muss sich das Projektteam sachlich auseinandersetzen und ggf. den Projektplan entsprechend ändern. Viel häufiger, insbesondere bei der Erst-Einführung eines QM-Systems, trifft ein Projektteam jedoch auf diffusen Widerstand oder verdecktes Störfeuer, dem es ohne Stakeholderanalyse kaum

etwas entgegensetzen könnte. Auf Basis einer Stakeholder-Landkarte können hingegen Quelle und die zu erwartende Stärke und Durchsetzungskraft in der Regel schnell ermittelt und eine Abwehrstrategie formuliert werden. Diese kann z. B. darin bestehen, den Urheber des Widerstands in eine aktivere Projektrolle zu bringen. Zum einen wird er dadurch stärker in das Projekt involviert, was seine Motivation und seine Renommee positiv beeinflussen kann, zum anderen bliebe ihm weniger Zeit für Störfeuer.

Eine weitere Taktik kann in der Suche nach Verbündeten liegen, die auf der Stakeholder-Landkarte als entschiedene Gegner des Störers identifizierbar sind. Ebenso erfolgreich kann die Strategie sein, aus dem engen Umfeld des Störers Verbündete für den eigenen Standpunkt zu suchen.

Zusätzlich zu der personenbezogenen Stakeholderanalyse kann es sinnvoll sein, eine Kraftfeldanalyse durchzuführen. Die Rede ist dabei pragmatisch von jenen Kräften, die in jedem sozialen System auf dessen einzelne Mitglieder einwirken. Jene »unsichtbaren Verbindungen« bestehen letztlich darin, dass die Mitglieder des Systems ständig teils positiv, teils negativ auf das Handeln der anderen reagieren und so einen gewissen Einfluss darauf ausüben, ob und unter welchen Bedingungen sich die anderen Systemmitglieder wohlfühlen. ▫ Abb. 7.5 gibt ein Beispiel für eine Kraftfeldanalyse im Krankenhausbereich.

Für das Gelingen des Projektes stellen sich hierzu folgende Fragen:
- Wie sehen Umfeld und die Rahmenbedingungen aus?
- Wer befürwortet das Projekt?
- Wo liegen Gefahrenquellen?

> Für ein QM-Projekt ist es eminent wichtig, das Umfeld richtig einzuschätzen und mit Unterstützung und mit Widerständen professionell umzugehen. Eine Stakeholderanalyse ist eine Projektumfeldanalyse – es werden alle Interessensgruppen des Projektes sowie ihre Ziele und Motivation bestimmt. Hierdurch sollen möglichst alle Einflussfaktoren des Projektes erfasst werden. Eine Stakeholderanalyse kann
>
> ▼

Kraftfeldanalyse positive und kritische Erfolgsfaktoren	
+ treibende Kräfte	**-hemmende Kräfte**
Leitbild	Kundenbefragung
Führen mit Zielen	Refinanzierung
Unternehmensvision	Pers. Zeitressourcen
Geschäftsführung steht hinter dem Projekt	Angst vor Zeitaufwand
MA sehen QM positiv	Widerstand gegen das Projekt
QMB vorhanden	Verwaltungsablauf
Finanzierung	Externe Schnittstellen
	Interne Schnittstellen
Berater einbezogen	Rechtslage: Kunde ist nicht Kostenträger
Projektplanung	Beschwerdemanagement
Fort- und Ausbildung	Risikomanagement
Auditoren vorhanden	Fehlermanagement
Q-Zirkel	Zentrale Verfügbarkeit der Dokumente über EDV
Prozesse	Räumliche Distanzen
Gesellschafter	Regionale Unterschiede
Standards	Betreuungsfehler
Betreuung	
Besprechungswesen MA	
Besprechungswesen Leitung	
Fallbesprechungen	
Supervision	
Sponsoring	
Fundraising	
Gesamtplanverfahren (Kernprozess)	
Kostenbeantragung	
Aufnahmeverfahren	
Entlassungsprozess	
Leistungsdokumentation	

■ Abb. 7.5. Beispiel für eine Kraftfeldanalyse

positive wie negative Einflussfaktoren auf das QM-Vorhaben im Vorhinein identifizieren, so dass im Falle eines Widerstandes Gegenmaßnahmen schnell und gezielt eingeleitet werden könnten.

7.9　Wie gehe ich mit Widerständen um?

Der Mensch ist ein Gewohnheitstier: Die bei den meisten Menschen zunächst auftretende Skepsis gegenüber Veränderungen jeglicher Art beruht nicht in erster Linie auf bloßer Unflexibilität, sondern hat tieferliegende Ursachen – Veränderungen erzeugen

Ängste. Nicht bei jedem Menschen äußern sich diese Ängste gleich: bei einigen verwandelt sich die Angst unmittelbar in Angeregtheit und Vorfreude, bei anderen führt sie zu innerem (und äußerem) Widerstand und bildet so die Ursache von Konflikten.

> ⚠ **Keinesfalls sollten Konflikte und Widerstände durch Druck, Vorschriften und Zwang »gelöst« werden. Man sollte vielmehr in Gesprächen Verständnis, Vertrauen und Unterstützung anbieten und ängstliche Mitarbeiter von der Notwendigkeit der Veränderungen überzeugen.**

Neben Gesprächsbereitschaft sind ebenso klare und eindeutige Signale gefragt, sowie Grundregeln für das Einsetzen von Konsequenzen, wenn Absprachen nicht erfüllt werden, obwohl alle Voraussetzungen zur Erfüllung gegeben sind.

Häufig werden Veränderungen in Unternehmen von Widerständen begleitet, die sich mitunter sehr subtil äußern und deren Ursachen nicht ohne weiteres ersichtlich sind. Werden Konflikte verschleppt, so entsteht mit der Zeit eine Dynamik, die die Steuerung der Veränderungsprozesse erheblich erschwert. Diese Dynamik folgt einer Logik, deren Kenntnis Leitungs- und Führungskräfte in die Lage versetzt, Widerstände zu nutzen und Veränderungsprozesse erfolgreicher zu gestalten. Wie in ► Kap. 7.8 diskutiert, kann zur Erkennung solcher Widerstände und Störfaktoren eine Stakeholderanalyse, die gleich zu Projektbeginn durchzuführen ist, sehr hilfreich sein.

> ⏩ **In der Regel scheitert ein Projekt nicht an Widerständen, sondern am falschen Umgang damit.**

Die häufigsten Problemquellen beim Umgang mit Widerständen und Störfaktoren sind einerseits mangelnde Entschiedenheit nach dem Motto »Allen wohl und niemand weh«, aber auch mangelnde Sensibilität, die mit unnötiger Härte vorgeht und Widerstände und Angst noch verschlimmert.

Insgesamt erfordert der Umgang mit Widerständen innerhalb des Projekts wie gegen das Projekt besondere Aufmerksamkeit und hohes diplomatisches Geschick. Widerstände sind stets Chefsache, d. h. Aufgabe des Projektleiters.

Zunächst müssen Widerstände als eine gesunde Reaktion einer funktionierenden Organisation gegenüber Veränderungen verstanden werden, die jedes Projekt notwendigerweise mit sich bringt. Schließlich muss der Nachweis einer Verbesserung durch die Veränderung erst erbracht werden.

Tritt durch Qualitätsmanagement und dessen Konsequenzen eine Veränderung und somit Instabilität ein, sehen Mitarbeiter ihre lieb gewordenen Gewohnheiten bedroht. Durch den Wandel verschieben sich unter Umständen auch noch Macht- und Ressourcenverteilungen oder werden zumindest in Frage gestellt.

Die Angst und Unwissenheit gegenüber Qualitätsmanagement können selbst das Lernen mit Angst verbinden. Folglich gibt es auch zahlreiche Abwehrmechanismen, um den Zugewinn von QM-Wissen zu vermeiden. Die Angst verhindert oft das Lernen.

Die Mitarbeiter, die an der Implementierung von Qualitätsmanagement beteiligt sind, müssen im Verlauf des Projektes normalerweise erfahren, dass die bestehende Art und Weise, Dinge zu tun, in Frage gestellt wird. Die Angst vor diesem Verlust birgt aber gleichzeitig die konstruktive Motivation für Veränderungen in sich. Bei einem Auftreten von Widerständen müssen daher solche Verunsicherungsfelder klar erkennbar und allen zugänglich sein. Dies sollte durch die leitenden QM-Beauftragten kommuniziert werden. Eine der wichtigsten Aufgaben der QM-Beauftragten besteht also darin, die Mitarbeiter zu unterstützen, selbst zu erkennen, dass etwas von der obersten Leitung beschlossenes Neues nicht bewältigt werden kann, wenn die Bereitschaft dazuzulernen nicht gegeben ist.

Sogar wenn alle einzelnen Angehörigen der Klinik von der Notwendigkeit der Änderungen durch Qualitätsmanagement persönlich überzeugt sind, kann unter Umständen noch heftiger Widerstand auftreten. Dieser Widerstand ist für die Mitarbeiter oft das einzige Mittel, mit dem sie glauben die Stabilität der Organisation aufrecht erhalten zu können. Je größer der Klinikbetrieb oder die zu zertifizierende Abteilung, desto größer kann unter Umständen der notwendige Kraftaufwand oder die Überzeugungsarbeit zur konstruktiven Veränderung sein.

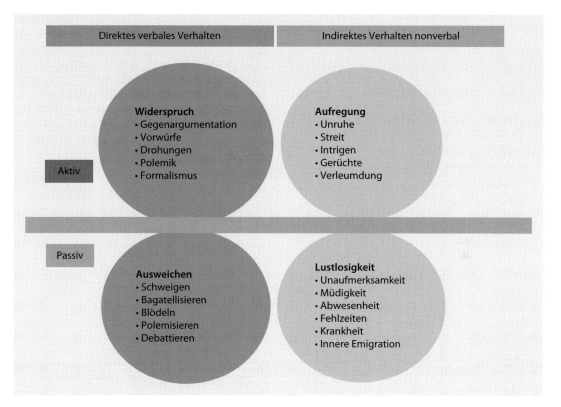

Direktes verbales Verhalten	Indirektes Verhalten nonverbal

Aktiv

Widerspruch
- Gegenargumentation
- Vorwürfe
- Drohungen
- Polemik
- Formalismus

Aufregung
- Unruhe
- Streit
- Intrigen
- Gerüchte
- Verleumdung

Passiv

Ausweichen
- Schweigen
- Bagatellisieren
- Blödeln
- Polemisieren
- Debattieren

Lustlosigkeit
- Unaufmerksamkeit
- Müdigkeit
- Abwesenheit
- Fehlzeiten
- Krankheit
- Innere Emigration

◘ **Abb. 7.6.** Verbaler und nonverbaler Ausdruck von Widerständen

Insgesamt wird der Widerstand umso geringer sein, je mehr die Einführung des QM-Systems über Einbezug der Mitarbeiter, Ermächtigung zu eigenem Handeln, Schulung, Unterstützung, Beteiligung und Kooperation läuft. Wo immer möglich verringert der Einbezug in eine gemeinsame Entscheidungsfindung Widerstände in ganz erheblichem Maße. Für die Mitarbeiter bedeutet dies, dass sie selber mitgewirkt haben und somit Entscheidungen auch wesentlich eher mittragen.

Grundsätzlich gilt bei auftretenden Widerständen auch die Regel, dass mit offen ausgetragenem verbalen Widerstand leichter umgegangen werden kann als mit latentem und nonverbalem. Wie sich diese offenen und verdeckten Widerstände in aktiver und passiver Form im Verhalten zeigen verdeutlicht ◘ Abb. 7.6.

❯ **Widerstände können sich verbal und nonverbal sowie aktiv und passiv äußern.**

Eine der wichtigsten Regeln für den Umgang mit Widerständen lautet, zunächst die hinter dem auftretenden Widerstand steckenden Gründe und Ängste herauszufinden und zu versuchen, eine für beide Seiten positive Lösung (Win-Win-Situation) zu schaffen. Die Verdoppelung des englischen Worts für »gewinnen« macht unmittelbar deutlich, worum es bei der »Win-Win-Situation« geht: Zwei (oder mehr) Partner sollen aus einem gemeinsamen Projekt Nutzen für sich ziehen.

Um Widerstände zu begreifen, ist es wichtig, sich die emotionalen Phasen der Veränderung zu vergegenwärtigen. Hierzu ist es hilfreich, sich die folgenden Fragen zu stellen:

- Was geht in den Köpfen der Mitarbeiter vor?
- Wie werden Veränderungen wahrgenommen?
- Welche menschlichen Reaktionsmuster auf Unsicherheit und Mehrdeutigkeit gibt es?

Als nächster Schritt ist es wichtig, den Widerstand zu managen. Hierbei sind folgende Punkte zu beachten:

- Welche Typen und Arten von Widerstand gibt es?
- Welche Anzeichen von Widerstand liegen vor?
- Wo liegen die Ursachen für den Widerstand?
- Welche Bedürfnisse/Interessen sind von der Veränderung berührt?
- Welche Strategien und Analyseinstrumente kann ich einsetzen?
- Wie kann ich künftigem Widerstand vorbeugen?
- Wie gehe ich konstruktiv mit Widerständen um?

Gerade bei der Implementierung von Veränderungsprozessen ist eine konsequente und sensible Führung notwendig. Folgende Punkte sollten dabei besonders beachtet werden:

- Entscheidungen sollten mit der Sache im Blick getroffen werden.
- Mitarbeiter sollten motiviert werden.
- Es sollte situativ und konsequent kommuniziert werden, mit den Betroffenen im Blick.

Widerstände können sich vielfältig äußern, oftmals in sehr subtiler Form. Sie können sich in übertriebenem Perfektionismus, geschickten Ablenkungsmanövern, endlosen Methodendiskussionen oder beständigen Wirtschaftlichkeitsanalysen bemerkbar machen.

Um Widerstände zu verhindern und zu überwinden, helfen aus Sicht des Projektmanagements:

- Eindeutige Definition des Projektziels und seine vertragliche Vereinbarung im Lastenheft
- Gewährleistung der Unterstützung durch das Top-Management (»management attention«)
- Durchführung eines Kick-Off-Meetings oder eines Startworkshops
- Aktives Projektmarketing
- Durchführung einer Stakeholderanalyse
- Installation eines Projektinformationssystems, ggf. mit EDV-Unterstützung
- Aktives Konfliktmanagement

Wenn sich Widerstände bei genauerer Analyse als echte Konflikte erweisen, müssen diese nach dem Prinzip der themenzentrierten Interaktion »Störungen haben Vorrang« ohne Zeitverzug angegangen werden, da sie sonst den Projektfortschritt ernsthaft gefährden. Projekte sind auf die aktive Unterstützung aller Projektbeteiligten angewiesen.

> **❗ Werden Widerstände bzw. Konflikte nicht unverzüglich angegangen, kann es zu einer vollständigen Projektblockade kommen.**

Zur Vorbeugung von Konflikten ist es hilfreich, gleich zu Beginn von Projekten klare Übereinkünfte festzulegen. Wenn Projektgruppen und Qualitätszirkel begonnen werden, sollte unmittelbar nach dem Kennenlernen als erstes Regeln für die Zusammenarbeit schriftlich fixiert werden, die von allen bejaht werden. Alle Arbeitsaufträge und Zeitvorgaben sollten in Ergebnisprotokollen von Anfang an festgelegt sein. Im Konfliktfall kann auf diese Regeln und auf die Protokolle zurückgegriffen werden.

> QM-Projekte führen zu Veränderungen, die wiederum Ängste auslösen. Hierdurch können Widerstand und Konflikte entstehen. Die Projekte scheitern jedoch normalerweise nicht an den Widerständen, sondern an dem falschen Umgang damit. Hierbei helfen weder unnötige Härte noch Unentschlossenheit – Widerständen und Störfaktoren muss proaktiv begegnet werden. Es sind die Gründe für den Widerstand und die zugrunde liegenden Ängste herauszufinden. Nach Möglichkeit ist eine Win-Win-Situation zu schaffen. In jedem Fall ist zu vermeiden, dass es durch Widerstände zu einer Projektblockade kommt.

7.10 Nicht zu vergessen – Gesetzliche Anforderungen

In einer klinischen Einrichtung sind alle gesetzlichen Anforderungen einzuhalten. Dies klingt zunächst selbstverständlich und das Kapitel scheint überflüssig. Bei genauerer Betrachtung finden sich jedoch in den allermeisten Abteilungen Lücken in

---

◻ Tabelle 7.2 Auswahl der gesetzlichen Anforderungen, die für den Krankenhausbereich relevant sind

– Abfall-Gesetz (AbfG)	– Handelsgesetzbuch (HGB)
– Apotheken-Gesetz	– Heim-Gesetz (HeimG)
– Arzneimittelgesetz (AMG)	– Heimmitwirkungsordnung
– Arbeits-Gesetz (ArbG)	– Heimpersonal-Verordnung
– Arbeitsschutz-Gesetz (ArbSchG)	– Infektionsschutzgesetz
– Arbeitssicherheits-Gesetz (AsiG)	– Katastrophenchutz-Gesetz
– Arbeitszeit-Gesetz (ArbZG)	– KH-Hygiene-Gesetz
– Baustellenverordnung	– Krankenpflegegesetz (KrPflG)
– Bürgerliches Gesetzbuch (BGB)	– Lebensmittel- und Bedarfsgegenstände-Gesetz
– Betäubungsmittelgesetz (BTMG)	– Lebensmittelhygieneverordnung (LMHV)
– Betreuungsrecht	– Medizinproduktegesetz (MPG)
– Brandschutz-Verordnung	– Mutterschutz-Gesetz (MuSchG)
– Bundesdatenschutz-Gesetz (BDSG)	– Personalvertretungsgesetz (PersVG)
– Bundes-Immissionsschutz-Gesetz (BImSchG)	– Pflegebuchführungsverordnung (PBV)
– BZ-Geräte-Gesetz	– Pflegequalitätssicherungs-Gesetz (PQsG)
– Chemikaliengesetz (ChemG)	– Sozialgesetzbuch XI – Soziale Pflegeversicherung (SGB XI)
– Eichungs-Gesetz (RR)	– StGB (Strafgesetzbuch)
– Gefahrstoff-Verordnung (GefStoffV)	– Tierschutzgesetz
– Gentechnik-Gesetz (GenTG)	

---

der Durchsetzung gesetzlicher Anforderungen, die möglichst frühzeitig entdeckt und behoben werden sollten. Wird im Rahmen eines QM-Projekts zu spät an die gesetzlichen Anforderungen gedacht – die ja eigentlich die Basis für das weitere Handeln darstellen – gerät der Zeitplan schnell ins Schleudern und das gesamte Projekt ist gefährdet.

Zahlreiche Gesetze finden ihre Anwendung in klinischen Einrichtungen. ◻ Tab. 7.2 gibt einen Überblick über wichtige Gesetze, die für den Krankenhausbereich wichtig sind.

Ein wichtiger Aspekt der gesetzlichen Anforderungen ist das Beauftragtenwesen. Es stellt sicher, dass alle relevanten Gesetzesvorschriften, wie z. B. Hygiene, Datenschutz etc., allen Mitarbeitern bekannt sind und gesetzeskonform umgesetzt werden. Dabei ist es wichtig, dass regelmäßige Unterweisungen durchgeführt werden, beispielsweise:

- Datenschutzunterweisungen
- Unterweisungen nach der Röntgenverordnung
- Arbeitsschutzunterweisungen
- Brandschutzunterweisungen

Es muss dabei dokumentiert sein, dass diese Unterweisungen tatsächlich durchgeführt wurden, und dass die Mitarbeiter daran teilgenommen haben. Hierfür sind unbedingt Unterschriftslisten zu führen. Um sicherzustellen, dass tatsächlich alle Mit-

arbeiter erfasst wurden, empfiehlt es sich, Listen zu führen, auf denen sämtliche Mitarbeiter, die teilnehmen sollen, in der linken Spalte aufgeführt sind. Die Unterschriften werden dann jeweils neben dem eigenen Namen gesetzt. So kann man sich rasch einen Überblick verschaffen, wer gefehlt hat und noch nachgeschult werden muss.

> **Schon zu Beginn eines QM-Projektes sollte überprüft werden, ob alle vorgeschriebenen Unterweisungen tatsächlich regelmäßig durchgeführt werden, und ob sie auch lückenlos dokumentiert sind.**

Für alle Beauftragten sollten Funktions- bzw. Stellenbeschreibungen vorliegen, in denen die genauen Aufgaben und Verantwortlichkeiten aufgeführt sind.

◻ Tab. 7.3 gibt einen Überblick über die Beauftragte im klinischen Umfeld. In den meisten Einrichtungen existiert ein Beauftragtenwesen. Hierbei ist bei Beginn eines QM-Projekts unbedingt zu überprüfen, ob dieses Beauftragtenwesen auch tatsächlich lückenlos ist, und ob es bis in die Abteilung bzw. in den Bereich dringt, in dem das Projekt realisiert werden sollte. Zusätzlich zu den in ◻ Tab. 7.3 genannten Beauftragten, empfiehlt es sich auch, einen Fortbildungsbeauftragten zu haben. Dieser plant interne und externe Referenten,

▣ Tabelle 7.3 Beauftragte im klinischen Umfeld (Quelle: Lenkungsausschuss QM – Klinikum der Universität München)

Bezeichnung	Voraussetzung	Rechtsgrundlage	Funktionen	Betriebliche Stellung, Kompetenz
Sicherheitsbeauftragter	Keine spezielle Ausbildung erforderlich, wird aber bei der BG jährlich kostenlos angeboten	§ 22 SGB VII, BGV A 1, § 20	Beratung vor Ort, Überwachung in seinem Tätigkeitsbereich	Vom Unternehmen schriftlich bestellte Person, die den Unternehmer und die Verantwortlichen darin unterstützt, Unfälle, berufsbedingte Krankheiten und Gesundheitsgefahren zu vermeiden
Fachkraft für Arbeitssicherheit	Fachkundeausbildung, 2 Jahre Berufserfahrung als S-Ingenieur, S-Techniker oder S-Meister, Zusatzausbildung im Arbeitsschutz	Arbeitsschutzgesetz, Arbeitssicherheitsgesetz	Beratung Arbeitsschutz und Unfallverhütung, Gesundheitsgefahren am Arbeitsplatz; Unterweisung des Sicherheitsbeauftragten; Gefährdungsanalyse	Darf nicht in liniengebundener Position tätig sein (Interessenskonflikt), weisungsfrei
Betriebsarzt	Facharzt für Arbeitsmedizin bzw. Arbeitshygiene oder Facharzt mit staatlicher Anerkennung als Betriebsarzt	Arbeitsschutzgesetz, Arbeitssicherheitsgesetz § 2 ff.	Beratung und Begehung bzgl. Arbeitsschutz und Unfallverhütung; arbeitsmedizinische Untersuchung und Beratung der Mitarbeiter	Weisungsfrei
Betriebsbeauftragter für Abfall	Fachkunde durch Weiterbildung	§§ 54–55 KrW-/AbfG, AbfBetrbV	Überwachung, Beratung, Empfehlungen, Jahresbericht	Fachlich möglichst unmittelbar unter der Geschäftsführung
Beauftragter für Datenschutz	Fachkunde (Rechtsvorschriften, EDV-Kenntnisse)	§§ 36, 37 BDSG	Sicherstellung des Datenschutzes durch Überwachung, Beratung und Empfehlungen	Unmittelbar unter Leitung, unmittelbares Vortragsrecht, EDV-Kenntnisse
Beauftragter für biologische Sicherheit		§ 16 BGV C 4 (§ 6 GenTG, §§ 15–18 GenTSV)	Beratung, Überprüfung, Überwachung und Empfehlung, Jahresbericht	Fachlich möglichst unmittelbar unter der Geschäftsführung
Gefahrgutbeauftragter	Schulung mit Prüfung, alle 5 Jahre Fortbildungsprüfung	§§ 1 ff. GbV	Überwachung, Beratung, Empfehlungen, Jahresbericht	Fachlich möglichst unmittelbar unter der Geschäftsführung

◘ **Tabelle 7.3** Fortsetzung

Bezeichnung	Voraussetzung	Rechtsgrundlage	Funktionen	Betriebliche Stellung, Kompetenz
Tierschutzbeauftragter		§ 8b Tier-SchG	Überwachung, Beratung, Hinwirkung auf Vermeidung von Tierversuchen	Arzt; Biologe; Stellungnahme zur Genehmigung eines Tierversuchs, unmittelbares Vortragsrecht, weisungsfrei
Qualitätsbeauftragter	Sollte Führungsverantwortung inne haben	Keine gesetzliche Grundlage DIN EN ISO 9000 ff. DIN EN ISO 15189	Aufbau und Aufrechterhaltung des Qualitätssicherungssystems, Schulung der Mitarbeiter	Mitglied der oberen Leitungsebene oder ihr direkt unterstellt
Brandschutzbeauftragter	Spezielle Kenntnisse im Brandschutz	Keine gesetzliche Verpflichtung, kann von Sachverständigen gefordert werden	Ist im Einzelfall zu prüfen, Aufstellung von Alarm- und Brandschutzplänen, Organisation und Überwachung der Brandschutzkontrollen im Betrieb, Beratung des Betriebs, Ausbildung der Mitarbeiter	Sollte unmittelbar der Betriebsleitung unterstellt sein, keine Weisungsbefugnis; bei Gefahr im Verzug unmittelbare Pflicht zum Eingreifen
Krankenhaushygieniker	Arzt für Hygiene, evtl. Mikrobiologie und Infektionsepidemiologie	RKI-Richtlinie Infektionsschutzgesetz § 4	Beratung der Ärzte in allen Fragen der Krankenhaushygiene; Durchführung bzw. Überwachung aller Maßnahmen zur Erkennung, Verhütung und Bekämpfung von KH-Infektionen	Weisungsbefugnis gegenüber der Hygienefachkraft, dem Desinfektor u. a.
Hygienebeauftragter	Erfahrener Arzt mit Kenntnissen in der Mikrobiologie, Fachkunde	RKI-Richtlinie	Z. B. Umsetzung des HACCP-Konzepts, Ausbau, Pflege und Weiterentwicklung eines Hygienemanagements	Innerbetriebliche Regelung; Weisungsbefugnis gegenüber der Hygienefachkraft
Hygienefachkraft	Weiterbildung zur Fachkrankenschwester/-pfleger für Hygiene	RKI-Richtlinie	Mitwirkung bei allen Aufgaben des Hygienebeauftragten Vorbereitung für die Sitzung der Hygienekommission	Direkt dem Ärztlichen Leiter unterstellt, dieser kann die Weisungsbefugnis an den Hygienebeauftragten delegieren

◼ **Tabelle 7.3** Fortsetzung

Bezeichnung	Voraussetzung	Rechtsgrundlage	Funktionen	Betriebliche Stellung, Kompetenz
Medizinprodukte-verantwortlicher	Sollte eine leitende Stellung inne haben	Keine Verankerung in Gesetz oder Norm; entstanden aus umfangreichen Anforderungen des MPG, MPV, MPBetreibV	Kontrolle und Überwachung	Leitende Stelle
Medizinprodukte-beauftragter	Abteilungsbezogene leitende Funktion	Keine Verankerung in Gesetz oder Norm; entstanden aus umfangreichen Anforderungen des MPG, MPV, MPBetreibV	Schulung, Geräteeinweisung, Verzeichnis, Dokumentation aller Vorkommnisse mit Medizinprodukten	Ist dem MP-Verantwortlichen nachgeordnet
EDV-Beauftragter		Keine Verankerung in Gesetz oder Norm; teilweise entstanden aus betrieblichen Notwendigkeiten	Ansprechpartner für das Klinikum, EDV-Anträge	Keine Besonderheiten
DRG-Beauftragter	Kenntnisse Kodierrichtlinien	Keine Verankerung in Gesetz oder Norm; entstanden aus betrieblichen Notwendigkeiten	Prüfung der Diagnosendokumentation Einhaltung der Kodierrichtlinien, Ermitteln des DRG-Codes und Abgleich der Bewertung mit dem medizinisch-pflegerischen Aufwand für den Fall	Keine Besonderheiten
Transplantations-beauftragter	Facharzt mit mehrjähriger Berufserfahrung	Gesetz zur Ausführung des Transplantationsgesetzes und des Transfusionsgesetzes (AGTTG)	Koordination, Aufklärung Organspende, Jahresbericht	Funktion in Nebentätigkeit
Laserschutzbeauftragter	Gilt als sachkundig, wenn er aufgrund seiner fachlichen Ausbildung ausreichende Kenntnisse erworben hat	Unfallverhütungsvorschrift »Laserstrahlung« § 6 GUV-V B2 und die DIN EN 60825	Beratung, Überprüfung, Überwachung und Empfehlung	Weisungsrecht gegenüber den Beschäftigten an Lasereinrichtungen, Veranlassung von ärztlichen Untersuchungen bei vermuteten Unfällen gemäß § 12

◘ Tabelle 7.3 Fortsetzung

Bezeichnung	Voraussetzung	Rechtsgrundlage	Funktionen	Betriebliche Stellung, Kompetenz
Strahlenschutz-verantwortlicher	Verantwortlicher ist derjenige, der eine Genehmigung zum Betreiben einer Röntgenanlage besitzt oder Anzeige über den Betrieb dieser Anlage erstatten muss; Fachkunde oder besondere Kenntnisse sind nicht erforderlich	Röntgenverordnung, Strahlenschutzverordnung	Bestellung von Strahlenschutzbeauftragten mit schriftlicher Fixierung der Aufgaben; Verantwortung für die Einhaltung der Vorschriften	Weisungsbefugnis gegenüber den Strahlenschutzbeauftragten
Strahlenschutzbeauftragter	Fachkunde, alle 5 Jahre erneuert	RöV oder Strahlenschutzverordnung	Beratung, Überprüfung, Überwachung und Empfehlung	Ist dem Strahlenschutzverantwortlichen nachgeordnet; Zusammenarbeit mit Personalrat und der Fachkraft für Arbeitssicherheit
Transfusionsverantwortlicher	Facharzt mit Zusatzbezeichnung »Bluttransfusionswesen«, theoretische Fortbildung 16 Stunden, 4-wöchige Hospitation bei einer zur Weiterbildung befugten Einrichtung	Transfusionsgesetz § 15	Leitet die Transfusionskommission, Fortentwicklung der Qualitätssicherung in seinem Bereich	Erhält die erforderlichen Kompetenzen durch die Klinikleitung
Transfusionsbeauftragter	Facharzt mit Zusatzbezeichnung »Bluttransfusionswesen«, theoretische Fortbildung 16 Stunden	Transfusionsgesetz § 15	Beratung, Unterstützung des Abteilungsleiters, Wahrnehmung der Meldepflichten, Mitarbeit in der Transfusionskommission	Ist dem Transfusionsverantwortlichen nachgeordnet
Qualitätssicherungsbeauftragter für die Arzneimittelherstellung	Darf nicht Leiter der Abteilung sein	Arzneimittelgesetz § 64	Prüfung und Überwachung über Entwicklung, Herstellung, Prüfung, klinische Prüfung oder Rückstandsprüfung, Erwerb, Lagerung, Verpackung, Inverkehrbringen und sonstigen Verbleib der Arzneimittel	

Schulungsthemen und Konferenzen. Diese Schulungen und Fortbildungen sollten durch den Fortbildungsbeauftragten im QM-Kalender geführt werden. Zudem sollte der Fortbildungsbeauftragte ein Schulungs-Controlling durchführen, also nachprüfen, wie hoch der Schulungsdurchsatz ist. Bei Fluktuationen der Mitarbeiter stellt er die Nachqualifikation der Mitarbeiter sicher.

> ▶ **Das bereits existierende Beauftragtenwesen ist auf Herz und Nieren zu prüfen, um sicherzustellen, dass die gesetzlichen Anforderungen auch wirklich umgesetzt werden.**

Ein Gesetz, das für Kliniken sehr wichtig ist, das aber gerne in Vergessenheit gerät, ist das Medizinproduktegesetz (MPG). Auch für das MPG muss es einen Beauftragten geben – den Medizinproduktebeauftragten. Zu dessen Aufgabenspektrum gehört die Organisation und Überwachung der Geräteeinweisungen der Mitarbeiter, die Kontrolle der Dokumentation nach MPG und die Erstellung und Aktualisierung der Gerätedatenbank. Es ist sehr wichtig, dass die Mitarbeiter an allen MPG-relevanten Geräten, an denen sie arbeiten, korrekt eingewiesen wurden, und dass dies auch lückenlos durch Unterschrift dokumentiert wurde. Dies wird häufig nicht umfassend umgesetzt und ist daher möglichst früh zu überprüfen und entsprechend zu korrigieren. Auch muss eine umfassende, immer aktuelle Gerätedatenbank vorliegen.

Alle Rechtsvorschriften und ihre aktuellen Änderungen werden über die Ländervertretungen der Krankenhausgesellschaften mitgeteilt bzw. können dort erfragt werden.

auch wirklich regelmäßig durchgeführt werden und ob die Dokumentation hierzu lückenlos ist. Besonders geachtet werden sollte auch auf das Medizinproduktegesetz und seine Anforderungen, insbesondere in Bezug auf die Geräteeinweisungen der Mitarbeiter und auf die Gerätedatenbank.

Bei der Durchführung eines QM-Projekts sollte man schon frühzeitig an die gesetzlichen Anforderungen denken. Wird dies zu Beginn des Projekts versäumt, gerät der Zeitplan rasch ins Wanken und das gesamte Projekt in Gefahr. Es sollte überprüft werden, ob alle relevanten Beauftragten benannt wurden. Für diese sollten entsprechende Funktions- bzw. Stellenbeschreibungen vorliegen. Zudem ist zu prüfen, ob alle vorgeschriebenen Unterweisungen

▼

Qualitätswerkzeuge

8.1   **Moderationstechniken und weitere Werkzeuge für**
            Qualitätsmanagement – 138
8.1.1   Werkzeuge zur Ideenfindung – 138
8.1.2   Werkzeuge zur Priorisierung und Sortierung – 138
8.1.3   Werkzeuge zum Projektmanagement – 141

8.2   **Knowledge Management – wie verwalte ich das Wissen? – 143**

8.3   **Best Practice Sharing – wie multipliziere ich Qualität? – 144**

8.4   **Qualitätszirkel – was ist das? – 145**

8.5   **Netzwerke für Qualitätsmanagement – 145**

8.1 Moderationstechniken und weitere Werkzeuge für Qualitätsmanagement

Es gibt eine fast unüberschaubare Zahl von Werkzeugen, die jede Art von Planung, Projektmanagement etc. unterstützen können. Aus dieser Vielzahl haben wir versucht diejenigen auszuwählen, die sich beim Thema Qualitätsmanagement als besonders hilfreich erwiesen haben. Zur besseren Übersicht sind die einzelnen Werkzeuge in Kategorien nach ihrem primären Einsatzzweck sortiert: Ideenfindung, Priorisierung/Sortierung und Projektmanagement.

8.1.1 Werkzeuge zur Ideenfindung

Die häufigste und vermutlich bekannteste Methode zur Ideenfindung ist das **Brainstorming**. Grundidee dieses Werkzeugs ist es, die assoziativen Kräfte einer Gruppe von Personen zu einem frei wählbaren Thema zu nutzen. Am Anfang steht daher entweder ein Begriff oder eine Frage, zu der die Gruppe alle ihr in den Sinn kommenden Ideen, Gefühle, Assoziationen nennen soll. Ein Moderator hält diese Äußerungen unkommentiert meistens auf einem Flipchart fest. Wichtig für ein effizientes Vorgehen ist dabei das Einhalten bestimmter Regeln:

- Vorgabe eines festen Zeitraums (in der Regel 2–15 Minuten)
- Während des Brainstormings sind keine Kommentare, Kritik oder Fragen erlaubt
- Kein Einfall ist zu weit hergeholt – Phantasieren ist erlaubt
- Die Einfälle dürfen, ja sollen aufeinander aufbauen, um im Idealfall eine Assoziationskette zu erzeugen

Das Ergebnis des Brainstormings ist üblicherweise eine lange Liste von für das Ausgangsthema mehr oder weniger relevanten Ideen, die anschließend einer Sortierung und Gewichtung bedürfen. Eine Sonderform stellt das Brainwriting dar, bei dem zunächst die Gruppenmitglieder Ideen still auf Karten sammeln und erst in der Sortierphase miteinander kommunizieren.

> ❯ Der Vorteil der Brainstorming-Technik liegt in der Erschließung neuer, bei der systematischen Arbeit häufig nicht auftauchender Perspektiven.

Das **Mindmapping** stellt einer einzelnen Person im Ideenfindungsprozess ähnliche Möglichkeiten zur Verfügung. Hilfsmittel sind ein Blatt Papier und ein Stift. In die Mitte des Blattes schreibt man den Begriff bzw. das Problem, das man für sich erschließen möchte. Jeder Begriff, der einem zum Thema einfällt, wird auf das Papier geschrieben und mit dem Ausgangsthema durch einen Strich verbunden. Jede Idee, die sich an einen bereits auf dem Blatt stehenden Begriff anschließt, wird mit diesem und nicht mit dem Startbegriff verbunden. Neue Assoziationen erhalten einen eigenen »Ast« zum Ausgangsbegriff (◘ Abb. 8.1). Üblicherweise entsteht dabei eine baumförmige Struktur, die verschiedenste Aspekte eines Themas erfasst und zueinander in Beziehung setzt. Auch hier erhöht die anschließende Priorisierung und Gewichtung der einzelnen Begriffe und Ideen den Wert der Methode.

> ❯ Ein Mindmap kann auch über ein Computerprogramm erstellt werden.

Eine bereits seit Jahrzehnten etablierte Kreativitätstechnik ist die sog. **Osborn-Checkliste**, die es in verschiedenen Varianten gibt. Sie alle haben eine Liste von Fragen gemeinsam, anhand derer sich ein Thema aus den unterschiedlichsten Perspektiven reflektieren lässt. Hierdurch werden Ideen zu Alternativen und Verbesserungen eines bestehenden Produktes erkennbar gemacht. Typische Fragen lauten dabei: »Vergrößern?«, »Was kann ich hinzufügen?«, »Umkehren?«, »Rollen oder Aufgaben vertauschen?«

8.1.2 Werkzeuge zur Priorisierung und Sortierung

Die einfachste und in vielen Fällen sehr effiziente Sortierungsmethode ist das sog. **Clustering** von Themen und Begriffen. Hierbei werden die gesammelten Ideen nach ihrem inhaltlichen oder logischen Zusammenhang zu Gruppen zusammengefasst und ergeben damit eine deutlich überschaubarere Zahl von Kerngedanken, die sich idealerweise

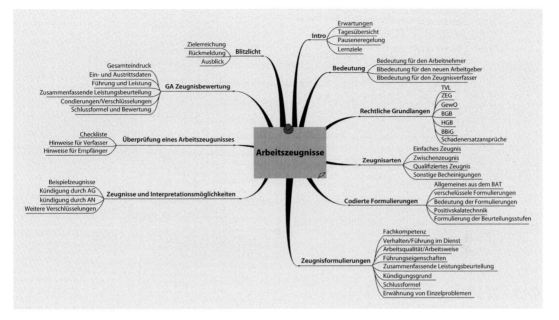

Abb. 8.1. Mindmapping (Beispiel)

auch noch zueinander in Beziehung setzen lassen. Fast jede Sortiermethode nutzt das Clustering (auch als Affinitäts- oder Verwandtschaftsdiagramm bezeichnet) in dieser einfachen oder um weitere Aspekte ergänzten Weise. So versucht das Baumdiagramm ein Thema in seine einzelnen Aspekte aufzugliedern und damit leichter durchschaubar zu machen. Das Ergebnis erinnert häufig an ein Mindmapping-Bild.

> **Im Rahmen eines Clustering kann ein Baumdiagramm der Erweiterung dienen.**

Das **Ishikawa-Diagramm** (auch Ursache-Wirkungs- oder Fischgrätendiagramm) kann z. B. Begriffe, die in einem Brainstorming zur Ursachenfindung für ein Problem ermittelt wurden, in eine eindeutige Ursache-Wirkungs-Beziehung setzen. Dabei schreibt man die erzielte Wirkung auf die rechte Seite eines Blattes. Links davon ordnet man alle Ursachen an, die ähnlich wie beim Mindmapping durch Striche in ihren jeweiligen Zusammenhang gesetzt werden. Das Ergebnis dokumentiert die wesentlichen Einflussfaktoren nach ihrer Gewichtung und sieht häufig wie eine Fischgräte aus (❏ Abb. 8.2).

Die klassischen Äste des Ishikawa-Diagramms sind:
- Mensch
- Material
- Mittel bzw. Mitwelt oder Umwelt – teils wird dies auch als Milieu bezeichnet
- Maschine bzw. Ressourcen
- Messung
- Methode

Prinzipiell sind die Äste des Diagramms jedoch beliebig erweiterbar, sofern dies der Ursachenklärung dient.

Eine der für das Qualitätsmanagement wichtigsten Methoden ist die Darstellung von Prozessabläufen, die zumeist in der Form eines **Flussdiagramms** festgehalten werden. Ähnlich wie bei Ishikawa werden hier die Eingangsparameter und Ablaufschritte eines Prozesses in Richtung des Ergebnisses des Prozesses dargestellt. Dies kann auch als Basis für automatisierte Workflow-Verfahren genutzt werden.

> **Flussdiagramme helfen insbesondere, Prozessabläufe graphisch und transparent darzustellen.**

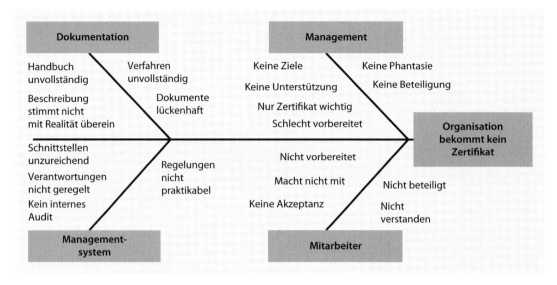

❏ **Abb. 8.2.** Fischgrätendiagramm (Beispiel)

Im Gegensatz zu diesen ablauforientierten Darstellungstechniken versucht der **morphologische Kasten** ein Thema systematisch in all seinen Facetten und logischen Aspekten zu erfassen. Er verknüpft dabei kreative und systematisierende Elemente in einer Methode. Hierbei versucht eine Kleingruppe in einer überschaubaren Zeit (30–90 Minuten) alle Eigenschaften eines Themas in einer mehrdimensionalen Matrix zu erfassen, bis keine neuen Aspekte mehr gefunden werden (❏ Tab. 8.1). Dies ist insbesondere dann hilfreich, wenn alle möglichen Lösungen eines Problems dokumentiert werden sollen, um sie anschließend nach verschiedenen Kriterien priorisieren zu können.

❯❯ **Der morphologische Kasten erfasst möglichst umfassend die Eigenschaften eines Themas in einer mehrdimensionalen Matrix.**

Sehr einfach, schnell und das ganze Team einbindend gelingen Priorisierungen mit sog. **Punktabfragen**. Jeder Teilnehmer erhält dabei einen oder mehrere selbstklebende Punkte, mit dem er die aus seiner Sicht wichtigsten Themen markieren kann. Dabei steht es dem Moderator frei, ob pro Thema nur einer oder mehrere Punkte geklebt werden können. Bei komplexeren Zusammenhängen können die Teilnehmer auch ihre eigene Rangfolge

»bepunkten«, indem sie z. B. dem wichtigsten Thema drei, dem zweitwichtigsten zwei Punkte usw. geben. In jedem Fall erhält der Moderator eine demokratische Priorisierung, die, wenn alle gleichzeitig kleben, auch weitgehend frei von Beeinflussung zwischen den Teilnehmern ist.

Sollen Prozesse oder die Produktpalette verbessert und aktualisiert werden, greifen heute viele Unternehmungen zur Methode des **Benchmarking**. Die Grundidee ist sehr einfach: man orientiert sich an Vorbildern in einem Tätigkeitsfeld, die als sehr guter Stand der Technik anerkannt sind. Um diese einfache Idee in die Praxis umsetzen zu können, sind allerdings in den meisten Fällen umfangreiche Vorarbeiten notwendig, um eine echte Vergleichbarkeit herstellen zu können. Mag dies bei Produkten noch relativ einfach möglich sein, so bedarf es beim Benchmarking von Prozessabläufen und Dienstleistungen normalerweise eines größeren Projektes. Wesentliches Element des Benchmarkings ist dabei die Festlegung der relevanten Kriterien, die zum Vergleich der verschiedenen Benchmarking-Objekte herangezogen werden sollen. Die Methode eignet sich hervorragend, um die Unzulänglichkeiten im eigenen Umfeld im Vergleich mit den Besten eines Tätigkeitsfeldes zu identifizieren.

▫ Tabelle 8.1 Beispiel morphologischer Kasten

Wie können wir unsere Fortbildung organisieren?				
Parameter	Parameterausprägung			
Zeit	11–17 Uhr	10–16 Uhr	8–15 Uhr	9–18 Uhr
Verpflegung	Eigene Küche	Keine	Caterer	Kaffee/Snack/Gebäck
Themen	Management	Praxis	Projekt	Wissenschaft
Art der Vorträge	Dialogvortrag	Vortrag	Projektbericht	Interview
Preisniveau	70 Euro	180 Euro	200 Euro	500 Euro
Rahmenprogramm	Theater	Besichtigung	Workshop	Stadtrundfahrt

> **Für ein Benchmarking – also für einen strukturierten Vergleich zwischen verschiedenen Anbietern – ist es sehr wichtig, eine ausreichende Vergleichbarkeit herbeizuführen.**

Eine der am häufigsten verwendeten Methoden zur Priorisierung ist die sog. **Portfolio-Matrix**. Sie besteht aus mindestens 4 in einem Quadrat angeordneten Quadraten, einer sog. 4-Felder-Matrix. Auf der y- und der x-Achse können beliebige Kriterien aufgetragen werden, die eine hohe Relevanz für das untersuchte Thema haben müssen. Üblicherweise werden Nullpunkt und Skalierung so gewählt, dass die hochpriorisierten Elemente im rechten oberen Quadranten zu finden sind. Die bekannteste Version dürfte die BCG-Matrix der Boston Consulting Group sein, auf der Produkte nach Marktwachstum und Marktattraktivität angeordnet wurden, um Transparenz über deren Position im Produktlebenszyklus zu erhalten. Im Qualitätsmanagement werden meistens natürlich andere Fragen in einer Matrix aufgetragen, z. B. die Bedeutung für den Qualitätsprozess auf der x-Achse und die Umsetzbarkeit auf der y-Achse.

8.1.3 Werkzeuge zum Projektmanagement

Abhängig von der Größe der nach QM-Gesichtspunkten auszurichtenden Einheit muss ein funktionierendes Projekt mit einem entsprechenden Projektmanagement aufgesetzt werden. Die dazu notwendigen Techniken können hier natürlich nicht einmal ansatzweise dargestellt werden, die Literatur zum Thema füllt Bibliotheken. Relevant für unseren Zusammenhang sind einfache Methoden zur Visualisierung der notwendigen Schritte, z. B. auf dem Weg zur Zertifizierung.

Auf sog. **Gantt-Charts** werden die einzelnen Aktivitäten als Balken in einem Zeitraster dargestellt, aus dem sich deren logische und zeitliche Abhängigkeit erkennen lässt. Hierdurch sollte die Ableitung entsprechender Maßnahmen möglich werden. Dieses Werkzeug kann sowohl zur Planung von Aktivitäten als auch zur Nachverfolgung während der Umsetzungsphase verwendet werden. Es ist eine Unterart der Netzplantechnik.

> **Besonders gut eignen sich Gantt-Charts zur Ermittlung von Folgen, wenn Meilensteine verfehlt wurden.**

Für das Projektmanagement, aber auch für Vorlagen an das höchste Management sind Visualisierungen grundsätzlich sehr hilfreich, da durch sie komplexe Zusammenhänge verständlich dargestellt werden können. Insbesondere bei Management Reviews helfen Diagramme, die wesentlichen Sachverhalte in komprimierter Form darzustellen, so dass damit auch Entscheidungsprozesse beschleunigt werden können. Die Zahl möglicher Darstellungsformen ist sehr vielfältig, so dass in ▫ Tab. 8.2 und in ▫ Abb. 8.3

◘ **Tabelle 8.2** Auswahl an Diagrammen für Management Reviews

Verlaufsdiagramm	Aufzeichnen der Entwicklung eines Parameters innerhalb eines bestimmten Zeitraums
Histogramm	Darstellung einer Häufigkeitsverteilung eines Parameters im Vergleich zu einem anderen Parameter (Zeit, Alter etc.)
Pareto-Diagramm	Balkendiagramm, das die Elemente mit der größten Bedeutung oder Verbesserungspotential als erste darstellt und damit den Betrachter auf das Wesentliche hinweist. Sub-Formen: ABC-Analyse; 80/20-Analyse
Korrelationsdiagramm/Streudiagramm	Mögliche Beziehungen zwischen Veränderungen bei zwei verschiedenen Variablen
Radardiagramm	Das Radardiagramm (auch Spinnennetz- oder Netzdiagramm) stellt die Werte mehrerer, gleichwertiger Parameter in einer Spinnennetzform grafisch dar; besonders für Evaluationen von festgelegten Kriterien z. B. in Befragungen geeignet (◘ Abb. 8.3)
Kreis-/Kuchendiagramm	Stellt die Verteilung von Ereignissen, Fehlern, Beschwerden, Verbesserungen, Umsätzen in Prozent-Verhältnis für verschiedene Kategorien dar
Fehlersammelkarte/Strichliste	Darstellung des Fehleraufkommens über einen bestimmten Zeitraum

nur einige, häufig im Qualitätskontext eingesetzte Varianten erwähnt werden können.

Es gibt zahlreiche Instrumente, die die Umsetzung eines QM-Projektes unterstützen. Diese können der Ideenfindung, der Priorisierung bzw. Sortierung und dem Projektmanagement dienen. Wichtige Techniken zur Ideenfindung sind das Brainstorming, das Mindmapping und die Osborn-Liste. Bei einem Brainstorming werden Ideen in einem bestimmten Zeitraum ohne direkte Kommentierung auf Zuruf gesammelt. Im Mindmapping werden Ideen zu einem Thema und sich daran anschließende Unterkategorien in einer baumartigen Struktur erfasst; ein Thema kann aus verschiedenen Perspektiven beleuchtet werden. In der Osborn-Checkliste werden Themen durch Fragelisten von verschiedenen Perspektiven beleuchtet.

Wichtige Techniken zur Priorisierung bzw. Sortierung sind das Clustering, das Ishikawa-Diagramm, der morphologische Kasten, das Benchmarking und die Portfolio-Matrix. Ein

▼

Clustering ordnet Ideen nach thematischen Zusammenhängen. Das Ishikawa-Diagramm ist ein Ursache-Wirkungs-Diagramm, das meist in einer Fischgrätform ausgeführt wird. Durch Flussdiagramme werden Prozessabläufe graphisch abgebildet. Der morphologische Kasten erfasst zahlreiche Eigenschaften eines Themas in einer mehrdimensionalen Matrix. Ein Benchmarking ermöglicht einen strukturierten Vergleich mit anderen Anbietern. In einer Portfolio-Matrix werden Kriterien auf der x- und y-Achse aufgetragen, wobei die hochpriorisierten Elemente normalerweise im rechten oberen Quadranten angeordnet werden. Eine bekannte Technik zum Projektmanagement sind Gantt-Charts, die Aktivitäten in einer logischen und zeitlichen Abhängigkeit als Balken in einem Zeitraster darstellen.

8.2 Knowledge Management – wie verwalte ich das Wissen?

Die Einführung eines Qualitätsmanagements in einem Krankenhaus oder einer anderen medizinischen Einrichtung bedeutet üblicherweise auch die Erstellung einer großen Zahl von Dokumenten. Prozessbeschreibungen, Checklisten, Handlungsanweisungen und vieles weitere müssen verfasst werden. Ist die Erarbeitung dieser Unterlagen in der Einführungsphase bereits mit einem hohen Aufwand verbunden, so darf nicht unterschätzt werden, wie viel Arbeit für die Bereitstellung der jeweils relevanten Dokumente für den richtigen Personenkreis sowie für später notwendige Aktualisierungen einzuplanen ist. Beides ist jedoch unerlässlich für ein erfolgreiches Qualitätsmanagement und für eine erfolgreiche Re-Zertifizierung.

Die Zahl der Dokumente in einem komplexen klinischen Umfeld übersteigt schnell ein Maß, das sich ohne systematisches Vorgehen noch beherrschen ließe. Wissensmanagement, in der Wirtschaft meist als Knowledge Management bezeichnet, kann ein sehr hilfreiches Werkzeug sein, um diese Komplexität im Griff zu behalten.

Wir verwenden den Begriff Wissensmanagement hier pragmatisch im Sinne des systematischen Umgangs mit jeglicher Art von Dokumenten, Informationen oder Daten und lassen die Diskussionen über die Unterscheidung von Wissen, Daten und Informationen außer Acht. In der »Wissensgesellschaft« gehört der effiziente Umgang mit Informationen verschiedenster Art inzwischen zu den entscheidenden Erfolgsfaktoren im klinischen und wissenschaftlichen ebenso wie im wirtschaftlichen Umfeld. Fast alle größeren Unternehmen setzen heute irgendeine Form von technisch unterstütztem Informationsmanagement ein, entsprechend vielfältig sind die verwendeten Methoden und Werkzeuge. Im Qualitätsmanagement sehen wir das geschäftsprozessorientierte Wissensmanagement als sehr geeignete Methode an. Zum einen richtet es sich am zu unterstützenden Kernprozess, in unserem Fall eben Qualitätsmanagement aus, zum anderen folgt es selbst dem Prozess von Wissens-Erzeugung, -Speicherung, -Verteilung und Anwendung. In den meisten Fällen lässt sich der

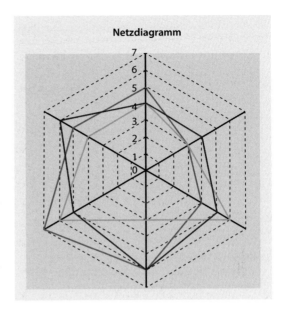

Netzdiagramm

☐ **Abb. 8.3.** Netzdiagramm (Beispiel)

Prozessschritt Aktualisierung und/oder kontinuierliche Verbesserung sinnvoll ergänzen.

> **Der Umgang mit und die Verwaltung von Wissen sind ein entscheidender Erfolgsfaktor – sowohl im klinischen als auch im wirtschaftlichen Umfeld.**

Im Zentrum eines Wissensmanagement-Systems stehen in der Regel softwarebasierte Anwendungen wie z. B. Livelink oder MS Sharepoint. Mindestens ebenso wichtig für ein funktionierendes Wissensmanagement sind allerdings Werkzeuge wie »Communities of Practice«, »Lessons Learned Workshops« etc., insbesondere bei der Erarbeitung neuen Wissens wie in der Phase der Einführung eines Qualitätsmanagements. Sie dienen insbesondere dazu, die Praxiserfahrung möglichst aller mit dem Qualitätsmanagement befasster Personen zu erfassen, auszuwerten und in einen kontinuierlichen Verbesserungsprozess zu überführen. Nach dem Zertifizierungsprozess liegt der Fokus dann stärker auf den Themen Kodifizierung und Aktualisierung dieses Wissens. Eine große Hilfestellung leisten die Softwarepakete insbesondere durch die Bereitstellung einer Versionskontrolle und durch Berechtigungskonzepte. Erstere sorgt dafür, dass tatsächlich alle an einem Dokument arbeitenden Personen stets an der aktuellsten Version arbeiten bzw. davor gewarnt werden, wenn gleichzeitig jemand an der Version arbeitet. Ein großer Vorteil besteht auch darin, dass die vorherigen Versionen mit Bearbeitungsdatum und Bearbeiter erhalten bleiben. Da oft auch vertrauliche Unterlagen auszuwerten sind oder neu erstellte Dokumente zunächst nicht öffentlich zugänglich gemacht werden sollen, ist auch ein Berechtigungsmanagement wichtig. Dadurch wird es möglich, ein Dokument oder ganze Ordner nur für bestimmte Personen oder Personengruppen entsprechend ihrer Rolle im QM-Prozess zur Verfügung zu stellen.

❯❯ **Softwarebasierte Wissensmanagement-Systeme sind ein wichtiger Bestandteil des Knowledge Managements.**

Insgesamt können Wissensmanagement-Werkzeuge die Transparenz während der Erarbeitung und der Nutzung eines QM-Systems deutlich erhöhen. Darüber hinaus bieten sie die Grundlage, die Dokumente des Qualitätsmanagement für die Nutzung innerhalb eines automatisierten Workflows nutzbar zu machen. Durch die Anordnung, Sortierung und Verknüpfung von Dokumenten kann die Anwendungssicherheit der QM-Instrumente erhöht werden.

> Der Umgang mit und die Verwaltung von Wissen sind ein entscheidender Erfolgsfaktor im klinischen, wissenschaftlichen und im wirtschaftlichen Umfeld. Gerade im Rahmen eines QM-Systems ist ein effektives Wissensmanagement unerlässlich. Die während der Einführung eines QM-Systems erstellten Dokumente, wie z. B. Prozessbeschreibungen oder Handlungsanweisungen, müssen verwaltet werden, um sie dem richtigen Personenkreis zur Verfügung zu stellen und sie ggf. zu aktualisieren. Software-basierte Wissensmanagement-Systeme sind dabei ein wichtiger Bestandteil des Knowledge Managements. Beispiele für solche softwarebasierte Anwendungen sind u. a. Livelink oder MS Sharepoint.

8.3   Best Practice Sharing – wie multipliziere ich Qualität?

Ein etabliertes Wissensmanagementsystem schafft die besten Voraussetzungen für ein weiteres Werkzeug des Qualitätsmanagements, das Best Practice Sharing. Das Best Practice Sharing ist die Bereitstellung der jeweils besten Methoden für ein bestimmtes Anwendungsfeld. Im akademischen und medizinischen Umfeld ist diese Vorgehensweise noch relativ wenig verbreitet. In der Wirtschaft, insbesondere in großen IT-Unternehmen, hat sich die Methode dagegen in den letzten Jahren zunehmend etabliert. Im Prinzip versucht sie das alte Prinzip »trial and error« zu ersetzen durch »Lernen von dem, was andere erfolgreich eingesetzt haben«.

❯❯ **Best Practice Sharing ist eine hervorragende Vorgehensweise, um erfolgreiche Methoden oder Verfahren in komplexen Strukturen zu verbreiten – unabhängig von Landesgrenzen.**

In der Regel wird es innerhalb eines Unternehmens eingesetzt, da das dort entwickelte Wissen auch den Wert des Unternehmens maßgeblich mitbestimmt und entsprechend vor dem Wettbewerb geschützt werden muss. In einem übergreifenden Sinn nutzen allerdings die vielen Online-Foren zu verschiedensten Themen in vieler Hinsicht ebenfalls die Methode des Best Practice Sharings. Die Nutzer eines Produktes stellen dabei z. B. ihre Erfahrungen einem breiten Publikum von anderen (potentiellen) Nutzern zur Verfügung, um vom Kauf abzuraten, ihn zu empfehlen oder Hinweise zur optimalen Nutzung eines Geräts zu geben. Die Vielfalt der Themen und der teilweise verfügbare Detaillierungsgrad der Informationen sind dabei erstaunlich und wären noch vor einigen Jahren undenkbar gewesen.

Für das Qualitätsmanagement im medizinischen Bereich bietet dieses Konzept ebenfalls großes Potential. Das Sammeln von Erfahrungswissen mit medizinischen Produkten oder der Vor- und Nachteile bestimmter Therapievarianten ließe sich beispielsweise hervorragend nutzen, um einem breiten medizinischen Anwenderkreis die jeweils ideale Behandlungsmethode und -prozedur zur Verfügung zu stellen. Im Prinzip entspricht diese Methode dem, was früher mit Expertensystem bezeichnet wurde – sie nutzt allerdings meistens die heutigen Möglichkeiten von softwarebasierten Wissensmanagementsystemen. In einem rein akademischen Umfeld ließe sich dies leicht über die Grenzen eines Klinikums hinweg einsetzen, um den Kenntnisstand der Ärzteschaft oder des Pflegepersonals als Ganzes zu heben. Durch die zunehmende Ausrichtung an betriebswirtschaftlichen Rahmenbedingungen dürfte dies eine starke Eingrenzung erfahren, da Wissen damit auch im medizinischen Umfeld eine hohe monetäre Bedeutung erhält.

> Best Practice Sharing ist die Bereitstellung der jeweils besten Methoden für ein bestimmtes Anwendungsfeld – es stellt ein wichtiges Instrument des Qualitätsmanagements dar. Es ersetzt das »Trial and error«-Prinzip durch ein »Lernen von dem, was andere erfolgreich eingesetzt haben«. Im medizinischen Bereich ist das Best Practice Sharing bislang nur relativ wenig etabliert, in der Wirtschaft hingegen hat es bereits eine große Bedeutung. Meist wird das Best Practice Sharing innerhalb eines Unternehmens betrieben, aber auch verschiedene Internetforen basieren auf einer Art Best Practice Sharing.

8.4 Qualitätszirkel – was ist das?

Der Begriff Qualitätszirkel bezeichnet innerbetriebliche Arbeitskreise, in denen Erfahrung, Ideen und Wissen der Mitarbeiter gesammelt, geordnet und priorisiert werden, um die Qualität der Gesamtorganisation zu fördern. Meistens sind Qualitätszirkel kleine Gruppen von Mitarbeitern, die sich regelmäßig (1- bis 2-mal im Monat) und aus eigenem Antrieb (allerdings während ihrer Arbeitszeit) treffen, um beispielsweise an Qualitätsthemen ihres eigenen Arbeitsbereichs zu arbeiten. Der Ursprung der

Qualitätszirkel liegt in Japan und gelangte über die USA in den 1980er Jahren nach Deutschland.

> **Qualitätszirkel können auch als integraler Bestandteil der Projektstruktur bei der Einführung des QM-Systems genutzt werden. Dann beruht die Zusammensetzung auf einer systematischen Auswahl der notwendigen Fachbereiche.**

In Qualitätszirkeln treffen sich maximal 10 Mitarbeiter, um Fragen der täglichen Arbeit zu diskutieren und Verbesserungsvorschläge zu machen. Ziel ist dabei die praktische Umsetzung eines kontinuierlichen Verbesserungsprozesses (KVP). Zur Sicherstellung der Effizienz wird üblicherweise ein Moderator definiert, der für Zeitmanagement und konstruktive Diskussionen sorgt. Die Ergebnisse werden von einem Protokollführer festgehalten und der Leitung des Qualitätsmanagements zur Verfügung gestellt. Qualitätszirkel sind eine sehr effektive Form der Qualitätsarbeit, da sich hier üblicherweise nur besonders engagierte Mitarbeiter zusammenfinden, die über hohes Erfahrungswissen verfügen. Allerdings sollte darauf geachtet werden, dass sich die Qualitätszirkel durch interne Diskussionen nicht von der Realität und den Bedürfnissen der täglichen Arbeit entfernen.

> Qualitätszirkel sind ein wichtiges Instrument des Qualitätsmanagements. In diesen Zirkeln treffen sich Mitarbeiter in regelmäßigen Abständen während ihrer Arbeitszeit, um qualitätsrelevante Themen zu diskutieren und Lösungsvorschläge zu erarbeiten. Das Ziel ist, kontinuierliche Verbesserungsprozesse zu erwirken. Ein Moderator sollte für Zeitmanagement und für eine konstruktive Diskussion sorgen.

8.5 Netzwerke für Qualitätsmanagement

Eine Möglichkeit, um nach einer Zertifizierung das QM-System aktuell und auf hohem Niveau zu halten, ist der Aufbau eines Qualitätsnetzwerkes. Hierbei werden einzelne Themenbereiche des Qualitätsmanagements in unterschiedlichen Abteilungen einer Organisation angesiedelt, die sich damit zu Experten in einem Spezialaspekt des Qualitätsmanagements entwickeln. Damit das gesamte QM-System funktioniert, ist die Steuerung durch ein zentrales QM-Kernteam notwendig, das üblicherweise als Stabsstelle mit unmittelbarem Zugang zur Geschäftsführung ausgeprägt wird. Durch diese Aufstellung wird eine Verteilung der Qualitätsarbeit auf relativ viele Schultern sowie die Einbeziehung vieler Mitarbeiter ermöglicht. Dadurch lässt sich das QM-System tief in einer Organisation einbetten.

> ❯❯ **In Qualitätsnetzwerken entwickeln sich die beteiligten Mitarbeiter zu Experten für Spezialaspekte des Qualitätsmanagements.**

Dieser Aufbau folgt damit den Regeln einer Netzwerkorganisation in der betriebswirtschaftlichen Organisationslehre, welche die Möglichkeit schafft, Zuständigkeiten und Verantwortlichkeiten in einer Organisation relativ autonomer Mitglieder zu verteilen, die durch gemeinsame Ziele miteinander verbunden sind.

Ein gutes Beispiel für eine derartige dezentrale Organisation von Wissen ist normalerweise das Thema Prozesse. Neben einer zentralen, eher technisch orientierten Einheit, die für das Zusammenführen, Bereitstellen und Versionsmanagement der Prozesse verantwortlich zeichnet, liegt die inhaltliche Verantwortung für die Prozesse bei sog. Prozesseigentümern. In der Regel wird diese Funktion von den Fachabteilungen wahrgenommen, denen ein bestimmtes Themenfeld zugeordnet ist: So ist die zentrale Buchhaltung für die Definition und Einhaltung der kaufmännischen Prozesse verantwortlich, die Vertriebsleitung für den Vertriebs- und Kundenbindungsprozess (CRM) sowie die Geschäftsführung für den Strategieprozess. Dadurch ist gewährleistet, dass die Abläufe in einer Organisation immer von der Instanz definiert werden, die über das größte Know-how verfügt.

Eine wichtige Voraussetzung für das Funktionieren von Netzwerken ist, klare Ziele und deren Kommunikation zu formulieren. Durch die De-

zentralisierung ist auch eine intensive Abstimmung der von der Organisation gesetzten Aktivitäten notwendig, sowie die Motivation aller Beteiligten, an einem gemeinsamen, übergeordneten Ziel zu arbeiten.

Qualitätsnetzwerke führen zu einem abteilungsübergreifenden Bearbeiten ausgewählter Themenkomplexe. Hierdurch entwickeln sich die Mitarbeiter zu Experten in bestimmten Bereichen des Qualitätsmanagements. Wichtig sind dabei eine klare Formulierung der Ziele und eine hohe Motivation der involvierten Mitarbeiter. Zugleich kann aber das Bewusstsein, an einem gemeinsamen, übergeordneten Ziel zu arbeiten und dieses auch realisiert zu sehen, die Motivation der Mitarbeiter und ihr Zugehörigkeitsgefühl zur Organisation stark fördern.

Umgang mit Fehlern und Beschwerden

9.1   Warum sind Fehler so wichtig für eine Entwicklung? – 148

9.2   Offener Umgang mit Fehlern und Beschwerden – 149

9.3   Grundlagen des Fehlermanagements – 150

9.4   Critical Incident Reporting System (CIRS) – 152

9.5   Risikomanagement – 154

9.6   Grundlagen des Beschwerdemanagements – 156

9.1   Warum sind Fehler so wichtig für eine Entwicklung?

»Aus Fehlern lernen« – dieses Wort ist in aller Munde und wird doch im medizinischen Alltag immer noch so wenig umgesetzt. Jeder Fehler ist eine Chance für eine positive Entwicklung. Nur wenn wir Fehler erkennen, analysieren und begreifen, können wir sie in der Zukunft vermeiden. Um Qualität zu erreichen, ist ein strukturierter, konstruktiver Umgang mit Fehlern unverzichtbar.

Definiert wurde ein Fehler ursprünglich als eine Abweichung von einem optimalen Zustand oder Verfahren. Gemäß DIN EN ISO ist ein Fehler ein Merkmalswert, der die gegebenen Forderungen nicht erfüllt. Eine erweiterte Definition geht davon aus, dass Fehler Ereignisse oder Handlungsvarianten sind, die als ungünstig oder unerwünscht bewertet werden. Im medizinischen Kontext wird ein Fehler bisweilen auch bezeichnet als richtiges Vorhaben, das nicht wie geplant durchgeführt wird, oder als falscher Plan, der dem Geschehen zugrunde liegt.

In diesem Zusammenhang wird oft von unerwünschten Ereignissen (UE; »adverse event«, AE) gesprochen. Unerwünschte Ereignisse sind definiert als schädliche Vorkommnisse, die eher auf der Behandlung als auf der Erkrankung zurückzuführen sind. Sie können vermeidbar oder unvermeidbar sein.

Es gibt mehrere internationale Studien zu unerwünschten Ereignissen, die die Häufigkeit solcher Ereignisse belegen. Die »Harvard Study of Medical Practice« mit über 30.000 Patienten hat 1991 eine Adverse-event-Rate von 3,7% ergeben (Brennan at al. 1991). Die »Quality in Australian Healthcare«-Studie zeigte eine Adverse-event-Rate von 16,6% (Wilson et al. 1995), die »Adverse Events in British Hospitals«-Studie von 10,8% (Vincent et al., 2001) und die »Canadian Adverse Event«-Studie von 7,5% (Baker et al., 2004). Schätzungen gehen dabei davon aus, dass 30–50% dieser unerwünschten Ereignisse vermeidbar gewesen wären.

> ❯ **Unerwünschte Ereignisse sind in Krankenhäusern häufig; ihnen können unterschiedliche Ursachen zugrunde liegen.**

Generell sollte ein medizinisches Behandlungsverfahren verschiedene Anforderungen erfüllen und zwar in Hinblick auf:
- Wirksamkeit
- Sicherheit
- Annehmbarkeit

Wirksamkeit ist dabei die Wahrscheinlichkeit, dass ein erwünschtes Ereignis, also ein Behandlungserfolg, als Folge der Behandlung auftritt. In die Risikobewertung einer Methode fließen hingegen die Wahrscheinlichkeit eines unerwünschten Ereignisses und die Höhe eines potentiellen Schadens ein. Nebenwirkungen gelten dabei als unerwünschte Ereignisse, die bekanntermaßen während einer Behandlung auftreten können.

Es gibt dabei mehrere Ursachen für ein Auftreten unerwünschter Ereignisse:
- Gefährlichkeit des Verfahrens an sich
- Fehlerhafte Durchführung des Behandlungsverfahrens
- Fehlerhafte Indikationsstellung

Gerade in den letzten Jahren ist die Patientensicherheit auch im deutschsprachigen Raum zunehmend in den Fokus des öffentlichen Interesses gerückt und es ist anzunehmen, dass sich dieser Trend weiter fortsetzen wird. Unter Patientensicherheit wird letztlich das Produkt aller Maßnahmen in Klinik und Praxis verstanden, die darauf gerichtet sind, Patienten vor vermeidbaren Schäden in Zusammenhang mit der Heilbehandlung zu bewahren. Patientensicherheit ist ein essentieller Bestandteil der Qualität von Gesundheitseinrichtungen und muss daher im Zentrum eines jeden QM-Systems stehen.

> ❯ **Die Patientensicherheit gewinnt einen immer höheren Stellenwert.**

Kein Qualitätsmanagement kommt ohne einen strukturierten, konstruktiven Umgang mit Fehlern aus. Fehler sind eine wichtige Chance, zu lernen und sich zu verbessern. Werden Fehler nicht erfasst und analysiert, sondern vertuscht, so treten sie immer wieder auf und

▼

führen im schlimmsten Fall zu Katastrophen. Unerwünschte Ereignisse sind in Krankenhäusern häufig – ihnen können unterschiedliche Ursachen zugrunde liegen. Diese Ursachen gilt es zu analysieren, um geeignete Abhilfemaßnahmen zu ergreifen. Insgesamt erlangt die Patientensicherheit einen immer höheren Stellenwert in den Krankenhäusern und auch in der Öffentlichkeit.

9.2 Offener Umgang mit Fehlern und Beschwerden

Fehler sind essentiell für die Entwicklung sowohl eines Individuums als auch einer Organisation. Um jedoch offen und konstruktiv mit Fehlern und Beschwerden umgehen zu können, ist es oft wichtig, die Sichtweise zu ändern.

Traditionell wird im medizinischen Umfeld meist nach persönlichen Schuldzuweisungen gesucht. Die Basis hierfür ist das Konzept des persönlichen Fehlers – die Ursache des Fehlers wird bei einer einzelnen Person gesucht und es wird geglaubt, dass eine Sanktion dieser Person zu einer Fehlervermeidung führt.

Um jedoch konstruktiv mit Fehlern umgehen und aus ihnen lernen zu können, sollte nicht nach persönlichen Fehlern, sondern nach Systemfehlern gesucht werden. Das Konzept der Systemfehler basiert darauf, dass Fehler entstehen, weil ein System es zulässt. Solche Fehler werden durch Fehlerabwehrsysteme – wie beispielsweise ein Risikomanagementsystem – verhindert oder in ihrer Auftretenswahrscheinlichkeit verringert, nicht jedoch durch persönliche Sanktionen.

> **Konstruktiv mit Fehlern umgehen kann nur, wer einen Paradigmenwechsel wagt: Weg von der Suche nach persönlicher Schuld hin zur Suche nach Systemfehlern. Und um aus Fehlern lernen zu können, muss eine Sicherheitskultur etabliert werden.**

In einer Sicherheitskultur sollte immer die Analyse des unerwünschten Ereignisses im Vordergrund

stehen, nicht aber die Suche nach einem Schuldigen. Es ist wichtig, Barrieren zwischen den Berufsgruppen und den verschiedenen Disziplinen abzubauen und gemeinsam Lösungen zu erarbeiten. Die Leitung sollte dabei Vorbildcharakter haben.

Hier kommt auch der Begriff der »Fehlerkultur« zum Tragen. Damit ist ein veränderter Umgang mit Fehlern gemeint – weg von einer oberflächlichen Kultur der Schuldzuweisung (»culture of blame«) hin zu einer systemanalytischen, proaktiven Sicherheitskultur (»safety culture«). Diese führt zu einem vorurteilsfreien Umgang mit Fehlern. Nur wenn ein solcher vorurteilsfreier Umgang mit Fehlern vorliegt, kann aus Fehlern wirklich gelernt werden.

> **Nur wenn Fehler kommuniziert werden, muss nicht jeder Fehler selbst gemacht werden, um daraus zu lernen.**

Auch mit Beschwerden sollte innerhalb einer Organisation immer offen und konstruktiv umgegangen werden. Jede Beschwerde ist eine Chance zur Verbesserung für die Organisation. Letztlich gibt einem der Kunde – sei es der Patient, der Zuweiser oder Mitarbeiter – in einer Beschwerde einen entscheidenden Hinweis darauf, wie man etwas besser machen könnte. Dies sind Informationen, die sich sonst oft nur schwierig aus Befragungen ableiten lassen und die für den künftigen Erfolg einer Organisation ganz essentiell sein können.

Ein aktives Beschwerdemanagement liefert wichtige Hinweise auf Stärken und Schwächen einer Organisation aus Sicht des Kunden. Beispielsweise gibt ein Patient, indem er sich beschwert, einem Krankenhaus eine zweite Chance. Er wendet sich nicht einfach ab und kommuniziert seine schlechten Erfahrungen im Familien- und Bekanntenkreis, sondern formuliert stattdessen eine Beschwerde als Rückmeldung an die Organisation. So hat die Organisation eine Chance, zu lernen und sich zu verbessern.

Wird die Beschwerde eines Kunden erfolgreich gelöst, so hat dies eine stark positive Wirkung und bindet den Kunden. Denn statt negativ über die Organisation zu sprechen, empfiehlt er sie meist weiter. So kann sich eine als negativ empfundene Beschwerde zu einer positiven, ja sogar verstärkten Kundenbindung entwickeln.

❯ Eine erfolgreich gelöste Beschwerde kann die Kundenbindung deutlich verstärken. Zugleich erwächst daraus die Chance, aus Beschwerden zu lernen und sich weiterzuentwickeln.

Ähnlich wie beim Fehlermanagement sollten Krankenhäuser und Gesundheitseinrichtungen auch hier umdenken. Beschwerden von Patienten, Angehörigen, Zuweisern oder Mitarbeitern sollten nicht als negative Anwürfe begriffen und verschämt unter den Teppich gekehrt werden, sondern vielmehr als Chance zur Weiterentwicklung begriffen werden. Bleiben Kundenbeschwerden unbeantwortet, leidet die Kundenbeziehung außerordentlich und es kommt zu negativen Berichten über die Organisation.

Sowohl Fehler als auch Beschwerden sind wichtige Chancen zum Lernen und zum Verbessern. Mit ihnen muss offen und konstruktiv umgegangen werden. Werden sie vertuscht oder ignoriert, so geht diese Chance verloren und das Risiko schwerwiegender unerwünschter Ereignisse steigt. Zudem führt ein Ignorieren von Kundenbeschwerden zu einer ausgeprägten Störung der Kundenbeziehung und zu negativen Erfahrungsberichten.
Um konstruktiv mit Fehlern und Beschwerden umgehen zu können, sollte ein Paradigmenwechsel weg von der Suche nach persönlicher Schuld hin zur Suche nach Systemfehlern erfolgen. Die Leitung sollte einen vorurteilsfreien Umgang mit Fehlern und Beschwerden fördern.

9.3 Grundlagen des Fehlermanagements

Im Fehlermanagement gilt das Prinzip, dass jeder Fehler zählt. Jedes gemeldete Ereignis sollte dabei als Chance gewertet werden, zu lernen und zu verbessern. Um eine wirkliche Qualität innerhalb einer Organisation zu erreichen ist ein strukturierter Umgang mit Fehlern und Beschwerden unabding-

bar. Ein systematisches Fehlermanagement ist daher auch eine Forderung jedes QM-Systems.

Im Rahmen des Fehlermanagements ist es bisweilen umstritten, welche Ereignisse gemeldet werden sollten. Das St. Galler CIRS-Konzept beispielsweise favorisiert ein ausschließliches Melden von Beinahe-Schäden (▶ Kap. 9.4). Andere Konzepte sehen vor, dass auch eingetretene Schäden gemeldet werden, oder auch Umstände, bei denen es nur denkbar wäre, dass ein Fehler eintritt.

Letztlich ist die Chance, Schwachstellen im System zu erkennen und durch geeignete Maßnahmen zu beheben, umso größer, je mehr Zwischenfälle gemeldet werden. Ganz essentiell ist dabei das Vertrauen der Meldenden in das Meldesystem. Nur wenn sich die Mitarbeiter sicher sind, dass die Anonymität gewährleistet ist und bleibt, und dass das System auch nicht zur Denunziation verwendet werden kann, gehen Meldungen ein, die eine konstruktive Fehleranalyse erlauben.

Daher ist es schon vor der Einführung eines Fehlermanagements wichtig, den Mitarbeitern die Hintergründe, das Prinzip und die Sicherheit eines solchen Systems zu kommunizieren, und auch für Fragen zur Verfügung zu stehen. Zudem sollte die Mitarbeitervertretung frühzeitig in das Projekt eingebunden werden und ihre Zustimmung erteilen.

❯ Das Vertrauen der Mitarbeiter entscheidet wesentlich über das Gelingen eines Fehlermanagements.

Fehlermanagementsysteme basieren letztlich auf der systematischen Analyse von Einzelfall-Berichten. Ein Instrument, das im klinischen Alltag gut bekannt ist, sind die sog. Morbiditäts- und Mortalitäts- (M&M) Konferenzen. Hier werden unerwünschte Ereignisse im Rahmen einer regelmäßigen Konferenz diskutiert und die Ursachen analysiert. Vermeidbare Ursachen sollen hierdurch ausgeschaltet oder minimiert werden. Ein Problem dieser M&M-Konferenzen ist jedoch, dass es keine Anonymität gibt. So fühlen sich die Berichtenden oft Schuldzuweisungen ausgesetzt, insbesondere wenn noch keine konstruktive Fehlerkultur in der Organisation existiert.

> **Ein Fehlermeldesystem erleichtert den sachlichen Umgang mit Fehlern und deren strukturierte Analyse.**

Daher eignet es sich oft besser, ein Fehlermeldesystem zu etablieren – wobei der Begriff des Fehlers hier im weitesten Sinne zu interpretieren ist. Eine Möglichkeit ist ein Critical Incident Reporting System, wie es in ▶ Kap. 9.4 genauer erläutert wird. Insgesamt sind elektronische Meldesysteme zwar praktisch; die Programmierung zur sicheren Gewährleistung einer Anonymität kann jedoch aufwendig oder mit Kosten verbunden sein.

Eine Alternative ist es, ein Fehlermeldeformular zu entwickeln, das in Papierform vorliegt. Wichtige Anforderungen an ein solches Formular sind, dass es rasch und einfach auszufüllen ist, und dass es zugleich strukturiert ausgewertet werden kann. Diese Formulare können in abschließbaren Briefkästen gesammelt werden, die in den verschiedenen Arbeitsbereichen aushängen. Die Briefkästen sollten regelmäßig vom Fehlermanagementbeauftragten geleert werden. Der Fehlermanagementbeauftragte wird von der Leitung benannt. Eine seiner wichtigsten Aufgaben ist es, dass er verschwiegen und diskret ist. Ansonsten ist das Projekt zum Scheitern verurteilt, da die Mitarbeiter kein Vertrauen in das System fassen.

Liegt eine akut bedrohliche Situation vor, so sind sofortige Abhilfemaßnahmen zu schaffen. Dies betrifft sowohl den Fehlermanagementbeauftragten als auch den Meldenden.

> **Eine Meldung entbindet generell nicht von der Verpflichtung, Sofortmaßnahmen zu ergreifen, wenn Gefahr im Verzug ist.**

Der Fehlermanagementbeauftragte erfasst die Meldungen elektronisch, wobei die volle Anonymität gewährleistet sein muss. Die Originalmeldungen werden daraufhin vernichtet.

In regelmäßigen Abständen trifft sich dann der Fehlerzirkel, um die eingegangenen Meldungen zu diskutieren, zu analysieren sowie geeignete Vorbeugemaßnahmen zu entwickeln. Am besten erfolgen die Fehleranalyse und die Entwicklung von Vorbeugungsmaßnahmen anhand eines strukturierten Formulars bzw. anhand einer Datenbank.

Die Anzahl der Mitglieder eines Fehlerzirkels variiert je nach Größe der Organisation bzw. des Meldekreises. Generell sollte es aber eine kleine, konsensfähige Gruppe sein, deren Mitglieder wiederum unbedingt verschwiegen und diskret sein müssen. Es empfiehlt sich, keine Mitarbeiter der Leitung in diesem Team zu haben.

Innerhalb des Fehlerzirkels sollte der Sachverhalt geklärt und die Risiken bewertet werden. Zudem sollte eine Ursachenanalyse erfolgen. Der Fehlerzirkel sollte Maßnahmen entwickeln, um Wiederholungen auszuschalten bzw. deren Auftretenswahrscheinlichkeit zu minimieren.

Das Institut für Allgemeinmedizin der Universität Frankfurt, das auch die Meldeplattform http://www.jeder-fehler-zaehlt.de betreibt, schlägt zur Fehlerbeurteilung die Analyse folgender Faktoren vor, die zur Fehlerentstehung beitragen können:

- Patientenfaktoren, z. B. der Gesundheitszustand oder die Sprache
- Art der Aufgabe, z. B. die Prozessgestaltung und das Vorhandensein von Standards
- Individuelle Mitarbeiterfaktoren, z. B. Ausbildung, Motivation, Überlastung
- Teamfaktoren, z. B. Teamstruktur, Mentorenschaften
- Arbeitsbedingungen, z. B. Personalausstattung, Arbeitsbelastungen, Geräte
- Organisationsfaktoren, z. B. Ressourcen, Strukturen, Sicherheitskultur
- Institutioneller Kontext, z. B. die wirtschaftliche Situation, gesetzliche Vorgaben
- Sicherheitsbarrieren, z. B. bestimmte Halte- und Kontrollpunkte

Die Leitung ist regelmäßig über die Analysen der eingegangenen Meldungen zu informieren. Diese fließen auch in den jährlichen Management Review mit ein. Im Rahmen des Management Reviews sollten Sicherheitsziele für die nächsten Jahre gesetzt werden.

Die Weltgesundheitsorganisation (WHO) hat bestimmte Kriterien für den Erfolg von Fehlerberichtssystemen beschrieben. Nach diesen Kriterien sollten Fehlermeldesysteme:

- Nicht-punitiv sein, d. h. sie sollten nicht nach einem Schuldigen suchen und nicht bestrafen
- Vertraulich sein
- Unabhängig sein, d. h. der Bearbeiter sollte nicht parteiisch sein

- Zeitnah reagieren, d. h. rasch konstruktive Maßnahmen umsetzen
- Fachlich fundierte Analysen gewährleisten
- Aktiv reagieren, d. h. konkrete Informationen und Empfehlungen geben

> Jedes QM-System muss ein durchdachtes Fehlermanagementsystem enthalten. Vor der Einführung eines Fehlermeldesystems sollten die Mitarbeiter ausführlich informiert werden. Nur wenn die Mitarbeiter Vertrauen in das System haben, werden Meldungen eingehen. Zudem sollte die Mitarbeitervertretung rechtzeitig in das Projekt eingebunden werden. Fehlermeldungen können anhand eines elektronischen Fehlermeldesystems oder anhand eines Papierformulars, das in abgeschlossenen Briefkästen gesammelt wird, eingegeben werden. Die Meldungen werden vom Fehlermanagementbeauftragten bearbeitet und erfasst und vom Fehlerzirkel diskutiert. Sie werden gruppiert, priorisiert, ihre Ursachen werden analysiert und geeignete Vorbeugemaßnahmen werden entwickelt.

9.4   Critical Incident Reporting System (CIRS)

Das Kantonsspital St. Gallen ist einer der Vorreiter in der Umsetzung eines Fehlermeldesystems mit strukturierter Bearbeitung. Hieraus hat sich das sog. St. Galler CIRS (Critical Incident Reporting System) entwickelt.

CIRS leitet sich von der Technik des CIR (Critical Incident Reporting) der US-amerikanischen Luftwaffe ab, im Rahmen derer Zwischenfälle der US-Luftwaffe während des Zweiten Weltkriegs analysiert wurden.

Das St. Galler CIRS definiert ein Critical Incident, also einen kritischen Zwischenfall, als ein Ereignis, das den Patienten gefährden kann, das ihn aber nicht geschädigt hat. Ein kritisches Ereignis ist also ein Ereignis, das zu einem unerwünschten

Ereignis führen könnte oder dessen Wahrscheinlichkeit deutlich erhöht.

Es werden im Rahmen des St. Galler CIRS also »Beinahe-Schäden« gemeldet – bereits eingetretene Schäden hingegen nicht. Ein Beinahe-Schaden (»near miss«) liegt vor, wenn ein Fehler ohne negative gesundheitliche Auswirkungen bleibt, z. B. aufgrund glücklicher Umstände, durch rechtzeitiges, korrigierendes Eingreifen und/oder eine überholende Kausalität.

> **Das Konzept, Beinahe-Schäden zu melden, ist teilweise umstritten. Es existieren andere Konzepte, die ein Melden sowohl von Beinahe-Schäden als auch von eingetretenen Schäden propagieren.**

Für ein funktionierendes System ist es wichtig, dass in der Organisation eine Kultur vorherrscht, die einen offenen Umgang mit Fehlern fördert. Persönliche Schuldzuweisungen sollten unterbleiben. Stattdessen sollte gemeinsam nach systemischen Ursachen von Fehlern gesucht werden.

Die Struktur des St. Galler CIRS besteht aus Meldekreisen. Ein Meldekreis kann – je nach Größe – beispielsweise aus einer klinischen Abteilung bestehen, z. B. der Abteilung für Augenheilkunde oder der Abteilung für Radiologie. Für jeden Meldekreis gibt es zwei CIRS-Verantwortliche. Diese bearbeiten die eingehenden Critical Incidents und treffen sich regelmäßig zu CIRS-Erfahrungstreffen. Diese Treffen werden vom QM-Beauftragten der Klinik oder von einem eigenen CIRS-Beauftragten geleitet. Die Krankenhausleitung erhält eine Jahresstatistik der eingegangenen Meldungen.

Die Meldungen erfolgen nach dem St. Galler CIRS-Konzept in einem kurzen, elektronischen Formular. Hier wird der Meldekreis angegeben. Das Ereignis wird beschrieben und mögliche Maßnahmen zur Vermeidung ähnlicher Vorfälle sollen angegeben werden. Zudem soll der Schweregrad des Ereignisses eingeschätzt werden:

- Grad I ist ein leichtes Ereignis, das keine weiteren Maßnahmen erfordert
- Grad II ist ein mittleres Ereignis, das eine Intervention erfordert
- Grad III ist ein schwerwiegendes Ereignis, das zu einer vitalen Bedrohung hätte führen können

Zudem werden die möglichen Ursachen des Fehlers bereits vom Meldenden eingegrenzt. Die Meldung wird nach Eingang anonymisiert und das Original wird gelöscht. Ein Beispiel für ein solches Meldeformular kann unter http://www.meldeportal.ch abgerufen werden; hier finden sich auch weitere Informationen zum St. Galler CIRS-Konzept.

❶ **Das Ausfüllen des Meldeformulars sollte nicht lange dauern und einfach sein, sonst bleiben die Meldequoten niedrig.**

Für die CIRS-Besprechungen bereiten die CIRS-Verantwortlichen einige ausgewählte Fälle vor, die im Plenum thematisiert werden. Zudem wird die Umsetzung von Verbesserungsmaßnahmen seit dem letzten Treffen besprochen.

Während dieser CIRS-Besprechungen gelten einige wichtige Kommunikationsregeln:

- Die Anonymität ist immer zu wahren.
- Schuldzuweisungen sollten unterbleiben.
- Es sollte interdisziplinär gedacht werden.
- Neue Mitarbeiter sollten eingeführt werden.

Je nach Situation der Organisation können eigene Kommunikationsregeln erstellt werden. Diese sollten zu Beginn jeder CIRS-Sitzung diskutiert werden.

Damit ein CIRS erfolgreich funktioniert, sind einige wichtige Erfolgsfaktoren zu beachten:

- Es sollte eine klare Führungsentscheidung zum CIRS vorliegen.
- Die Führung sollte eine Sicherheitskultur ohne Schuldzuweisungen aufbauen.
- Die Anonymität ist zu wahren, um Vertrauen in das CIRS zu schaffen.
- Es sollten regelmäßige CIRS-Besprechungen durchgeführt werden.
- Das Meldeformular sollte rasch auszufüllen sein.
- Die Meldekreise sollten nicht zu groß, aber auch nicht zu klein sein; das St. Galler CIRS-Konzept empfiehlt Meldekreise mit 40–250 Teilnehmern.
- Es sollten keine Schäden gemeldet werden – zumindest im Sinne des St. Galler CIRS-Konzeptes; wie oben diskutiert ist dies allerdings teilweise umstritten.

Insgesamt kann ein erfolgreiches CIRS ein entscheidender Faktor in einem funktionierenden QM-System sein, da es ermöglicht, aus Fehlern zu lernen.

❯❯ **Für ein funktionierendes CIRS ist immer eine klare Führungsentscheidung notwendig, die auch entsprechend kommuniziert werden sollte.**

Die Websites http://www.CIRSmedical.ch für die Schweiz und http://www.CIRSmedical.de für Deutschland bieten ein Berichts- und Lernsystem für kritische Ereignisse in der Medizin über die Institutionen hinweg. Diese Portale sind anonym und sicher. Sie ermöglichen Mitarbeitern des Gesundheitswesens ein gegenseitiges Lernen aus Fehlern und kritischen Ereignissen. Es können dabei von Mitarbeitern des Gesundheitswesens alle sicherheitsrelevanten Ereignisse, die in der Medizin auftreten, berichtet werden. Fehler, Beinahe-Schäden, Kritische Ereignisse oder auch unerwünschte Ereignisse können gemeldet werden. Die Berichte dürfen keine Daten enthalten, die Rückschlüsse auf die beteiligten Personen oder Institutionen erlauben. Die Daten werden dabei verschlüsselt und ohne Speicherung personenbezogener Daten übertragen. Die Anonymität und der Ausschluss der Rückverfolgbarkeit werden noch in einem weiteren Schritt überprüft. Der Bericht wird schließlich auf der Website veröffentlicht und zur Kommentierung durch Kollegen freigegeben.

Eine weitere wichtige Online-Datenbank, die sich speziell an Hausärzte wendet, ist http://www.jeder-fehler-zaehlt.de. Auch sie dient dazu, aus Fehlern zu lernen. Die Berichterstattung erfolgt ebenfalls anonym mit einer verschlüsselten Datenübertragung. Es wird eine Online-Datenbank erstellt, auf der alle anonymen Fehlerberichte einsehbar sind. Hierbei werden auch Nutzer-Kommentare und systematische Analysen des Instituts für Allgemeinmedizin der Universität Frankfurt veröffentlicht.

Critical Incident Reporting System (CIRS) ist ein Meldesystem für kritische Zwischenfälle im Gesundheitsbereich. Klassisch ist hierbei das St. Galler CIRS-Konzept. In der Regel sollen keine

▼

Schäden, sondern nur kritische Ereignisse gemeldet werden. Dies ist allerdings zumindest in Deutschland teilweise umstritten.

Das CIRS beruht auf Meldekreisen mit jeweils 40–250 potentiell Meldenden. Die Meldekreise werden jeweils von zwei CIRS-Verantwortlichen betreut. Diese treffen sich regelmäßig, um eingegangene Meldungen zu diskutieren. Die Meldungen werden in einem kurzen, elektronischen Formular vorgenommen. Hierbei ist wichtig, dass das Ausfüllen des Formulars nicht zu lange dauert. In den Treffen der CIRS-Verantwortlichen sollten Kommunikationsregeln eingehalten werden, die zu Beginn kommuniziert werden sollten.

9.5   Risikomanagement

Mit der zunehmenden Beachtung der Patientensicherheit, u. a. auch in Politik und Öffentlichkeit, gewinnt das Risikomanagement immer stärker an Bedeutung. Das Risikomanagement ist eng mit einem funktionierenden Qualitätsmanagement verbunden. Im Rahmen des Risikomanagements werden Strukturen und Prozesse aus der Perspektive früherer Schäden betrachtet. Hierbei werden Schwachstellen, die zu Fehlern bzw. unerwünschten Ereignissen – und damit auch zu Haftungsansprüchen – führen können, gezielt identifiziert, um sie beheben zu können.

Risikomanagement ist dabei eine Prozessanalyse im Behandlungsumfeld mit dem Ziel, Risikosituationen mit möglichen medikolegalen Konsequenzen aufzudecken, bzw. eine Managementmethode, die das Ziel hat, in einer systematischen Form Fehler und ihre Folgen:

- zu erkennen
- zu analysieren und
- zu vermeiden.

In den letzten 10–20 Jahren ist ein ausgeprägter Anstieg der Arzthaftpflichtprozesse zu verzeichnen. Hierfür sind zahlreiche Gründe verantwortlich. Einer der wichtigsten ist ein gestiegenes und verändertes Anspruchsverhalten der Patienten. Dies liegt nicht zuletzt an einer umfassenden und vielfältigen Information der Patienten durch Medien und Internet. Zudem kommen aber auch immer differenziertere und häufig auch risikoreichere Therapieverfahren zur Anwendung.

Letztlich muss ein Risikomanagement von fundamentalem Interesse für jedes Krankenhaus bzw. jede Gesundheitseinrichtung sein. Es geht darum, Patienten fehlerhafte Behandlungen zu ersparen, Ärzte bzw. medizinisches Personal in ihrem Ruf nicht zu schädigen und die Einrichtungen nicht in schwierige Situationen zu bringen.

Auch gesetzlich wird dem Risikomanagement Bedeutung beigemessen. Das Gesetz zur Kontrolle und Transparenz im Unternehmensbereich (KonTraG, 1998) verpflichtet Aktiengesellschaften ein Risikomanagement zu betreiben, was sich primär auf ökonomische Aspekte bezog und bezieht. Zwar ergibt sich daraus keine unmittelbare Verpflichtung eines aktiven klinischen Risikomanagements – mittelbar erlangt jedoch das Risikomanagement eine steigende Bedeutung auch in den Kliniken, nicht zuletzt auch durch die zunehmende Bedeutung des Qualitätsmanagements.

Sehr häufig haben haftungsrechtliche Auseinandersetzungen ihre Ursache in organisatorischen Mängeln. Diese zu vermeiden ist eine klassische Domäne des Risikomanagements und letztlich auch jedes funktionierenden Qualitätsmanagements. Im Rahmen des Risikomanagements sollten immer die Ursachenmuster, die hinter Schäden bzw. unerwünschten Ereignissen, aber auch Beinahe-Schäden stecken, analysiert werden. Hierdurch kommt es zu einer Identifizierung von Risiken, die im weiteren Verlauf bewertet und nach Möglichkeit ausgeschaltet werden.

Typische Beispiele für organisatorische Mängel sind:

- Mangelnde oder fehlerhafte Aufklärung
- Fehlende oder mangelhafte Dokumentation
- Fehlende Prozessbeschreibungen oder Verfahrensanweisungen
- Fehlende Hinzuziehungs- oder Vertretungsregelungen

Um ein Organisationsverschulden zu vermeiden, sollten durch die Leitung bestimmte Voraussetzungen geschaffen werden. Es muss in jedem Behandlungsabschnitt des Patienten ein ausreichend qualifizierter Arzt bereitgestellt werden; hierbei ist es wichtig, dass konsequente Vertretungs- und Hinzuziehungsregeln festgelegt werden. Auch müssen die Zuständigkeiten auf allen Ebenen klar geregelt werden. Die Mitarbeiter müssen ausreichend geschult sein. Zudem muss die Leitung dafür sorgen, dass gesetzliche Anforderungen wie das Medizinproduktegesetz, das Arbeitsschutzgesetz oder Hygieneregelungen stringent umgesetzt werden.

> **Um ein Organisationsverschulden zu vermeiden, ist es sinnvoll, klare Strukturen mit Prozessbeschreibungen und Arbeitsanweisungen zu schaffen.**

Bei der Einführung neuer klinikinterner oder auch externer Standards bzw. Leitlinien ist es wichtig, auf eine Information aller betroffenen Mitarbeiter, auf eine regelmäßige Aktualisierung mit stringenter Dokumentenlenkung und auf die entsprechende Einarbeitung neuer Mitarbeiter zu achten.

Bei der Aufklärung trägt prinzipiell der Arzt die Beweislast. Der Patient muss immer rechtzeitig so aufgeklärt werden, dass er Vor- und Nachteile einer Behandlung abwägen kann. Die Aufklärung muss dabei umfassend und verständlich sein. Kommt es zu einem Schadensfall, so muss der Arzt nachweisen, dass dieses Aufklärungsgespräch auch tatsächlich stattgefunden hat. Hierfür ist eine ausreichende Dokumentation notwendig. Wesentliche Risiken und Besonderheiten des Patienten sollten dabei handschriftlich dokumentiert werden. Zudem sollten immer Anfangs- und Endzeit des Aufklärungsgesprächs vermerkt werden.

Ist eine Aufklärung des Patienten für eine Notfalluntersuchung nicht möglich, da der Patient beispielsweise komatös ist, so sollte in der Akte ein expliziter Vermerk vorgenommen werden. Hier kann beispielsweise vermerkt werden, dass der Patient erkennbar nicht geschäftsfähig ist gemäß § 104/105 BGB.

> **Aufklärungsgespräche müssen ausführlich dokumentiert werden; handschriftliche Anmerkungen zu wesentlichen Risiken und Besonderheiten des Patienten sind empfehlenswert.**

Wichtige Kriterien für eine korrekte Dokumentation sind:

- Zeitnahe Dokumentation
- Inhaltlich korrekte Dokumentation
- Vollständige Erfassung aller relevanten Fakten
- Verständlichkeit und Nachvollziehbarkeit des Dokumentierten
- Leserliche Form
- Unterschrift oder Handzeichen
- Sichere Verwahrung der ursprünglichen Dokumentation bei notwendigen Änderungen
- Kennzeichnung und Gegenzeichnung von Änderungen

> **Bei Änderungen in der klinischen Dokumentation niemals Tipp-Ex verwenden – die ursprüngliche Dokumentation muss erhalten bleiben.**

Generell ist es empfehlenswert, eine patientenbezogene, möglichst einheitliche Dokumentation durchzuführen, anstatt verschiedene Dokumentationen für die unterschiedlichen Berufsgruppen oder Fachgebiete zu haben.

Ein wichtiges Konzept im Risikomanagement ist das sog. »Schweizer-Käse-Modell«. In der Regel gibt es verschiedene Barrieren oder Kontrollmechanismen, die verhindern, dass ein Risiko zu einem Schaden führt. Diese Barrieren haben allerdings, analog zum Emmentaler Käse, Löcher in unterschiedlicher Größe und in unterschiedlicher Anordnung. Dringt ein Risiko durch das Loch einer der »Käsescheiben«, so sollte es danach durch die nächste Barriere, also die nächste »Käsescheibe«, aufgehalten werden. Sind jedoch durch ein Zusammentreffen unglücklicher Umstände aller »Käsescheiben« so hintereinander angeordnet, dass die Löcher auch hintereinander liegen, wird aus dem Risiko ein Schaden.

Eine Aufgabe des Risikomanagements ist es, dafür zu sorgen, dass möglichst viele Kontrollmechanismen, also »Käsescheiben«, hintereinander liegen, dass ihre Löcher möglichst klein sind, und dass die Löcher nicht direkt in Reihe angeordnet sind. Dafür ist es wichtig, verschiedene Präventionsmaßnahmen mit unterschiedlichen Personen zu kombinieren.

Beispiele solcher Kontrollmechanismen für das Risiko der Patientenverwechslung sind ein aktives

Ansprechen des Patienten, eine konkrete Nachfrage nach Namen und Geburtsdatum und das Einführen von Patientenarmbändern. Im Operationssaal sollte es zur Vermeidung von Patienten- bzw. Seitenverwechslungen immer mehrere Haltepunkte geben, an denen die Identität des Patienten überprüft, die korrekte Seite identifiziert und die Zuordnung, Aktualisierung und Orientierung der Röntgenbilder kontrolliert werden.

Ein wichtiges Instrument im Risikomanagement ist das Melden und die systematische Analyse von Risiken, Fehlen, unerwünschten Ereignissen, Schäden oder Beinahe-Schäden. Dies kann beispielsweise im Rahmen eines CIRS erfolgen.

Bei einem Schadensfall kommt es entscheidend auf die Kommunikation und auf die Informationspolitik an. Meist ist es sinnvoll, offen über den Sachverhalt zu reden und ein deeskalierendes Gespräch zu führen. Dieses Gespräch sollte wenn möglich durch die bzw. mit der Leitung erfolgen. Allerdings sollte dabei keine Haftungsanerkenntnis abgegeben werden. Hier ist immer eine Abstimmung mit der Haftpflichtversicherung notwendig.

> ❗ Gibt der Versicherungsnehmer eine Haftpflichtversicherung ohne vorherige Zustimmung des Versicherers einen Haftpflichtanspruch zu, so kann der Versicherungsnehmer den Versicherungsschutz verlieren.

Im Rahmen des Risikomanagements ist es sinnvoll, bereits frühzeitig vor Eintreten eines Schadensfalls ein Konzept zur Krisenbewältigung zu entwickeln. Hierbei ist auch an den Umgang mit den Medien zu denken.

> Risikomanagement sollte ein wichtiger Bestandteil eines QM-Systems sein. Das Erstellen von Prozessbeschreibungen und Arbeitsanweisungen, sowie die Schaffung klarer Zuständigkeits- und Vertretungsregelungen sind für das Risikomanagement – wie auch für das Qualitätsmanagement – sehr wichtig. Schadensfälle liegen oft in organisatorischen Mängeln begründet. Im Risikomanagement ist u. a. für eine korrekte Aufklärung der Patien-
>
> ▼

ten, für eine ausführliche Dokumentation und für eine Vermeidung von Verwechslungen zu sorgen. Es empfiehlt sich außerdem, ein Team für das Risikomanagement zu haben, das sich konsequent mit den Risiken einer Organisation auseinandersetzt. Laut Schweizer-Käse-Modell müssen zwischen einem Risiko und einem eingetretenen Schaden in der Regel mehrere Barrieren liegen. Diese weisen allerdings unterschiedliche Löcher auf. Erst wenn die Löcher direkt hintereinander liegen, kommt es zum Schaden. Ein Critical Incident Reporting System (CIRS) kann ein wichtiger Bestandteil des Risikomanagements sein.

9.6 Grundlagen des Beschwerdemanagements

Beschwerden sind, wie bereits erwähnt, eine wichtige Chance zur Verbesserung. Ein Ignorieren oder nur oberflächliches Bearbeiten von Beschwerden verpasst nicht nur die Gelegenheit der Verbesserung, sondern führt auch dazu, dass der Kunde (z. B. Patient oder Zuweiser) sich brüskiert fühlt, sich von der Organisation abwendet und seine schlechte Erfahrung im Familien- und Bekanntenkreis verbreitet. Ein strukturiertes Beschwerdemanagement ist daher wesentlich für den Erfolg eines Krankenhauses oder einer klinischen Fachabteilung. Es muss Bestandteil eines jeden QM-Systems sein.

Ein strukturiertes Beschwerdemanagement hat vorrangig folgende Ziele:
- Erkennen von Verbesserungspotentialen durch die Beschwerde
- Wiederherstellung der Kundenzufriedenheit, also der Zufriedenheit beispielsweise des Patienten oder des Zuweisers, der sich beschwert hat
- Minimierung der Auswirkungen der geäußerten Unzufriedenheit, also auch ein weitgehendes Vermeiden einer negativen Meinungsweitergabe durch den Kunden
- Vermeidung bzw. Reduzierung von Folgekosten

— Steigerung der Servicequalität durch promptes Reagieren auf die Anliegen des Kunden

Der Erfolg eines Beschwerdemanagements hängt davon ab, ob sich die Leitung zu dessen Wichtigkeit bekennt und außerdem der Kundenzufriedenheit hohe Beachtung schenkt. Ähnlich wie beim Fehlermanagement ist es wichtig, nach systemischen Ursachen zu suchen und diese entsprechend zu modifizieren. Einfache, an Personen festgemachte Schuldzuweisungen sind in der Regel nicht zielführend.

Da jede Beschwerde als Chance für den Erfolg der Organisation begriffen werden sollte, sollte dem Kunden, Patienten oder Zuweiser, die Gelegenheit gegeben werden, Beschwerden, aber auch Lob oder Vorschläge zu äußern. Hierzu können beispielsweise entsprechende Formulare in den Patientenwartebereichen oder auf den Stationen ausgelegt werden, die dann in ausgehängten Briefkästen gesammelt werden. Auch spontan eingehende Beschwerden müssen natürlich strukturiert bearbeitet werden, ob sie nun mündlich oder schriftlich geäußert werden. Zur Bearbeitung mündlich geäußerter Beschwerden ist es hilfreich, wenn ein Mitarbeiter eine kurze Gesprächsnotiz verfasst, am besten wiederum auf einem strukturierten Formblatt.

> **Es ist besonders wichtig, dass die eingegangenen Beschwerden nicht einfach unbearbeitet abgeheftet werden, sondern dass aktiv und prompt auf sie reagiert wird.**

Federführend sollte das Beschwerdemanagement in der Hand eines Beschwerdebeauftragten liegen. Die Bearbeitung kann – analog zu den Fehlerzirkeln – im Rahmen von Beschwerdezirkeln erfolgen.

Möglichst bald nach dem Eingang einer Beschwerde sollte ein Zwischenbericht an den Beschwerdeführenden, also beispielsweise an den Patienten, verschickt werden. In diesem Bericht sollte angekündigt werden, dass die Sache entsprechend untersucht und dass an einer prompten Verbesserung der Situation gearbeitet wird.

Bei potentiell haftungsrechtlich relevanten Beschwerden, solle die Rechtsabteilung des Krankenhauses zur Beratung hinzugezogen werden.

Im nächsten Schritt sollten zum einen die Stellungnahmen der Beteiligten angefordert, zum anderen die Ursache der Beschwerde genau analysiert werden, insbesondere im Hinblick auf Systemfehler. Daraus sind Maßnahmen abzuleiten, die die Situation entsprechend verbessern.

Schließlich ist ein Antwortschreiben an den Beschwerdeführenden zu verfassen, in dem auch genau darauf eingegangen wird, welche Maßnahmen zur Vermeidung ähnlicher Situationen getroffen wurden. In der Regel sollte ein solches Antwortschreiben von der Leitung unterschrieben werden.

Es darf nicht vergessen werden, den Beschwerdeführer über die Bearbeitung seiner Beschwerde und die abgeleiteten Maßnahmen zu informieren, sonst entsteht Frustration.

Ähnlich des Fehlermanagements, sollten auch beim Beschwerdemanagement alle eingegangenen Meldungen in einem Formular oder einer Datenbank erfasst werden. Die Ursachenanalyse und die Einleitung von Maßnahmen sind entsprechend zu dokumentieren. Zudem sollte jedes Jahr eine Beschwerdestatistik entwickelt werden, die auch eine Grundlage für das jährlich durchzuführende Management Review ist.

Jedes QM-System braucht ein strukturiertes, funktionierendes Beschwerdemanagement. Jede Beschwerde ist dabei eine Chance zu lernen und sich zu verbessern. Dies kann aber nur erreicht werden, wenn die Leitung der Kundenzufriedenheit einen hohen Stellenwert einräumt. Der Kunde sollte Gelegenheit haben, seine Beschwerde, aber auch Lob oder Anregung, beispielsweise durch entsprechende Formulare in den Patientenwartebereichen schriftlich oder mündlich zu äußern.

Die eingegangenen Beschwerden sollten durch einen Beschwerdebeauftragten und ggf. einen Beschwerdezirkel strukturiert bearbeitet und analysiert werden. Hierbei ist besonders auf systemische Schwachstellen zu achten, die behoben oder zumindest minimiert werden sollten. Es empfiehlt sich, den Beschwerdeführer, also beispielsweise den Patienten, in einem Antwortschreiben über die Bearbeitung seiner Beschwerde auf dem Laufenden zu halten.

Überprüfungsmethoden

10.1   Funktioniert mein Qualitätsmanagement? Die Rolle
        von Audits – 160

10.2   Wie wird mein Qualitätsmanagement wahrgenommen?
        Befragungen – 165

10.1 Funktioniert mein Qualitätsmanagement? Die Rolle von Audits

Ein Audit (lat. audire, zuhören) sollte eine unabhängige und systematische Untersuchung sein, die überprüft, ob die qualitätsbezogenen Tätigkeiten und die erzielten Ergebnisse den Anforderungen entsprechen und tatsächlich umgesetzt sind. Zudem sollte auch geprüft werden, ob die Tätigkeiten wirklich geeignet sind, die gewählten Qualitätsziele zu erreichen. Hierbei geht es auch immer um ein Überprüfen einer kontinuierlichen Verbesserung, gerade bei Re-Audits bzw. Überwachungsaudits. Es soll sichergestellt werden, dass das QM-System nicht stagniert, sondern sich stetig weiterentwickelt.

Ein Audit ist gemäß DIN EN ISO 9000:2005 ein systematischer, unabhängiger und dokumentierter Prozess zur Erlangung von Auditnachweisen und zu deren objektiver Auswertung, um zu ermitteln, inwieweit Auditkriterien (Vorgehensweisen oder Anforderungen) erfüllt sind.

> ⓘ **Audits überprüfen systematisch und unabhängig den Reife- und Durchdringungsgrad des QM-Systems und stellen den Stand der Korrektur- und Vorbeugemaßnahmen fest.**

Man unterscheidet dabei interne von externen Audits. Im Rahmen von internen Audits werden Bereiche innerhalb der Abteilung bzw. innerhalb des Krankenhauses von speziell ausgebildeten internen Auditoren besucht. Diese internen Auditoren sollten ein Auditorentraining durchlaufen haben, um für ihre Aufgabe gut gerüstet zu sein.

Bei der Auditierung sind bestimmte Dokumente zu führen und Regelungen einzuhalten. Hinsichtlich des moralischen und ethischen Vorgehens liefert z. B. die 19011:2002 als sog. Leitfaden für Auditoren Verhaltensmaßregeln. Zudem wird eine Dokumentation gefordert. Es soll sichergestellt werden, dass ein Audit von den Mitarbeitern nicht als Verhör empfunden wird.

Hinsichtlich des Verhaltens kommt es dabei weniger darauf an, ob schon Auditerfahrung oder gar umfassendes Fachwissen vorhanden ist. Der Fokus liegt vielmehr auf folgenden Prinzipien:

- Ethisches Verhalten
- Sachliche Darstellung
- Angemessene berufliche Sorgfalt
- Vorgehensweise, die auf Nachweisen beruht

Während des eigentlichen Auditprozesses vor Ort ist es entscheidend, offene Fragen zu stellen und aktiv zuzuhören, um optimale Ergebnisse dokumentieren zu können.

> ❶ **Geschlossene Fragen und Suggestivfragen sind bei einem Audit unter allen Umständen zu vermeiden.**

Ein Auditor sollte geduldig, aber auch hartnäckig sein und keine Abschweifungen vom Thema zulassen, da der Zeitplan eingehalten werden muss.

Externe Auditoren müssen fachliche Voraussetzungen nachweisen können, um eine Ausbildung zum Auditor zu absolvieren und die Tätigkeit auszuüben. Die Mindestanforderungen bestehen in einem Hauptschulabschluss und einer abgeschlossenen beruflichen Ausbildung mit 5-jähriger Berufserfahrung. Von diesen müssen mindestens 2 Jahre im Bereich des Qualitätsmanagements verbracht worden sein. Zudem müssen eine Auditorenschulung und Auditerfahrung nachgewiesen werden.

Die internen und externen Audits spielen bei Zertifizierungen und bei der Aufrechterhaltung des QM-Systems eine entscheidende und geforderte Rolle. Dabei wird bei Qualitätsaudits besonders darauf geachtet, den Erreichungs- und Durchdringungsgrad zu ermitteln sowie den Status der Korrektur- und Verbesserungsmaßnahmen festzustellen.

Man unterscheidet verschiedene Audittypen, denen man einen Auditgegenstand zuordnet:

- Finanzaudit
- Complianceaudit
- Performanceaudit
- Systemaudit
- Prozessaudit
- Produktaudit
- Projektaudit

Bei einem **Finanzaudit** werden Kennzahlen nach betriebswirtschaftlichen Prinzipien auf ihre Richtigkeit überprüft. Ein **Complianceaudit** überwacht die Übereinstimmung mit einem Prüfmodell, einem Fragenkatalog oder einem sonstigen Regelwerk. Dies sind in erster Linie die Einhaltung gesetzlicher Vorschriften, betriebsinterner Regelungen, Rechtvorschriften, Datenschutz, Exportkontrolle, Produkthaftung oder arbeitsrechtliche Fragestellungen. Ein **Performanceaudit** wird auch Rechtmäßigkeitsprüfung genannt. Hier wird die Zielerreichung (Effektivität) objektiv und systematisch überwacht. Zudem wird geprüft, ob die eingesetzten Ressourcen hierfür ökonomisch und effizient verwendet wurden. Bei einem **Systemaudit** wird die Normkonformität des gesamten QM-Systems in Stichproben betrachtet. Das Systemaudit dient der umfassenden Beurteilung des gesamten QM-Systems. Dabei wird in einer systematischen und unabhängigen Untersuchung zunächst die Beschreibung des QM-Systems einschließlich aller Anweisungen auf angemessene Übereinstimmung mit dem zugrunde liegenden Regelwerk (Norm) überprüft. Anschließend werden vor Ort alle qualitätsbezogenen Tätigkeiten und deren Ergebnisse beurteilt. Es wird darauf geachtet, ob diese den geplanten Anordnungen und Anweisungen entsprechen, ob sie wirkungsvoll durchgeführt werden und ob sie geeignet sind, die vorgegebenen Qualitätsziele zu erreichen.

Ein **Prozessaudit** betrachtet einzelne verschriftete Prozesse und deren Durchführung. Hierbei sollte man sich folgende vier Grundfragen stellen, die zur Feststellung der Tauglichkeit des Prozesses dienen:

- Ist der Prozess festgelegt und in geeigneter Weise beschrieben?
- Sind Verantwortlichkeiten zugeordnet?
- Sind die Verfahren umgesetzt und aufrechterhalten?
- Ist der Prozess wirksam hinsichtlich der geforderten Ergebnisse?

Ein **Produktaudit** durchleuchtet die Qualität des Produktes in Bezug auf die Erwartungen von Kunden und interessierten Parteien. Bei einem **Projektaudit** werden die Qualität und der Projektstatus auditiert.

Auch nach dem Status eines Auditors können Audits eingeteilt werden in:

- Interne Audits
- Lieferantenaudits
- Zertifizierungsaudits

Ein **internes Audit** wird auch als First Party Audit bezeichnet. Dies bedeutet, dass der Auditor ein Mitarbeiter der Organisation ist, in der das Audit erfolgt. Ein **Lieferantenaudit** wird auch Second Party Audit genannt. Es wird vom Managementbeauftragten des Kunden bei seinem Lieferanten durchgeführt. Lieferantenaudits dienen der Lieferantenauswahl und -bewertung. Ein **Zertifizierungsaudit** wird auch als Third Party Audit bezeichnet. Es wird immer von einem unabhängigen Auditor einer Zertifizierungsstelle durchgeführt.

Beim **eigentlichen Zertifizierungsprozess** unterscheidet man zudem noch:

- Voraudit
- Zertifizierungsaudit
- Überwachungsaudit
- Rezertifzierungsaudit

Das sog. **Voraudit** – auch als Präaudit bezeichnet – ist unbedingt empfehlenswert, um vor dem eigentlichen Zertifizierungsaudit die Zertifizierungsfähigkeit festzustellen. Das Voraudit wird auch gelegentlich als freundliches Audit (»friendly audit«) bezeichnet. Bei dem eigentlichen **Zertifizierungaudit** werden zunächst die Dokumente und das Handbuch geprüft. Anschließend findet eine geplante, angekündigte Begehung und Auditierung der Bereiche anhand eines sog. Auditfragenkataloges statt. Das mittlerweile vorgeschriebene jährliche **Überwachungsaudit** dient dazu, die Fortschritte und die Entwicklung des QM-Systems zu beurteilen. Kritische Abweichungen führen auch hier zum Verlust des Zertifikates. Das **Rezertifizierungsaudit** erfolgt im Dreijahresturnus, bzw. muss alle 3 Jahre durch ein Third Party Audit erneuert werden.

> ❗ Bei kritischen Abweichungen kann das Zertifikat auch bei einem Überwachungsaudit aberkannt werden.

Das eigentliche Audit gliedert sich systematisch in Phasen der Planung und Vorbereitung (❑ Abb. 10.1).

Zu Beginn von internen Audits müssen von der obersten Leitung und den QM-Beauftragten

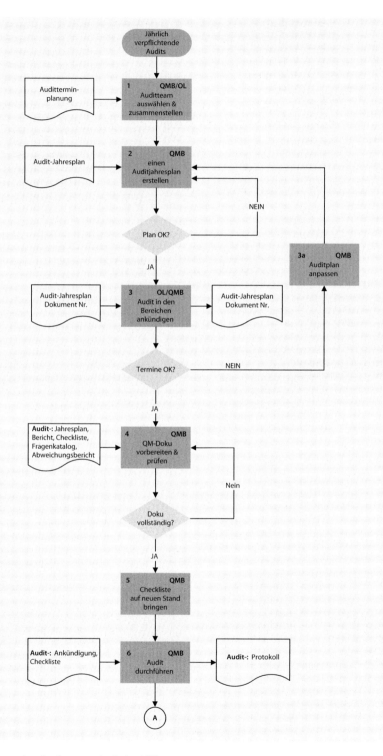

○ **Abb. 10.1.** Prozessbeschreibung zur Auditdurchführung

die Auditzielsetzung und die Rahmenbedingungen sowie die Auditorenauswahl mit Auditleitern und Co-Auditoren bestimmt sein. Anschließend werden diese Personen zu Auditteams formiert.

Danach gilt es den Auditablauf festzulegen. Zunächst werden der Auditzeitpunkt und der Zeitrahmen schriftlich tabellarisch festgelegt und entsprechende Auditkriterien und eine Checkliste mit Auditfragen vorbereitet.

> ❯ **Interne Audits müssen gut vorbereitet sein, mit schriftlich fixierten Auditzeitrahmen, Auditkriterien und Auditfragen.**

Hierauf schließt sich die eigentliche Durchführung der Audits selbst an, die nach Abschluss zwischen Auditor und Co-Auditor, und ggf. auch weiteren sach- oder fachkundigen Personen ausgewertet werden. Die sog. Auditfeststellungen erfolgen wie die gesamte Dokumentation in gelenkten Dokumenten. Anschließend wird der sog. Auditbericht verfasst, in dem auch entsprechende Verbesserungsmaßnahmen fixiert sind.

Die 19011:2002 legt Auditprinzipien fest. Sie beschreibt das Management des sog. Auditprogramms und die Anforderungen an die Qualifikation des Auditors und gibt eine Anleitung für die Durchführung des Audits an sich.

In das Audit müssen Schlussfolgerungen früherer Audits, sprachliche, kulturelle und soziale Aspekte einfließen. Dazu gehören auch wichtige Änderungen, die folgende Bereiche betreffen können: Gesetzliche, behördliche, vertragliche Anforderungen, Änderungen von Normen oder Änderungen in der Organisation selbst, sowie Anforderungen interessierter Parteien.

Folgende Formulare sind gemäß DIN EN ISO 19011:2002 mitzuführen bzw. zu erstellen:

- Auditjahresplan
- Auditankündigung
- Auditbericht
- Auditabweichungsbericht
- Auditcheckliste
- Audifragenkatalog

Unangekündigte und unvorbereitete Audits in Form von »Spontanverhören« dürfen in keinem Fall zugelassen werden. Die eigentlichen Audits sollen nicht in Büros oder Konferenzräumen durchge-

führt werden, sondern immer in den Abteilungen vor Ort.

Die bei einem Audit festgestellten Ergebnisse werden von der Begrifflichkeit her in der Fachsprache wie folgt unterschieden:

Bei einem **Hinweis** handelt es sich um eine negative oder auch positive Feststellung, die einen Vorschlags- bzw. Empfehlungscharakter hat. Die Klinik sollte sich mit diesen Hinweisen konstruktiv auseinandersetzen. Auf der Basis von Fakten sollte über die Umsetzung in Verbesserungsprojekte entschieden werden. Bei einer **unkritischen bzw. geringfügigen Abweichung** – auch als Minorabweichung bezeichnet – handelt es sich um eine negative Feststellung mit Forderungscharakter. Wird vom Auditor eine solche festgestellt, stellt diese jedoch die Konformität mit den Standards nicht fundamental in Frage. Die Klinik entwickelt Maßnahmen zur Behebung mit Terminen mit entsprechender Umsetzungsfrist und deren Überprüfung. Bei einer **kritischen Abweichung** – auch als Majorabweichung bezeichnet – handelt es sich um eine Feststellung, die einen eindeutigen Forderungscharakter hat, und die festhält, dass die Normkonformität nicht gegeben ist. Bei Feststellung einer Majorabweichung gelten Standards als nicht erfüllt, wie z. B. dass Prozesse nicht bekannt oder geforderte Prozesse nicht verschriftet sind, oder dass ungelenkte oder veraltete Dokumente im Umlauf sind. Das Krankenhaus erhält dann eine Frist, in der die kritische Abweichung zu beheben ist, um die erforderliche Konformität herzustellen.

Wird der Mangel nachweislich unzureichend nachgebessert oder ungenügend behoben, wird das Gütesiegel durch den Lead-Auditor nicht erteilt und dies entsprechend im Abschlussbericht vermerkt.

Tritt z. B. eine größere Summe geringfügiger Abweichungen auf, so können auch diese in der Gesamtheit durch den Auditor als kritische Abweichung eingestuft und gewertet werden.

◘ Abb. 10.2 zeigt einen Gesamtüberblick über den Ablauf einer Zertifizierung.

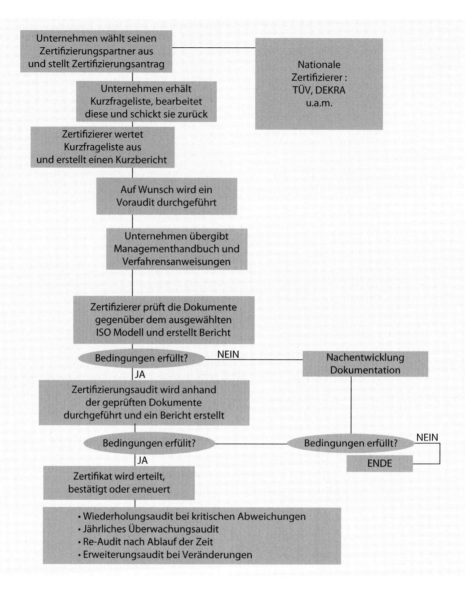

■ **Abb. 10.2.** Ablauf einer Zertifizierung

Audits überprüfen systematisch und unabhängig den Reife- und Durchdringungsgrad des QM-Systems und stellen den Stand der Korrektur- und Vorbeugemaßnahmen fest. Für die Durchführung von Audits sind ein ethisches Verhalten, eine sachliche Darstellung, eine angemessene berufliche Sorgfalt sowie eine Vorgehensweise, die auf Nachweisen beruht, unabdingbar. Audits werden eingeteilt

▼

in interne Audits, Lieferantenaudits und Zertifizierungsaudits. Je nach Gegenstand des Audits unterscheidet man auch Finanzaudits, Complianceaudits, Performanceaudits, Systemaudits, Prozessaudits, Produktaudits und Projektaudits. Im Rahmen eines Zertifizierungsprozesses werden Voraudits, Zertifizierungsaudits, Überwachungsaudits und Rezertifizierungsaudits durchgeführt. Gemäß der 19011:2002, dem

▼

10.2 · Wie wird mein Qualitätsmanagement wahrgenommen? Befragungen

165   **10**

Leitfaden für Auditoren, sind ein Auditjahresplan, eine Auditankündigung, ein Auditbericht, ein Auditabweichungsbericht, eine Auditcheckliste und ein Auditfragenkatalog mitzuführen, bzw. zu erstellen.

10.2   Wie wird mein Qualitätsmanagement wahrgenommen? Befragungen

Die Wirksamkeit eines QM-Systems lässt sich sehr gut mit Hilfe von Befragungen überprüfen. Zunächst muss man sich dabei die Frage stellen, welche Kunden eine Organisation hat. Diese Kunden sollten dann strukturiert befragt werden.

Für den Krankenhausbereich sind häufig folgende Befragungen durchzuführen:

- Patientenbefragungen
- Mitarbeiterbefragungen
- Zuweiserbefragungen

In Universitätskliniken und Lehrkrankenhäusern kommen in der Regel noch Studentenbefragungen hinzu.

Befragungen sollten immer an die jeweilige Zielgruppe und an die Befragungssituation angepasst werden. Sie können auf verschiedene Arten durchgeführt werden – beispielsweise als Papierformular oder auch als webbasierte elektronische Version.

Bei der Planung einer Befragung sollte genau überlegt werden, ob diese intern organisiert oder ob die externe Hilfe eines professionellen Befragungsinstitutes hinzugezogen wird. Gerade bei Mitarbeiterbefragungen ist eine externe Auswertung essentiell, da sonst das Vertrauen der Mitarbeiter in die Anonymität der Befragung in der Regel nicht gewährleistet ist.

Führt man Befragungen von »dauerhaften Kunden«, also beispielsweise von Mitarbeitern oder Zuweisern, durch, so ist es äußerst wichtig, dass sich aus der Befragung auch Konsequenzen ergeben, und diese entsprechend kommuniziert werden.

❗ Ergeben sich aus Befragungen keine Konsequenzen, so führt dies leicht zur Resignation bei den Befragten – dies gilt besonders bei Mitarbeitern und Zuweisern.

Generell gibt es bei Befragungen unterschiedliche Fragetypen. Zum einen gibt es die sog. Ratingfragen. Dies sind Fragen, bei denen der Befragte eine Einschätzung im Sinne eines Gesamturteils abgibt. Die Antwortskalen sind hierbei typischerweise abgestuft, beispielsweise im Sinne einer mehrstufigen Skala. Typische Skalen sind 4-, 5- oder 6-stufig, wobei die einzelnen Stufen erklärt werden sollten, damit eine korrekte Beantwortung möglich ist.

Zum anderen können Reportfragen gestellt werden. Diese Fragen befassen sich mit von außen überprüfbaren, also objektiveren Dingen. Ein Problem ist dabei allerdings, dass es schnell zu einer großen Zahl an Fragen kommt. Beispiele hierfür sind die Frage nach einer Wartezeit in Minuten, nach der Aufenthaltsdauer im Krankenhaus, nach dem Zutreffen oder Fehlen eines bestimmten Merkmals oder nach Häufigkeiten beispielsweise der Visiten.

Ein »Problem« bei Patientenbefragungen ist, dass die Zufriedenheitseinschätzung im Rahmen der Ratingfragen meist sehr positiv ausfällt. Verwendet man eine »normale« Skala, beispielsweise mit den Kategorien »sehr gut, gut, akzeptabel, schlecht, sehr schlecht«, so fallen die meisten Antworten in der Regel in die Kategorien sehr zufrieden und zufrieden. Eine weitere Differenzierung und ein sinnvoller Vergleich mit anderen Kliniken oder mit Vorjahresergebnissen ist dann nicht möglich, da die Einteilung der Skala in diesen Bereichen nicht differenziert genug ist. Dieser Effekt wird auch als Deckeneffekt bezeichnet – bei sehr negativen Befragungsergebnissen kann es aber auch zu dem umgekehrten Phänomen, also einem Bodeneffekt kommen.

Dies kann durch eine schiefe Skala vermieden werden, die mehr positive (oder auch mehr negative) Einschätzungen beinhaltet. Ein Beispiel hierfür wären die Kategorien »extrem gut, sehr gut, gut, akzeptabel, schlecht«.

Um einschätzen zu können, wie relevant ein Thema für die Befragten wirklich ist, sollten immer auch Fragen zur Wichtigkeit gestellt werden. Und um verwertbare Ergebnisse zu erhalten, sollten be-

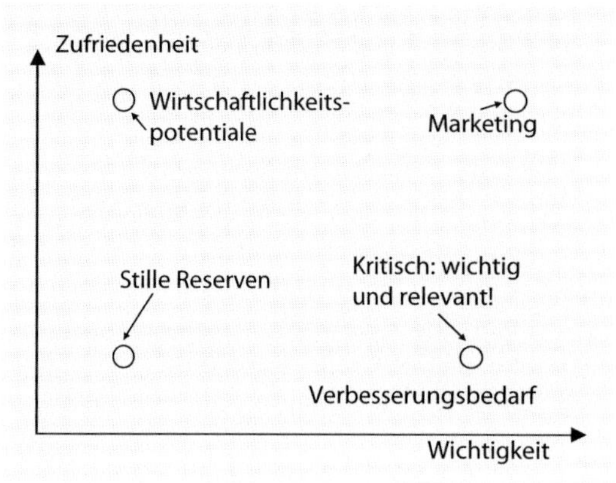

Abb. 10.3. Darstellung einer Wichtigkeits-Zufriedenheits-Matrix. Die Punkte im rechten unteren Quadranten sind besonders kritisch, da wichtig und relevant

stimmte Grundregeln bei der Entwicklung der Fragen eingehalten werden:
- Die Fragen sollten eindeutig sein.
- Es sollte nur ein Thema pro Frage angesprochen werden.
- Die Fragen sollten positiv formuliert sein.
- Die Fragen sollten verständlich sein.
- Die Antwortmöglichkeiten sollten eindeutig sein.
- Die Antwortmöglichkeiten sollten erschöpfend sein, d. h. es müssen die Möglichkeiten in beide Richtungen abgedeckt sein. Bei einer Skala mit »sehr gut, gut, befriedigend« fehlt beispielsweise die Möglichkeit »schlecht«.
- Die Anzahl und Komplexität der Antworten sollten auf die Zielgruppe abgestimmt sein.

❗ Wenn Fragen nicht eindeutig gestellt sind und Antwortmöglichkeiten unklar oder nicht erschöpfend sind, werden die Befragungsergebnisse verfälscht.

Bei der Auswertung sollte eine sog. »Missing-Analyse« durchgeführt werden. Dies bedeutet, dass überprüft wird, wie viel Prozent der Teilnehmer eine bestimmte Frage nicht beantwortet haben. Haben beispielsweise 80% der Teilnehmer eine Frage nicht beantwortet, so ist davon auszugehen, dass diese Frage nicht ausreichend verständlich war.

Führt man eine Patientenbefragung im Krankenhaus durch, so ist schon bei der Konzeption der

Umfrage zu überlegen, ob diese während des stationären Aufenthaltes oder erst nach der Entlassung des Patienten durchgeführt werden soll. Letztlich herrscht in der Fachwelt Uneinigkeit darüber, welche Methodik überlegen ist.

Vorteile einer während des Aufenthaltes des Patienten im Krankenhaus durchgeführten Umfrage sind vor allem die deutlich niedrigeren Kosten und der geringere logistische Aufwand. Wird die Befragung erst nach der Entlassung des Patienten durchgeführt, so ist mit größter Sorgfalt vorzugehen, dass der Fragebogen auch die korrekten Empfänger erreicht.

Bei einer Befragung während des stationären Aufenthaltes eines Patienten, ist die Motivation der Mitarbeiter, die den Fragebogen ausgeben, besonders wichtig. Hiervon hängt letztlich auch der Rücklauf ab. In der Regel ist die Ausgabe von 100 Bögen pro Einheit ausreichend, der Rücklauf sollte etwa bei 2/3 liegen.

Wo möglich, empfiehlt sich eine möglichst standardisierte Befragungskonzeption, um so einen Vergleich mit anderen Institutionen und Abteilungen, also ein Benchmarking, zu ermöglichen.

Prinzipiell kann eine Befragung auch webbasiert durchgeführt werden. An die Befragten wird dann ein aktivierter Web-Link geschickt, auf dem die Fragen hinterlegt sind. Die Befragung erfolgt dann online. Es gibt Anbieter, die die Befragungsdurchführung gleich mit einer Auswertung koppeln. Eine solche webbasierte Befragung kommt natürlich nur für bestimmte Personengruppen infrage. Sie ist beispielsweise für eine Zuweiserbefragung gut denkbar, für eine Patientenbefragung jedoch ungeeignet.

Nach der Auswertung von Befragungen sollten die Ergebnisse immer entsprechend kommuniziert werden. Zudem ist es wichtig, dass sich aus den Befragungen auch wirklich Veränderungen ergeben. Auch diese sollten entsprechend kommuniziert werden.

Die Befragungsergebnisse lassen sich auf verschiedene Arten darstellen, beispielsweise als Tabelle, als Balkendiagramm, als Kuchendiagramm oder als Matrix. Generell lassen sich die Ergebnisse meist graphisch am einfachsten kommunizieren.

Eine interessante Darstellungsform ist die Wichtigkeits-Zufriedenheits-Matrix (❑ Abb. 10.3).

10.2 · Wie wird mein Qualitätsmanagement wahrgenommen? Befragungen

167

10

Hier wird die Zufriedenheit auf der x-Achse, die Wichtigkeit auf der y-Achse aufgetragen, jeweils mit aufsteigenden Werten. Es kann dann abgelesen werden, welche Punkte besonders kritisch sind – dies sind die Punkte, die wichtig sind, die aber schlechte Zufriedenheitswerte aufweisen.

Befragungen sind ein außerordentlich wichtiger Bestandteil jedes QM-Systems. Sie dienen dazu, die Kundenzufriedenheit zu ermitteln. Dies bedeutet, dass sie für alle verschiedenen Kunden einer Organisation durchgeführt werden sollten. Im Krankenhaus sind das typischerweise Patienten, Mitarbeiter und Zuweiser, bei akademischen Einrichtungen auch Studenten. Bei Befragungen können Rating- also Einschätzungsfragen oder Reportfragen, also Fragen nach von außen überprüfbaren Dingen, gestellt werden. Fragen und Antwortmöglichkeiten sollten immer klar und eindeutig sein. Ein Decken- oder Bodeneffekt ist nach Möglichkeit zu vermeiden. Befragungsergebnisse sollten kommuniziert werden. Zudem ist es wichtig, dass sich aus den Befragungen Konsequenzen ergeben, um nicht zu einer Frustration der Befragten zu führen. Dies gilt in besonderem Maße für Mitarbeiterbefragungen.

Fragen und Fakten

11.1   Soll ich mich zertifizieren lassen? – 170

11.2   Was kostet Qualitätsmanagement? – 171

11.3   Brauche ich externe Hilfe? – 172

11.4   Wie finde ich den richtigen Berater? – 172

11.5   Was kommt bei der Implementierung eines QM-Systems und Zertifizierung auf mich zu? – 174

11.6   Wie finde ich die richtige Zertifizierungsgesellschaft? – 176

11.7   Was passiert zwischen Zertifizierung und Rezertifizierung? – 176

11.8   Wann und warum sollte ich auf andere Systeme umsteigen? – 177

11.1   Soll ich mich zertifizieren lassen?

Derzeit ist eine Zertifizierung noch nicht gesetzlich vorgeschrieben – lediglich die Einführung eines QM-Systems wird vom Gesetzgeber gefordert. Eine Zertifizierung hat jedoch mehrere wichtige Komponenten für eine Klinik oder eine Abteilung, die man bedenken sollte.

Zum einen ist die psychologische Komponente für die Klinik oder Abteilung nicht zu vernachlässigen. Letztlich kann eine Zertifizierung ein äußerst wertvolles Mitarbeiter- und Managementinstrument sein. In der Vorbereitung zur Zertifizierung kann eine Abteilung bzw. Klinik enger zusammenwachsen. Ist die Zertifizierung dann erlangt, so ist die Abteilung stolz auf das Zertifikat und auf die gemeinsam vollbrachte Anstrengung.

Durch den interdisziplinären Ansatz aller QM-Systeme werden die Zusammenarbeit und insbesondere die Kommunikation zwischen den Berufsgruppen gefördert. Hier werden gerade im Zuge der Vorbereitung Hemmschwellen abgebaut und Abteilungsmauern niedriger. Dies führt wiederum zu einer günstigen Beeinflussung der Prozessabläufe. Durch die kontinuierlichen Verbesserungsprozesse kommt es auch nach Erlangung der Erstzertifizierung zu einer zunehmenden Vertiefung der Zusammenarbeit und auch zu einer Bindung an die Arbeit selbst und an den Sinn dieser Arbeit. Letztlich führt die Zertifizierung hier auch zu einer zunehmenden Identifizierung mit der eigenen Arbeit, also zu einer »Corporate Identity«, die ja letztlich für den Erfolg ganz entscheidend ist.

In der Zertifizierungsvorbereitung hat die Führungsebene einer Abteilung oder einer Klinik darüber hinaus die Möglichkeit, ihre eigenen Mitarbeiter von einer anderen Seite wahrzunehmen und dadurch besser kennenzulernen – dies ist natürlich auch umgekehrt der Fall. Sind die Forderungen der QM-Systeme richtig umgesetzt, so führt dies zumeist zu einer anderen Beziehungsgestaltung innerhalb einer Abteilung.

Ein weiterer, nicht zu vernachlässigender Faktor ist die positive Außenwirkung einer Zertifizierung auf Patienten, Zuweiser und Lieferanten. Hierdurch wird dem Kunden von vornherein ein positives Bild des Unternehmens vermittelt und nachweislich versichert, dass er auf die Leistung der Klinik bzw. der Abteilung vertrauen kann – dies betrifft die medizinischen Leistungen, aber auch die Serviceleistungen und die gesetzlichen Anforderungen. So kann eine Zertifizierung ein wichtiger Bestandteil des Marketings einer Klinik sein.

> ❯ **Zwar muss in eine Zertifizierung zunächst investiert werden, doch lohnt sich das in der Regel auf längere Sicht. Eine Zertifizierung führt normalerweise zu einer positiven Außenwirkung und langfristig auch zu Kosteneinsparungen und zu einem Ausbau von Kennzahlensystemen.**

Nicht zuletzt ist in der Zukunft auch zu erwarten, dass über kurz oder lang eine Zertifizierung oder eine andere Art der Überprüfung vom Gesetzgeber vorgeschrieben wird. In bestimmten Teilbereichen ist dies schon jetzt der Fall, beispielsweise in der Rehabilitation.

Man sollte sich daher genau überlegen, ob man sich mit der einfachen Anforderung des Gesetzgebers zufrieden gibt, ein QM-System zu implementieren, ohne dass dies überprüft wird. Letztlich kann die Vorbereitung und erfolgreiche Durchführung einer Zertifizierung zu einer entscheidenden Antriebsfeder für die Mitarbeiter und einem wichtigen Motivationsschub führen.

> Zwar ist eine Zertifizierung derzeit gesetzlich für die meisten Bereiche noch nicht vorgeschrieben, sie kann jedoch eine entscheidende Antriebsfeder für die Implementierung eines QM-Systems sein. Die Vorbereitung und erfolgreiche Durchführung einer Zertifizierung kann zu einem wichtigen Motivationsinstrument werden und die Kommunikation verbessern. Nicht zu vernachlässigen ist auch die positive Außenwirkung einer Zertifizierung auf Patienten, Zuweiser und Lieferanten.

11.2 Was kostet Qualitätsmanagement?

Letztlich kostet die neue Implementierung eines QM-Systems – evtl. mit nachfolgender Zertifizierung – immer Geld. Die zunächst aufzubringenden Kosten lassen sich in folgende Kategorien unterteilen:

- Beratungskosten
- Ausbildungs- bzw. Schulungskosten
- Zertifizierungskosten
- Kosten durch Mehrarbeit der Mitarbeiter

Zu Beginn der Implementierung muss zunächst entschieden werden, ob ein professioneller Berater hinzugezogen werden sollte, der die Projektierung und Implementierung des Systems bis zur Zertifizierungsreife sicherstellt. Die Tagessätze für einen Berater variieren erheblich. Man sollte sich vor der Auswahl eines Beraters genau über die Tagessätze, die Nebenkosten und die veranschlagten Tage informieren und dies ggf. mit der Vertragsabteilung des Krankenhauses in enger Kooperation abstimmen. Die Beratersätze können zwischen 800 und 2500 Euro variieren. Hierbei sollte bei der Auswahl immer genau auf eine ausdifferenzierte Kostenaufstellung im Angebot geachtet werden. Zudem muss berücksichtigt werden, ob die angebotene Zahl an Beratertagen auch wirklich dem Bedarf entspricht und in Relation zur Personalausstattung steht.

> **Zu Beginn eines QM-Projekts muss entschieden werden, ob ein externer Berater hinzugezogen wird; die Kosten sind gemäß den Tagessätzen zu kalkulieren.**

Um ein QM-System erfolgreich implementieren zu können, müssen die Mitarbeiter entsprechend geschult werden. Im Schnitt sollten mindestens 30–50% der Mitarbeiter eine QM-Basisschulung durchlaufen. Etwa 10–15% der Mitarbeiter sollten als Moderatoren geschult werden, um später die Qualitätszirkel zu leiten. Zudem sollten etwa 5–10% der Mitarbeiter zu internen Auditoren ausgebildet werden.

Um diese Ausbildung der Mitarbeiter zu realisieren, können die Schulungen entweder durch den eigenen Berater oder extern durchgeführt werden. Für QM-Grundlagenschulungen und Moderatorenausbildungen sind jeweils etwa 1–2 Tage zu veranschlagen, für ein internes Auditorentraining 2 Tage.

Von der Kostenseite her ist es, gerade für größere Abteilungen, in der Regel günstiger, die Schulungen im Haus durch einen Berater durchführen zu lassen, da sich die Kosten für externe Schulungen entsprechend summieren.

Zusätzlich zu den vorgenannten Schulungen kann es durchaus sinnvoll sein, den QM-Beauftragten bzw. die QM-Kerngruppe bereits im Vorfeld ggf. bis externen Auditor ausbilden zu lassen. Dies ermöglicht eine hohe Fachkompetenz des QM-Beauftragten schon zu Projektbeginn.

> **Auch die Schulungskosten der Mitarbeiter sind in der Kostenkalkulation zu berücksichtigen.**

Wird eine Zertifizierung angestrebt, so kommen die Kosten für die Zertifizierung selbst hinzu. Hier sind die Kosten für das Zertifizierungsaudit, aber auch für die Überwachungsaudits zu berücksichtigen. Zudem ist es ggf. ratsam ein Präaudit durchzuführen, um die Zertifizierungsreife überprüfen zu lassen. Diese Kriterien sollten differenziert aufgeführte Vertragsbestandteile sein. Je nach Anbieter, Modell und Größe der Institution liegen die reinen Zertifizierungskosten ab etwa 5000 Euro aufwärts.

Bei Beratungs- und Zertifizierungskosten sollte immer auch auf den Posten der Reisekosten und Spesen geachtet werden. Dies kann einen beträchtlichen Anteil der Kosten ausmachen.

Plant man die Kosten der Implementierung eines QM-Systems, so dürfen auch die Kosten für die Mehrarbeit der Mitarbeiter nicht vergessen werden. Die Standardaufgaben in einer Klinik bleiben ja in der Regel bestehen, hinzu kommt jedoch nun die Projektarbeit im Rahmen des Qualitätsmanagements. Dies führt zwangsläufig zu entsprechenden Überstunden.

Zwar fordert die Implementierung eines QM-Systems initial beträchtliche finanzielle Investitionen. Langfristig jedoch sollte die Optimierung der Prozessabläufe zu einer deutlich messbaren Qualitätssteigerung und auch Kosteneinsparung führen.

▼

Für eine Kostenaufstellung eines QM-Projekts sind Schulungskosten der Mitarbeiter, ggf. Beratungs- und Zertifizierungskosten, sowie Kosten für die Mehrarbeit der Mitarbeiter zu berücksichtigen. Für Schulungs-, Beratungs- und Zertifizierungskosten sollten verschiedene Angebote eingeholt und sowohl bezüglich der Kosten als auch bezüglich des Leistungsspektrums verglichen werden.

11.3   Brauche ich externe Hilfe?

Zu Beginn eines QM-Projekts sollte entschieden werden, ob externe Hilfe, also in der Regel ein externer Berater, hinzugezogen werden sollte. Eine Erstimplementierung bis hin zur Zertifizierungsreife kann aus eigener Kraft normalerweise nur dann realisiert werden, wenn die QM-Verantwortlichen über einschlägige Erfahrung sowie eine entsprechende Ausbildung verfügen.

Man sollte sich daher vor Beginn einer Erstimplementierung genau überlegen, ob diese fachlichen Ressourcen in der eigenen Klinik bzw. in der eigenen Abteilung tatsächlich vorhanden sind, und ob sich dieses Projekt im Routinebetrieb auch wirklich realisieren lässt.

Für die Wahl eines externen Beraters spricht auch, dass dieser als quasi neutrale Stelle eine wichtige Koordinierungs- und auch Überzeugungsfunktion zwischen Geschäftsleitung, Projekt und Mitarbeitern übernimmt. Hierdurch sinkt die Wahrscheinlichkeit interner Grabenkämpfe, die ansonsten oft deutlich höher ist.

Ein Blick von außen, wie ihn ein externer Berater bieten kann, kann zudem für die Nabelschau einer Abteilung bzw. einer Klinik durchaus hilfreich sein, da sich hieraus neue Aspekte für das Projekt ergeben können. Zusätzlich kennt ein externer Berater in der Regel alle gängigen QM-Systeme und verfügt über entsprechende Erfahrungen in der praktischen Implementierung gemäß seiner Referenzen. Hierdurch kennt er potentielle Fallstricke genau.

Soll eine Erstimplementierung bis zur Zertifizierungsreife von einem Mitarbeiter der Abteilung und nicht von einem externen Berater geleitet und begleitet werden, so ist hierfür, insbesondere bei größeren Abteilungen, in der Regel eine Vollfreistellung dieses Mitarbeiters notwendig.

Vor Beginn einer Erstimplementierung eines QM-Systems sollte genau überlegt werden, ob externe Hilfe, beispielsweise durch einen Berater, benötigt wird. Nur wenn tatsächlich eine einschlägige Fachexpertise in der Abteilung vorhanden ist und diese Ressourcen auch zur Verfügung stehen, sollte die Implementierung eines QM-Systems »im Alleingang« erfolgen. Ansonsten ist es meist empfehlenswert, auf die Unterstützung eines externen Beraters oder auch einer Stabsstelle zurückzugreifen, zumal diese auch als neutraler Vermittler zwischen Leitung und Mitarbeitern agieren können.

11.4   Wie finde ich den richtigen Berater?

In großen Häusern empfiehlt es sich, bereits zu Beginn eines QM-Projekts Kontakt mit der entsprechenden Lenkungsgruppe oder Stabsstelle für Qualitätsmanagement aufzunehmen, falls eine solche vorhanden ist. Alternativ kann auch die Vertragsabteilung kontaktiert werden. Diese Stellen können sehr hilfreich in der Auswahl des Beraters und in der Abwicklung der administrativen Aspekte sein.

Zudem ist es ratsam, frühzeitig Kontakt mit Häusern oder Abteilungen vergleichbarer Größenordnung aufzunehmen, die bereits zertifiziert sind. Diese Häuser bzw. Abteilungen verfügen über entsprechende Erfahrungen und können eine wertvolle Hilfe bei der Suche nach einem Berater sein.

Es sollten dann Angebote mehrerer Berater eingeholt werden, die schriftlich vorliegen müssen. Nützlich ist es, mindestens 3, besser 5 verschiedene Angebote einzuholen. Gute Beraterangebote zeichnen sich inhaltlich immer durch einen Zielstruktur- und Projektstrukturplan mit Arbeitspaketen sowie eine differenzierte Trennung von Schulungs- und Beratungskosten aus.

> ❗ **Nicht selten fehlen bei Beratungsange-boten detaillierte inhaltliche Ausgestal-tungen des Projektverlaufs, z. B. im Sinne eines Zielstruktur- und Projektstruktur-plans: Hierauf sollte jedoch bestanden werden.**

Besonders zu beachten ist, dass bei Überschreitung einer entsprechenden Summe bestimmte Vergabe-kriterien greifen können. Hier kann dann eine Aus-schreibungspflicht bestehen, was frühzeitig mit der Rechtsabteilung bzw. der Beschaffungsstelle geklärt werden sollte.

Als nächster Schritt sollte ein Auswahlgremi-um gebildet werden, in dem der bzw. die QM-Be-auftrage/n, die oberste Leitung, Vertreter wichtiger Schnittstellen, ausgewählte Mitarbeiter und nach Möglichkeit auch Vertreter der Stabsstelle bzw. des Lenkungsausschusses für Qualitätsmanagement vertreten sein sollten. Auch kann es hilfreich sein, Vertreter der Rechtsabteilung bzw. der Beschaf-fungsstelle und Vertreter der kaufmännischen Di-rektion in dem Auswahlgremium zu haben, insbe-sondere wenn das Projekt ein hohes Volumen hat.

> ❗ **Vorsicht bei Beratern, die den Ausbil-dungs- bzw. Schulungsaspekt vernachläs-sigen.**

Es sollten dann mehrere Berater zur Vorstellung eingeladen werden. Zur Beurteilung der Berater ist anzuraten, bereits im Vorfeld eine Vergleichsmatrix mit verschiedenen Beurteilungskriterien anzulegen, um eine möglichst hohe Objektivität zu gewährleis-ten und die Ergebnisse später plausibel vergleichen zu können. Dies hilft auch, falls später die Ent-scheidung für oder gegen einen Berater gegenüber anderen Stellen gerechtfertigt werden muss. Auch ein Fragenkatalog, der diese Vergleichskriterien re-flektiert, kann die Arbeit im Auswahlgremium er-heblich erleichtern, da er eine Rollenzuweisung der verschiedenen Mitarbeiter ermöglicht. Nicht zuletzt sollte danach gefragt werden, ob das Beratungsun-ternehmen selbst zertifiziert ist. Auch sollte eruiert werden, wie viele Kliniken bzw. Abteilungen nach der Beratung durch das Unternehmen die Zertifi-zierung erfolgreich absolviert haben. So kann ggf. danach gefragt werden, ob das Unternehmen be-reits Abteilungen bzw. Häuser zur Erlangung eines Qualitätspreises geführt hat. Auch kann der Berater

ggf. mit Fallbeispielen konfrontiert werden, um zu überprüfen, wie er damit umgeht.

Zudem sollte man den Berater gezielt danach befragen, ob unter Umständen im geplanten Zer-tifizierungsprojekt andere Begleitnormen greifen, und welche dies sind.

Für die Entscheidungsfindung ist letztlich eine Schnittmenge verschiedener Kriterien notwendig. Hier fließen das Kosten- und Leistungsangebot, die Qualifikationen und Referenzen, die Führungs-qualitäten des Beraters, gerade auch in Hinblick auf eine Motivation der Mitarbeiter, und nicht zuletzt auch die persönliche »Chemie« zwischen Berater und Mitarbeitern ein. Bei großen Beratungsunter-nehmen sollte zudem auch darauf geachtet werden, dass das gesamte Projekt nach Möglichkeit von einem Berater durchgeführt wird, oder dass zumin-dest ein strukturierter Plan vorliegt, der Personen-wechsel soweit möglich minimiert. Wird ein großes Projekt durchgeführt, so kommen allerdings nicht selten zwei Berater bzw. ein Berater mit Assistent ins Haus, die das Aufgabengebiet untereinander aufteilen.

Nach den Auswahlgesprächen sollte der Lei-ter des Auswahlgremiums sofort das Feedback der einzelnen Mitarbeiter einholen und schriftlich protokollieren. Die endgültige Entscheidung sollte im Rahmen einer gemeinsamen Abschlusssitzung getroffen werden.

> Bei der Suche nach einem Berater kann man häufig von den Erfahrungen andere Häuser bzw. anderer Abteilungen ähnlicher Größen-ordnung profitieren. Auch empfiehlt es sich nach Möglichkeit, auf eine Stabsstelle bzw. einen Lenkungsausschuss für Qualitätsma-nagement, sowie auf die Rechts- bzw. Beschaf-fungsabteilung zurückzugreifen. Es sollten immer mehrere Angebote schriftlich eingeholt werden. Die Berater sollten sich vor einem Aus-wahlgremium vorstellen, das die Bewertung anhand vorher definierter Kriterien durchführt.

11.5   Was kommt bei der Implementierung eines QM-Systems und Zertifizierung auf mich zu?

Vor der Erlangung einer Zertifizierung sind in der Regel umfangreiche Maßnahmen notwendig. Diese erfordern vom QM-Team, aber auch von den einzelnen Mitarbeitern und von der Leitung – ggf. auch von den Schnittstellenpartnern – viel Motivation, Einsatz und insbesondere auch das Verständnis für die Maßnahme.

Zu Beginn des Projektes ist es notwendig, sich in eine zunächst trocken erscheinende Materie einzuarbeiten und diese anschließend mit Leben zu füllen. Hier ist es hilfreich, wenn das Projekt von angesehenen und glaubwürdigen Personen getragen wird. Sie müssen das Projekt letztlich positiv vorleben.

❯❯ Ein QM-Projekt sollte von Personen getragen werden, die über eine große persönliche Präsenz, Glaubwürdigkeit und Überzeugungskraft verfügen.

Schon zu Beginn der Implementierung eines QM-Systems ist es äußerst wichtig, Verständnis für das Projekt bei den Mitarbeitern zu fördern und entsprechende Informations- und Schulungsangebote zu entwerfen.

In der Vorbereitungsphase einer Erstzertifizierung sollte der dokumentarische Aufwand nicht unterschätzt werden. Es gilt ein Handbuch mit ausführlichen Prozessbeschreibungen zu erstellen und eine ausgefeilte Dokumentenlenkung zu entwickeln. Alle Dokumente einer Abteilung müssen gesichtet und gelenkt werden, was je nach Abteilungsgröße einen beträchtlichen Aufwand nach sich zieht. Dieser dokumentarische Aufwand muss jedoch bereits zu Beginn des Projektes erfolgen. Bei der Erstellung der Prozessbeschreibungen durch die Mitarbeiter kommt es häufig zu Hemmungen, da dies für einige eine ungewohnte Tätigkeit darstellt. Hier sind von Seiten der QM-Beauftragten Verständnis, Beharrlichkeit und Geduld erforderlich. Zudem sollten die Mitarbeiter ganz konkret in der Erstellung von Prozessbeschreibungen geschult worden sein.

Durch die Vorbereitung einer Zertifizierung entstehen – insbesondere auch durch den dokumentarischen Aufwand – Überstunden und Mehrarbeit. Dies kann unter Umständen zu einer hohen Belastung einer Abteilung führen, der unbedingt vorgebeugt begegnet werden sollte.

In der Vorbereitungsphase kommt es häufig auch zu einer gewissen Unruhe im Unternehmen und durchaus auch zu Widerständen und Abwehr. Die Mitarbeiter sind gefordert, sich auf viel Neues einzustellen. Die Chancen zur positiven Weiterentwicklung werden – oft auch aufgrund von Ängsten vor der Veränderung – nicht immer sofort gesehen. Hier ist wiederum eine starke persönliche Präsenz, Glaubwürdigkeit und Überzeugungskraft derjenigen, die das Projekt tragen, besonders wichtig.

Im Rahmen der Implementierung eines QM-Systems kommt es meist zu einer deutlichen Neugestaltung der Zusammenarbeit und der Prozesse, bei der sich Stärken- und Schwächenprofile der Mitarbeiter durchaus verschieben können. Für viele Mitarbeiter ist die Einführung eines QM-Systems eine Chance, bislang unentdeckt gebliebene Fähigkeiten zeigen und unter Beweis stellen zu können.

Für die Vorbereitung einer Zertifizierung ist es unabdingbar, sich ausführlich mit den gesetzlichen Anforderungen auseinanderzusetzen. Damit sollte auch bereits zu Beginn des Projektes begonnen werden, um nicht später bei der Umsetzung in Zeitnot zu geraten. Unter anderem ist hier an folgende gesetzlichen Anforderungen zu denken, die lückenlos umgesetzt sein müssen:

- Arbeitsschutzgesetz
- Hygieneverordnung
- Brandschutz
- Anforderungen an Haus- und Klimatechnik
- Anforderung an EDV und Datenschutz
- Medizinproduktegesetz
- Röntgenverordnung bzw. Strahlenschutzverordnung
- Betäubungsmittelgesetz
- Unfallverhütungsvorschriften
- Arbeitszeitgesetz

Hier ist auch immer an die teilweise geforderten Unterweisungen zu denken, beispielsweise die Arbeitsschutzunterweisung, die Brandschutzunterweisung, die Datenschutzunterweisung oder die

Unterweisung nach Röntgenverordnung. Hiermit ist die Führung entsprechender Aufzeichnungen verbunden, die zur Zertifizierung vorhanden sein müssen. Am besten werden alphabetische geordnete Namenslisten geführt, auf denen die Mitarbeiter unterschreiben. So lässt sich leicht ersehen, ob alle Mitarbeiter an den Unterweisungen teilgenommen haben.

Wichtig ist auch, dass ein strukturiertes Beauftragtenwesen existiert und dass für diese Beauftragten auch entsprechende Funktions- bzw. Stellenbeschreibungen vorliegen. Es müssen von der Betriebsleitung Mitarbeiter zu folgenden Themen beauftragt sein: Abfall, Arbeitssicherheit, Betriebsmedizin, Brandschutz, Datenschutz, Desinfektion, Gefahrgut, Gefahrstoffe, Hygiene, Immissionsschutz, Laserschutz, Medizinprodukte, Mitarbeitervertretung, Sterilgut, Qualitätsmanagement, Sicherheit, Strahlenschutz, Transfusion, Transplantation, Umwelt, Schwerbehinderte.

❗ **Es sollte frühzeitig überprüft werden, ob wirklich alle gesetzlichen Anforderungen eingehalten sind. Geschieht dies zu knapp vor dem geplanten Zertifizierungsaudit, so kann das zu erheblichen Verzögerungen und zu einer Gefährdung der Zertifizierung führen.**

Oft tauchen bei der Vorbereitung einer Zertifizierung »Leichen« aus dem Keller auf. Daher ist es sehr sinnvoll, schon früh alle Bereiche der zu zertifizierenden Abteilung unter gesetzlichen Aspekten und QM-Aspekten zu begehen und Veraltetes auszusortieren. Auch auf bauliche Mängel ist hierbei besonders zu achten. Werden solche erkannt, so kann der Zeitplan des Projektes erheblich gefährdet werden, da Alternativlösungen gesucht werden müssen.

Darüber hinaus sollte frühzeitig an die Konzeption und Durchführung der geforderten Befragungen gedacht werden. Diese können erheblich Zeit in Anspruch nehmen und sollten frühzeitig geplant werden. Für das Management Review müssen die Befragungen entsprechend ausgewertet sein.

Zudem müssen interne Audits durchgeführt werden. Hierfür ist es notwendig, ausgewählte Mitarbeiter entsprechend zu schulen, die in den internen Audits den Reifegrad des Systems beurteilen.

Anschließend ist ein langfristiger Auditplan zu erstellen.

Bei der Planung der Zertifizierungsaudits sollte überlegt werden, ob ein Präaudit durch den Zertifizierer durchgeführt wird. Ein Präaudit kann äußerst hilfreich sein, verbliebene Schwachstellen aufzudecken und die Präferenzen des Zertifizierers kennenzulernen. Das Präaudit sollte in ausreichendem zeitlichem Abstand zum Zertifizierungsaudit durchgeführt werden, um die Möglichkeit zu haben, Änderungen vorzunehmen.

❗ **Wird ein Präaudit zu knapp vor dem Zertifizierungsaudit durchgeführt, kann es zu einem erheblichen Zeitdruck kommen.**

Hat eine Abteilung die Klippen zur Vorbereitung einer Zertifizierung überstanden, ist die Wahrscheinlichkeit sehr groß, dass die Mitarbeiter das Projekt verinnerlicht haben und sich als positiver Teil der Veränderung begreifen. Sie sind dann in aller Regel stolz auf das Erreichte. Der Zusammenhalt der Mitarbeiter untereinander und die Identifizierung mit dem Unternehmen sind gestärkt.

Im Rahmen der Einführung eines QM-Systems und der Vorbereitung einer Zertifizierung werden verschiedene Stadien durchlaufen. Es ist zunächst wichtig, sich in die Materie einzuarbeiten und die Mitarbeiter entsprechend zu schulen. Bereits früh sollten die dokumentarischen Anforderungen bearbeitet werden, einschließlich der Erstellung von Handbuch und Prozessbeschreibungen und der effektiven Dokumentenlenkung. Auch an die Erfüllung der gesetzlichen Anforderungen sollte bereits früh im Projekt gedacht werden. Zudem sollten alle Arbeitsplätze unter QM-Gesichtspunkten begangen und beurteilt werden. Interne Audits und Befragungen der Kunden sind ebenfalls rechtzeitig durchzuführen, und sollten zum Management Review vorliegen.

11.6 Wie finde ich die richtige Zertifizierungsgesellschaft?

Eine Zertifizierungsgesellschaft sollte immer durch die Trägergemeinschaft für Akkreditierung (TGA) akkreditiert sein. Die TGA akkreditiert Zertifizierungsstellen für Managementsysteme und Zertifizierungsstellen für Personen nach den entsprechenden internationalen Normen und Regelwerken. Nur ein relativ kleiner Teil der bei der TGA akkreditierten Zertifizierungsgesellschaften sind allerdings auf den Gesundheitsbereich spezialisiert.

Hinsichtlich der möglichen Zertifizierungsgesellschaften kann man sich über die TGA, den Deutschen Akkreditierungsrat oder auch über den Berater informieren. Auch kann es – wie bei der Auswahl eines Bessraters auch – hilfreich sein, sich mit anderen, bereits zertifizierten Kliniken oder Abteilungen in Verbindung zu setzen. Die Zertifizierungsstelle darf nicht zugleich beratend für das Krankenhaus tätig sein.

Zunächst sollten die schriftlichen Angebote verschiedener Zertifizierer miteinander verglichen werden. Hierbei ist auf die Kosten, aber auch auf das Leistungsspektrum zu achten. Wichtig ist auch, wie die Spesen berechnet werden, und ob notwendige Überwachungsaudits bis zur Rezertifizierung bereits eingerechnet sind.

Ausgewählte Zertifizierungsgesellschaften sollten dann zu einer Vorstellung eingeladen werden. Ähnlich wie bei der Auswahl eines Beraters ist auch hier genau auf Qualifikation und Referenzen des Auditors zu achten. Vorab sollte unbedingt besprochen werden, ob ggf. ein Präaudit durchzuführen ist.

> Zertifizierungsstellen müssen von der TGA akkreditiert sein. Es sollte bei der Auswahl genau auf das Kosten- und Leistungsspektrum geachtet werden, insbesondere auf die Qualifikation des Auditors bzw. der Auditoren und welche Leistungen in der Kostenkalkulation berücksichtigt sind. Hierbei sollte besonders geprüft werden, ob ggf. ein Präaudit und die Überwachungsaudits bis zur Rezertifizierung inkludiert sind.

11.7 Was passiert zwischen Zertifizierung und Rezertifizierung?

Schon während des Zertifizierungsaudits sollte genau auf alle Hinweise von Seiten des Auditors geachtet werden. Es ist empfehlenswert, diese sofort zu dokumentieren und ein entsprechendes Protokoll zu erstellen. Aus diesem Protokoll lassen sich dann die Verbesserungsprozesse für das nächste Jahr ableiten. Sinnvoll ist es dabei auch, die Auditfragen der Zertifizierungsauditoren zu protokollieren, um einen eigenen Auditfragenkatalog zu entwickeln. Dieser Fragenkatalog kann für die internen Audits sehr hilfreich sein und dient auch zur Vorbereitung der Überwachungsaudits und der Rezertifizierung.

> ❯ Hinweise des Zertifizierungsauditors sollten protokolliert und zeitnah in entsprechende Maßnahmen umgesetzt werden.

Wird im Zertifizierungsaudit eine Abweichung festgestellt, so wird von dem Zertifizierer in der Regel eine Frist festgesetzt, innerhalb derer die entsprechende Maßnahme umgesetzt werden sollte. Je nach Schweregrad der Abweichung wird diese Umsetzung in einem Nachaudit durch den Zertifizierer innerhalb einer Drei-Monats-Frist überprüft oder lediglich schriftlich dokumentiert und dann im nächsten Überwachungsaudit überprüft.

In der ISO-Norm ist ein jährliches Überwachungsaudit durch den Zertifizierer inzwischen vorgeschrieben. Auch im Rahmen eines solchen Überwachungsaudits kann das Zertifikat verloren gehen – also nicht erst zur Rezertifizierung.

Es empfiehlt sich, einen genauen Zeitplan für das Jahr nach der Zertifizierung zu erstellen und mit den entsprechenden Maßnahmen zeitnah und zügig zu beginnen.

> ❗ Nach der Zertifizierung darf man nicht in einen »Dornröschenschlaf« fallen, sondern muss zeitnah mit der Umsetzung der nächsten Maßnahmen beginnen – ansonsten ist die Rezertifizierung gefährdet.

Der gesamte QM-Kalender sollte stringent für das Folgejahr fortgeführt werden. Es sollten QM-Besprechungen, Schulungen, interne Audits, Befragungen und das Management Review geplant und zeitlich festgesetzt werden. Hierbei sollten kurz- und langfristige Ziele erarbeitet werden – nicht zu vergessen sind dabei 1-Jahres- und 3-Jahres-Ziele, die mit den entsprechenden Kennzahlen unterfüttert sein sollten.

Sinnvoll ist es auch, anhand des vom Zertifizierer zugeschickten Auditberichtes eine zeitnahe Durchsprache der Stärken und Schwächen durchzuführen. Wichtig ist dabei, die Mitarbeiter zu loben, weil sie damit eine kritische Hürde genommen haben. Den Mitarbeitern sollte nach einer erfolgreichen Zertifizierung eine entsprechende Wertschätzung zukommen, insbesondere Mitarbeitern, die sich in besonderem Maße um die Zertifizierung verdient gemacht haben. Die QM-Beauftragten sollten die oberste Leitung gezielt darüber informieren, wer sich besonders eingesetzt hat, damit auch aus dieser Richtung ein positives Feedback kommen kann.

Nach Möglichkeit ist es schön, wenn die Zertifikatsübergabe in einem festlichen oder besonderen Rahmen erfolgen kann. Nach einer erfolgreichen, gemeinsamen Anstrengung sollte auch gemeinsam gefeiert werden. Dieser unternehmenskulturelle Aspekt ist für den weiteren positiven Verlauf des Projekts nicht zu unterschätzen. An eine entsprechende interne und externe Öffentlichkeitsarbeit sollte selbstverständlich auch gedacht werden. Auch die Schnittstellenpartner und die Beauftragten, beispielsweise der Haustechnik, die in die Zertifizierung eingebunden waren, sollten über den Verlauf des Zertifizierungsaudits informiert und nach Möglichkeit zur Zertifikatsübergabe eingeladen werden.

Im weiteren Verlauf sollten konsequent weitere QM-Schulungen der Mitarbeiter durchgeführt und kontinuierlich weitere interne Auditoren ausgebildet werden, da immer mit einer gewissen Fluktuation zu rechnen ist. Für eine Qualitätsverbesserung können auch Themenschulungen zum Projektmanagement, Beschwerdemanagement, Fehlermanagement, Mitarbeitergesprächsführung, Mitarbeiterbeurteilung, Konfliktmanagement und sonstigen Qualitätstechniken für ausgewählte Mitarbeiter sinnvoll sein.

> Auch nach geleisteter Zertifizierung sind kontinuierliche Verbesserungsprozesse zeitnah und stringent weiterzuführen. Die QM-Beauftragten sollten den Mitarbeitern vermitteln, dass Qualitätsmanagement mit der Zertifizierung nicht abgeschlossen ist, sondern erst richtig beginnt.
>
> Für die weitere Planung der QM-Aktivitäten ist es hilfreich, die Hinweise des Zertifizierungsauditors zu protokollieren und zeitnah in entsprechende Maßnahmen umzusetzen. Dennoch sollte nicht vergessen werden, die Zertifizierung bzw. die Zertifikatsübergabe gebührend zu feiern, mit allen involvierten Schnittstellenpartnern und Beauftragten. Den engagierten Mitarbeitern sollte Lob und Wertschätzung zuteil werden.

11.8 Wann und warum sollte ich auf andere Systeme umsteigen?

Prinzipiell sollte eine Abteilung bzw. eine Klinik in einem System sicher beheimatet sein, bevor an einen Umstieg auf ein anderes System gedacht wird.

Am häufigsten wird initial eine Zertifizierung nach DIN EN ISO 9001:2008 durchgeführt, insbesondere wenn nur eine Abteilung innerhalb eines Krankenhauses zertifiziert wird. Die meisten anderen Systeme beinhalten auch Bausteine zur kontinuierlichen Verbesserung, die sich an die DIN EN ISO 9001:2008 anlehnen, so dass diese ein sehr gutes »Einsteigermodell« darstellt. Die ISO-Norm hat einen sog. Leitfaden zur Leistungsverbesserung – die DIN EN ISO 9004:2000 –, der beschreibt, was ein Unternehmen über die Basisanforderungen der DIN EN ISO 9001:2008 hinaus tun kann, um sich kontinuierlich weiter zu verbessern. Dieser kann und sollte entsprechend ausgeschöpft werden.

Nach einer ISO-Zertifizierung ist der Wechsel auf das KTQ-Modellpaket möglich. Dies kommt dann in Betracht, wenn sich ein ganzes Haus zertifizieren lässt. Oft sind vorher schon einzelne Abteilungen nach ISO zertifiziert, bevor ein Krankenhaus den Entschluss fasst, KTQ für das gesamte Unternehmen einzuführen.

Hat ein Krankenhaus bereits viel QM- und Zertifizierungserfahrung, so ist ein Umstieg auf EFQM in Erwägung zu ziehen. Zu diesem Zeitpunkt sollte der QM-Gedanke so in den Köpfen verankert sein, dass die Unternehmensleitung ein Modell wählt, das sich an exzellenten Leistungen und Best Practice orientiert und bewusst das Benchmarking, also den Vergleich mit den Besten, sucht. EFQM fokussiert stark auf Geschäfts- und Schlüsselergebnisse und Marktpositionierung.

Eine andere Möglichkeit ist ein Wechsel zum Joint-Commission-Modell. Im deutschsprachigen Raum ist dieses noch nicht sehr weit verbreitet, international ist es jedoch ein sehr bekanntes Modell. Auch hier muss das gesamte Haus zur Zertifizierung antreten. Das Modell ist insgesamt relativ stark vom US-amerikanischen Wertesystem geprägt.

> Meist wird die Zertifizierung nach ISO als »Einsteigermodell« für die erste Zertifizierung gewählt, insbesondere wenn sich nur eine Abteilung eines Hauses zertifizieren lässt. Ein Umstieg auf das KTQ-Modell oder auch auf das Modell der Joint Commission ist möglich, wenn sich das gesamte Krankenhaus zu diesem Schritt entschließt. Ist der QM-Gedanke in einer Abteilung bzw. in einem Krankenhaus bereits fest etabliert, so ist ein möglicher Umstieg auf EFQM in Erwägung zu ziehen.

Anhang

A   Glossar – 180

B   Internetadressen – 190

C   Weiterführende Literatur – 198

A   Glossar

Begriff	Definition
Ablaufbeschreibung	Schriftliche Festlegung eines einheitlichen Vorgehens. Vor allem wiederkehrende und auch besonders relevante Tätigkeiten sollten in Ablaufbeschreibungen festgehalten werden. Ablaufbeschreibungen können Prozessbeschreibungen oder auch Arbeitsanweisungen sein.
Abweichungsgenehmigung	Vor der Realisierung eines Produktes erteilte Erlaubnis, von ursprünglich festgelegten Anforderungen an das Produkt abzuweichen.
Akkreditierung	Formelle Anerkennung der Kompetenz einer Organisation oder Person, bestimmte Leistungen erbringen zu dürfen, durch eine dazu legitimierte Institution.
Anforderung	Erfordernis oder Erwartung, die festlegt, üblicherweise vorausgesetzt oder verpflichtend ist.
Anspruchsklasse	Kategorie oder Rang, die oder der den verschiedenen Qualitätsanforderungen an Produkte, Prozesse oder Systeme mit demselben funktionellen Gebrauch zugeordnet ist.
Arbeitsanweisung	Arbeitsplatzbezogene Vorgaben (Was ist in welcher Reihenfolge zu tun?), die im Wesentlichen den Charakter einer Checkliste besitzen. Der Einsatz einer Arbeitsanweisung ist sinnvoll, wenn trotz Erfahrung und Qualifikation des Mitarbeiters wiederholt dieselben Fehler gemacht werden. Arbeitsanweisungen eignen sich auch als gute Grundlage für die Einarbeitung neuer Mitarbeiter.
Ärztliches Zentrum für Qualität	ÄZQ. Gemeinsame Einrichtung von Bundesärztekammer und Kassenärztlicher Bundesvereinigung; betreibt u. a. eine Website zur Patientensicherheit.
Audit	Systematische unabhängige Untersuchung, um festzustellen, ob die qualitätsbezogenen Tätigkeiten und damit zusammenhängenden Ergebnisse den geplanten Anforderungen entsprechen, und ob diese Anforderungen tatsächlich verwirklicht und geeignet sind, die Ziele zu erreichen. In der Regel werden drei Audit-Arten unterschieden: 1. Produktaudit (Inspektion) 2. Prozessaudit (Beurteilung) 3. Systemaudit (Gesamtbetrachtung) Die Audit-Formen werden weiter unterschieden, z. B. internes und externes Systemaudit. Gelegentlich spricht man hier auch von Qualitätsaudit.
Behandlungspfade	(Engl. »clinical pathways). Ein Behandlungspfad ist eine interne, selbst entwickelte Vorgehensweise, wie Patienten mit bestimmten Krankheiten oder Symptomen strukturiert unter Nutzung von Qualitätsstandards versorgt werden.
Beschwerdemanagement	Nutzung und Auswertung von Beschwerden als wichtiger Bestandteil des Qualitätsmanagements; aus den strukturiert bearbeiteten Beschwerden werden Verbesserungspotentiale abgeleitet.
Benchmarking	Vergleich von eigenen Ergebnissen, Produkten, Abläufen oder Dienstleistungen mit anderen Wettbewerbern, insbesondere mit den besten Wettbewerbern; dies erfolgt nach festgelegten Kriterien.
Beinahe-Schaden	(Engl. »near miss«). Situation, in der ein Fehler ohne negative gesundheitliche Auswirkungen bleibt, z. B. aufgrund glücklicher Umstände, durch rechtzeitiges, korrigierendes Eingreifen und/oder eine überholende Kausalität.

Begriff	Definition
Betreiberverordnung	Verordnung auf der Basis des Medizinproduktegesetzes, die Einzelheiten der Anwendung von Medizinprodukten regelt.
Bewertung	Tätigkeit zur Ermittlung der Eignung, Angemessenheit und Wirksamkeit der Betrachtungseinheit, festgelegte Ziele zu erreichen; setzt Aufzeichnungen und die Analyse von Daten voraus.
Bias	Systematische Abweichung der Schätzung vom Erwartungswert des gesuchten Parameters.
Brainstorming	Ideenfindungstechnik. Wichtige Regeln sind dabei: keine Beurteilung der Ideen während der Erfassung, Entwicklung möglichst vieler Ideen, außergewöhnliche Ideen und die Weiterentwicklung bereits genannter Ideen erwünscht.
British Standard 7799	Managementsystem, mit dem sichergestellt wird, dass bei der Entwicklung und Anwendung von Software gewisse Sicherheitsaspekte berücksichtigt werden. Der British Standard 7799 ist eine Norm für die Auditierung und Zertifizierung von IT-Systemen und ein international anerkannter Standard für Informations-Sicherheit, der Unternehmen bei der Definition und Umsetzung einer optimalen Sicherheitsstrategie unterstützt.
Bundesgeschäftsstelle für Qualitätssicherung	BQS. Leitet und koordiniert die inhaltliche Entwicklung und organisatorische Umsetzung der externen vergleichenden Qualitätssicherung nach § 137 SGB V. Gesellschafter sind die Spitzenverbände der Krankenkassen, die Deutsche Krankenhausgesellschaft, die Bundesärztekammer und der Verband der privaten Krankenversicherung.
Case Management	Leitlinien-gestützte, sektorübergreifende Versorgungsform, die sich auf individuelle Patienten oder kleine Patientengruppen bezieht, mit dem Ziel einer Verbesserung der Versorgung.
Change Management	Professionelles Planen und Durchführen von Veränderungsprozessen mit dem Ziel der optimalen Abstimmung der Komponenten und der optimalen Leistungsfähigkeit eines Unternehmens.
Checkliste	Systematisierte Aufzählungen, die die für einen Vorgang bzw. Prozess wichtigen Einzelabläufe auflisten; sie erlauben eine Kontrolle einzelner Abläufe und stellen eine vollständige, vergleichbare Ausführung sicher.
Controlling	Unterstützt die betrieblichen Adaptions- und Koordinationsaufgaben, damit die Unternehmensziele erreicht werden können. Bestandteile sind u. a. Abweichungsanalysen, Ursachenforschung und die Gestaltung aufeinander abgestimmter Planungs- und computergestützter Berichtssysteme.
Data-Warehouse	Auch als Business-Warehouse bezeichnet. Betriebliche Auswertungssysteme, die in einfacher Form Auswertungen für Führungsaufgaben auf allen Ebenen eines Betriebes bieten.
Deutscher Akkreditierungsrat	DAR. In Deutschland die Dachorganisation der Akkreditierungsstellen; an der Bundesanstalt für Materialforschung und Prüfung angesiedelt.
Dichotome Skala	Skala mit lediglich 2 Werten.
Dienstleistung	Ergebnis mindestens einer Tätigkeit, die an der Schnittstelle zwischen dem Lieferanten und dem Kunden ausgeführt wird und üblicherweise immateriell ist.

Begriff	Definition
DIN ISO – Familie	Deutsche Industrienorm 9000:2005 Qualitätsmanagementsysteme; Grundlagen und Begriffe 9001:2008 Anforderungen 9004:2000 Leitfaden zur Verbesserung 19011 Leitfaden für Auditoren.
DIN EN ISO 13485 bzw. 13488	QM-Systeme für Medizinprodukte Seit dem 01.02.2001 ersetzt die DIN EN ISO 13485 bzw. 13488 die Norm DIN EN 46001 bzw. 46002. Wie die Normen DIN EN 46001 bzw. 46002 sind auch die DIN EN ISO 13485 bzw.13488 Normen für Qualitätsmanagement-Systeme, die auf der ISO 9001 und 9002 gründen, allerdings zusätzlich die spezifischen Anforderungen für Medizinprodukte berücksichtigen.
DIN EN ISO/IEC 17025	DIN EN ISO/IEC 17025 – Norm für die Akkreditierung von Prüflaboratorien, auf alle Laboratorien, unabhängig von der Anzahl der Mitarbeiter sowie vom Umfang der Prüf- und/oder Kalibriertätigkeit, anwendbar.
Disease Management Programme	DMP. Strukturierte Behandlungsprogramme bei bestimmten chronischen Erkrankungen, wie z. B. Diabetes, in Deutschland nach §137f SGB V eingeführt.
Diskordant	Verschieden, nicht übereinstimmend.
DMAIC	Define, Measure, Analyse, Improve, Control; Wesenszug der Six-Sigma-Methode.
Design of Experiments	DoE. Statistische Versuchsplanung.
Dokumentation	Aufzeichnung von Abläufen, Handlungen oder Ergebnissen, wobei unterschiedliche Formen, wie Flussdiagramme, Listen etc. angewendet werden können. Die Dokumentation ist ein wichtiger Bestandteil des QM und auch rechtlich relevant.
Diagnosis Related Groups	DRG. Fallpauschalen mit Risikoadjustierung. Kostenhomogene fallgruppenbezogene Zuordnung und Abrechnung der in Anspruch genommenen Leistungen in Behandlung, Pflege, Verwaltung etc. im Rahmen der stationären Krankenhausversorgung.
Effektivität	Ausmaß, in dem geplante Tätigkeiten verwirklicht und geplante Ergebnisse erreicht werden. Eine Maßnahme ist effektiv, wenn sie geeignet ist, das formulierte Ziel zu erreichen.
Effizienz	Verhältnis zwischen erreichtem Ergebnis und eingesetzten Ressourcen. Eine Maßnahme ist effizient, wenn eine vorgegebene Wirkung mit geringst möglichem Ressourceneinsatz erreicht oder alternativ ihre Wirksamkeit bei vorgegebenen Ressourcen maximiert wird.
EFQM	1988 als gemeinnützige Organisation auf Mitgliederbasis von 14 führenden europäischen Unternehmen gegründet. Eigentümerin des EFQM-Modells für Excellence. Organisiert den European Excellence Award (EEA).
Empfehlungen	Im medizinischen Kontext Ratschläge von Institutionen oder Experten für die Gesundheitsversorgung auf der Basis einer bestehenden Rechtsgrundlage oder der aktuellen wissenschaftlichen Erkenntnisse. Oft die Vorstufe einer Leit- bzw. Richtlinie, jedoch mit geringerem normativem Charakter.

Begriff	Definition
Evaluation	Bewertung der Wirksamkeit und Durchdringung von Maßnahmen anhand definierter Kriterien.
Evidenzbasierte Medizin	EBM. Methodik, um die zum Behandlungszeitpunkt beste, zur Verfügung stehende wissenschaftliche Erkenntnis, vernünftig und gewissenhaft für die Patientenbehandlung zu nutzen. Hier werden klinische Expertise und wissenschaftliche Forschung kombiniert, wobei diese nach bestimmten Kriterien, beispielsweise hinsichtlich der Validität der vorliegenden Studien, beurteilt wird.
Fähigkeit	Eignung einer Organisation, eines Systems oder eines Prozesses zum Realisieren eines Produkts, das die Anforderungen an dieses Produkt erfüllen wird.
Falsch negativer Wert	In der klinischen Forschung die Wahrscheinlichkeit, dass ein in Wirklichkeit Kranker für gesund befunden wird; = 1 – Sensitivität.
Falsch positiver Wert	In der klinischen Forschung die Wahrscheinlichkeit, dass ein in Wirklichkeit Gesunder für krank befunden wird; = 1 – Spezifität.
Fehler	Nichterfüllung einer Anforderung; auch als unerwünschtes Ereignis bezeichnet. Versagen eines Plans oder Nutzung eines falschen Plans zum Erreichen eines Zieles. Fehler stellen im QM eine wichtige Chance zur Verbesserung dar und sollten systematisch erfasst und ausgewertet werde, damit aus ihnen gelernt werden kann.
Fehlermanagement	Systematischer Umgang mit Fehlern/unerwünschten Ereignissen.
Failure Mode and Effect Analysis	FMEA. Fehler-Möglichkeits- und Einfluss-Analyse. Werkzeug der Qualitätsplanung zur vorbeugenden Sicherung der Qualität. Damit werden durch vorausschauende Analyse mögliche Fehlerquellen in der Konstruktion, Planung und Produktion erfasst und deren Auswirkungen auf Produkte, Dienstleistungen und den Fertigungsprozess durch Umsetzung präventiver Schritte verhindert.
Flussdiagramm	(Engl. »flow chart«). graphische Darstellung von Prozessen bzw. Ablaufbeschreibungen mit definierten Symbolen, die Arbeitsschritte, Entscheidungsschritte und Verantwortlichkeiten visualisiert.
Freiheitsgrade	Anzahl voneinander unabhängiger Daten.
Gemeinsamer Bundesausschuss	G-BA. Wichtigstes Organ der gemeinsamen Selbstverwaltung von Ärzten und Krankenkassen.
Hermeneutik	Interpretatives Verstehen bzw. oder Deuten. Hermeneutiker tendieren dazu, Messwerte für falsch zu halten, wenn sie der gegenwärtigen Theorie entgegenstehen. Gegensatz zur Heuristik.
Heuristik	Lehre zur methodischen Gewinnung neuer Erkenntnisse mit Hilfe der Erfahrung. Strategie, die systematisch zu Erkenntnis führt. Gegensatz zur Hermeneutik.
Histogramm	Eine graphische Darstellung der absoluten Häufigkeitsverteilung der Werte eines Merkmals.
Indikator	Definierte Größe, anhand derer ein Ergebnis und eine Vorgabe verglichen werden können. Qualitätsindikatoren sind wichtige Hilfsgrößen zur Überprüfung der Wirksamkeit eines QM-Systems.

Begriff	Definition
Institut für Qualität und Wirtschaftlichkeit im Gesundheitswesen	IQWIG. Unabhängiges wissenschaftliches Institut, das den Nutzen medizinischer Leistungen für den Patienten untersucht. Das Institut erforscht, was therapeutisch und diagnostisch möglich und sinnvoll ist, und informiert Ärzte und Patienten darüber.
Integrierte Versorgung	Form der sektorübergreifenden Versorgung nach SGB V. Kooperation von ambulantem und stationärem Sektor unter risikoadjustierter Ausgliederung von Teilbudgets, direkten Verträgen mit den Kostenträgern und Möglichkeit von Prämienermäßigungen.
Intention-to-treat-Analyse	Es werden alle Stichprobenobjekte in die Auswertung mit einbezogen, unabhängig davon, ob sich die Objekte an den Versuchsplan und -ablauf gehalten haben oder nicht.
ISO 14001	International Standardisation Organisation (ISO) 14001; 1996 veröffentlicht; definiert (in Verbindung mit EMAS von 1993) zum ersten mal begrifflich und inhaltlich den Bereich Umweltmanagement.
Joint Commission on Accreditation of Healthcare Organizations	JCAHO. Gemeinsame Kommission für die Akkreditierung von Organisationen des Gesundheitswesens in den USA.
Joint Commission International	JCI. Internationaler Ableger der JCAHO.
Kaplan Meier Methode	Methode zur Bestimmung der mittleren Lebensdauer.
Kausalität	Logischer Zusammenhang, basierend auf Ursache und Wirkung.
Kennzahlen	Festgelegte Größen, die im Vergleich mit dem Erreichten einen Hinweis auf den Zielerreichungsgrad geben.
Kohortenstudie	Beobachtung einer definierten Patienten- oder sozialen Gruppe (Kohorte) über einen bestimmten Zeitraum, um zu untersuchen, wie viele Personen gewisse Merkmale entwickeln.
Konformität	Erfüllung einer Anforderung; Zustand, der dadurch charakterisiert ist, dass Qualitätsmerkmale die Anforderungen erfüllen, was durch Prüfungen und Verifizierungen nachgewiesen wird.
Kontinuierliche Skala	Skala mit unendlich vielen Werten und beliebig fein abgestuften Zwischenwerten.
Kontinuierlicher Verbesserungsprozess	KVP; (engl. »continuous medical improvement«, CMI). Ständige, langfristige Verbesserung zum Besseren durch gelebtes Qualitätsmanagement.
Korrekturmaßnahmen	Maßnahme zur Beseitigung der Ursache eines erkannten Fehlers oder einer anderen erkannten unerwünschten Situation.
Korrelationsanalyse	Untersuchung des Zusammenhangs zweier gleichberechtigter Variablen.
Kooperation für Transparenz und Qualität im Gesundheitswesen	KTQ. Gegründet Mitte der 1990er Jahre, mit dem Ziel der kontinuierlichen Qualitätsverbesserung in Krankenhäusern. Das KTQ-Modell ist ein praxisbezogenes Verfahren zur Beurteilung der Qualität und der Sicherheit. Weitere Ziele sind die Erhöhung der Transparenz der Leistungsqualität, die Optimierung der medizinischen Leistung i.S des Patienten und die Motivation, neue Elemente der Qualitätssicherung zu implementieren.

Begriff	Definition
Kritischer Pfad	(Engl.: »cut set«). Kleinstmöglicher Satz von Funktionsblöcken oder Ereignissen, die für sich alleine genommen den Ausfall des Gesamtsystems herbeiführen können.
Kunde	Organisation oder Person, die ein Produkt oder eine Leistung empfängt.
Leitbild	Philosophie einer Organisation, die den Kurs und das Verhalten innerhalb der Organisation bestimmt. Das Leitbild bildet Mission, Vision und Verhaltensgrundsätze ab.
Leitlinien	Systematisch entwickelte, wissenschaftlich fundierte Entscheidungshilfen für die Patientenversorgung, die in der Regel von wissenschaftlichen Fachgesellschaften entwickelt und aktualisiert werden. Orientierungshilfen im Sinne von »Handlungs- und Entscheidungskorridoren«, von denen in begründeten Fällen abgewichen werden kann oder sogar muss.
Lieferant	Organisation oder Person, die ein Produkt bereitstellt.
Management Review	Mindestens jährlich durchzuführende Bewertung des QM-Systems hinsichtlich der Wirksamkeit aller ergriffenen Maßnahmen durch die QMB, wird der obersten Leitung vorgestellt. Hieraus werden die neuen Jahresziele abgeleitet. Die geforderten Inhalte sind in der ISO 9001:2008 abgelegt.
Medizinproduktegesetz	MPG. Deutsche Rechtsnorm, die drei EU-Richtlinien, die den Bereich der Medizinprodukte betreffen, in nationales Recht verbindlich umsetzt.
Merkmal	Kennzeichnende Eigenschaft, an der man den Unterschied merkt.
Metaanalyse	In der Medizin verbreitetes statistisches Verfahren, um die Resultate aus verschiedenen, aber vergleichbaren Studien zu vereinen.
Mindestmengen	Indikator, der die Anzahl der in einem Zeitraum erbrachten Leistungen beschreibt. In SGB V für die Zulassung zur Erbringung von Leistungen vorgeschrieben.
Mission	Die Aufgabe einer Organisation gegenüber den Kunden; sie wird in der Regel im Leitbild dargestellt.
Mitarbeiterorientierung	Grundhaltung einer Organisation, die den einzelnen Mitarbeiter als Träger wichtiger Fähigkeiten wertschätzt.
Moderator	Person, die die Leitung und ggf. Vorbereitung einer Veranstaltung mit mehreren Teilnehmern übernimmt – z. B. Moderator von Qualitätszirkeln oder Projektteams.
Monitor	Beobachter, der einen Soll-Ist-Vergleich durchführt, z. B. Studien-Monitor.
Nationale Versorgungsleitlinien	Ärztliche Entscheidungshilfen für die strukturierte medizinische Versorgung auf der Grundlage der besten verfügbaren Evidenz. Organisatorisch beim ÄZQ angesiedelt.
Nebenwirkungen	Unerwünschte Ereignisse, die bekanntermaßen während einer medizinischen Behandlung eintreten können.
Norm	Nach der DIN ein Dokument, das mit Konsens erstellt und von einer anerkannten Stelle angenommen wurde und das für die allgemeine und wiederkehrende Anwendung Regeln, Leitlinien und Merkmale für Tätigkeiten oder deren Ergebnisse festlegt, wobei ein optimaler Ordnungsgrad in einem gegebenen Zusammenhang angestrebt wird.

Begriff	Definition
Oberste Leitung	Die oberste Geschäftsführung, also diejenige Hierarchieebene, die innerhalb eines Unternehmens keine weitere Hierarchieebene mehr über sich hat.
Odds Ratio	Quotient der Chancenverhältnisse zweier Methoden $(OR = [q1/(1-q1)]/[q2/(1-q2)])$.
On-treatment-Analyse	Es werden nur diejenigen Stichprobenobjekte in die Auswertung mit einbezogen, die sich an den Versuchsplan und -ablauf gehalten haben.
Operationalisierung	Die Messbar-Machung eines nicht direkt messbaren Merkmals.
Organigramm	Strukturierte graphische Darstellung des Aufbaus einer Organisation oder einer Einheit, oft einschließlich der Darstellung der Verantwortlichkeiten bzw. Tätigkeiten der Mitarbeiter und deren hierarchischer Stellung.
Pareto-Prinzip	Auch 80/20 Regel genannt. 80% der Beiträge zu einem Gesamtergebnis werden von 20% der teilnehmenden Elemente erbracht. Die Bezeichnung Pareto-Prinzip bezieht sich auf den Ökonom Vilfredo Pareto, der herausgefunden hat, dass italienische Banken für 80% ihres Einkommens sich nur um 20% ihrer Kunden zu kümmern bräuchten.
Patientensicherheit	Produkt aller Maßnahmen in Klinik und Praxis, die darauf gerichtet sind, Patienten vor vermeidbaren Schäden in Zusammenhang mit der Heilbehandlung zu bewahren.
PDCA-Zyklus	Plan-Do-Check-Act-Zyklus, auch als Deming-Zyklus oder Qualitätskreislauf bezeichnet. Basis des Vorgehens im Qualitätsmanagement mit dem Ablauf von Planung, Handlung, Überprüfung und Nachbesserung.
Peer Review	Kritische und systematische Überprüfung durch Angehörige der gleichen Berufsgruppe, ggf. mit dem gleichen hierarchischen Status.
Präzision	Ausmaß der Übereinstimmung der Ergebnisse wiederholter Messungen unter vorgegebenen Versuchsbedingungen.
Produkt	Das Ergebnis von Tätigkeiten und Prozessen. Es gibt vier übergeordnete Produktkategorien: Dienstleistungen, Software, Hardware, verfahrenstechnische Produkte.
Projekt	Ein nach methodischen Regeln im Rahmen einer Projektorganisation ablaufender Problemlösungsprozess, mit festgelegtem Anfang und Ende. Das Ziel besteht darin spezifische Anforderungen zu erfüllen unter Berücksichtigung von Zeit, Kosten und Ressourcen.
Prozess	Satz von in Wechselbeziehungen oder Wechselwirkungen stehenden Tätigkeiten, der Eingaben in Ergebnisse umwandelt; entspricht einem Handlungsablauf bzw. einer standardisierten Abfolge von Tätigkeiten.
Prozessbeschreibung	Schriftliche, standardisierte Beschreibung eines Prozessablaufs, z. B. mittels einer Tabelle oder eines Flussdiagramms.
QM-Beauftragter	QMB. Beauftragter der obersten Leitung mit der festgelegten Befugnis und Verantwortung dafür, dass ein Qualitätsmanagementsystem festgelegt, verwirklicht und aufrechterhalten wird, alle QM-Maßnahmen konsequent umgesetzt werden und deren Wirksamkeit kontinuierlich überprüft und dargestellt wird. Je nach Organisationsgröße sind dies oft mehrere Personen.

Begriff	Definition
QM-Handbuch	QMH. Dokument, in dem das Qualitätsmanagementsystem einer Organisation festgelegt ist. Umfang und Art der Ausgestaltung können variieren.
QM-Koordinator	Von der Leitung benannte Person, die für die Koordination der Einführung und Weiterentwicklung des QM verantwortlich ist; meist weitgehend synonym mit QM-Beauftragtem verwendet.
QM-System	Die zur erfolgreichen Umsetzung von QM notwendigen Organisationsstrukturen, Abläufe und Ressourcen einschließlich des QM-Konzeptes.
Qualität	Grad, in dem ein Satz inhärenter Merkmale Anforderungen erfüllt. Nach DIN EN ISO 8402 die Gesamtheit von Merkmalen und Merkmalswerten einer Einheit bezüglich ihrer Eignung, festgelegte und vorausgesetzte Erfordernisse zu erfüllen.
Qualitätsauditor	Zur Durchführung von Qualitätsaudits qualifizierte Person.
Qualitätsbericht	Gesetzlich im § 137 SGB V vorgeschriebene Veröffentlichung mit Angaben zum Spektrum und Anzahl der Leistungen sowie dem Stand der Qualitätssicherung aller zugelassenen Krankenhäusern.
Qualitätsdarlegung	Dient der Darstellung qualitätsrelevanter Informationen nach innen (betriebliches Qualitätsberichtswesen, Selbstbewertung, Management Review) und nach außen (Qualitätsberichte, Zertifizierung, Qualitätspreise).
Qualitätsindikator	Quantitatives Maß zum Monitoring und zur Bewertung der Qualität wichtiger Leitungs-, Management-, klinischer und unterstützender Funktionen. Kein direktes Maß der Qualität, sondern Werkzeug zur Leistungsbewertung.
Qualitätslenkung	Arbeitstechniken und Tätigkeiten zum Zweck der Überwachung eines Prozesses und der Beseitigung von Ursachen nicht zufriedenstellender Ergebnisse in allen Phasen der Leistungserbringung.
Qualitätsmanagement	QM. Aufeinander abgestimmte Tätigkeiten zum Leiten und Lenken einer Organisation bezüglich Qualität, die üblicherweise das Festlegen der Qualitätspolitik und der Qualitätsziele, die Qualitätsplanung, die Qualitätslenkung, die Qualitätssicherung und die Qualitätsverbesserung umfassen.
Qualitätsmerkmal	Inhärentes Merkmal eines Produkts, Prozesses oder Systems, das sich auf eine Anforderung bezieht.
Qualitätspolitik	Übergeordnete Absichten und Ausrichtung einer Organisation zur Qualität, von der obersten Leitung formell ausgedrückt. Hieraus leiten sich die Qualitätsziele ab.
Qualitätsverbesserung	In der Organisation ergriffene Maßnahmen zur Erhöhung der Effektivität und Effizienz von Tätigkeiten und Prozessen, um zusätzlichen Nutzen sowohl für die Organisation als auch für die Kunden zu erzielen.
Qualitätsziele	Aus der Qualitätspolitik abgeleitete Ziele; diese sollten konkret formuliert werden und quantifizierbar sein. Für Qualitätsziele gilt die SMART-Regel.
Qualitätszirkel	Regelmäßige Treffen einer Gruppe von Teilnehmern mit dem Ziel die Qualität zu sichern und zu erhöhen.

Begriff	Definition
Qualität und Entwicklung in Praxen	QEP. Von der Kassenärztlichen Bundesvereinigung und den Kassenärztlichen Vereinigungen der Länder erarbeitetes modulares Konzept zur Implementierung von Qualitätsmanagement in Arztpraxen.
Quality Function Deployment	QFD, Merkmal-Funktions-Darstellung. Die QFD ist ein System aufeinander abgestimmter Planungs- und Kommunikationsprozesse mit dem Ziel, die Stimme des Kunden in die Qualitätsmerkmale der Prozesse oder Dienstleistungen zu übersetzen und einzuplanen, welche der Kunde erwartet bzw. benötigt und welche dem Wettbewerbsdruck standhalten.
RADAR-Matrix	Selbstbewertungsmethode bei EFQM; Akronym für Results, Approach, Deployment, Assessment, Review.
Referenzbereich	Intervall, innerhalb dessen die Ausprägung eines Qualitätsindikators als regelrecht definiert wird.
Reliabilität	Zuverlässigkeit. Gütekriterium, das die Messgenauigkeit eines Verfahrens angibt.
Revision	Prüfung definierter Ergebnisse, Prozesse oder Systeme durch unabhängige Personen innerhalb (interne Revision) oder außerhalb (externe Revision) einer Organisation.
Richtlinien	Von einer gesetzlich, berufs-, standes- oder satzungsrechtlich legitimierten Organisation bestimmte, veröffentlichte Regelungen, die verbindlich sind, und die bei Nichtbeachtung sanktioniert werden können.
Ringversuch	Externe Qualitätskontrollmethode im Laborbereich.
Risikomanagement	(Engl. »risk management«). Strukturiertes Konzept zum Erkennen von Schwachstellen innerhalb einer Organisation, die zu Schäden führen können oder schon geführt haben, mit dem Ziel, Risiken vorzubeugen bzw. sie zu vermeiden.
Rückverfolgbarkeit	Möglichkeit, den Werdegang, die Verwendung oder den Ort des Betrachteten zu verfolgen.
RUMBA-Regel	Regel zur Auswahl von Qualitätsindikatoren (Akronym) – auf Englisch sollen sie relevant, understandable, measurable, behavior oriented und achievable sein.
Selbstbewertung	Umfassende und systematische Bewertung der Tätigkeiten und Ergebnisse der Organisation, die auf das Qualitätsmanagementsystem oder ein Exzellenzmodell bezogen werden.
Serendipity	(Dt.: glücklicher Zufall). Schlussergebnisse aus Datenanalysen, die zufällig entstehen und nicht in Bezug auf ihre Validität interpretierbar sind.
SMART-Regel	Regel zur Beschreibung von Qualitätszielen (Akronym) – sie sollten auf Englisch Specific – Measurable – Achievable/Attractive – Relevant/Realistic – Timely sein; auf Deutsch wird dies meist mit spezifisch, messbar, angemessen/attraktiv/akzeptiert, relevant/realistisch und terminierbar ausgedrückt.
Standard	Eine normative Vorgabe qualitativer und/oder quantitativer Art bezüglich der Erfüllung vorausgesetzter oder festgelegter Qualitätsforderungen.

Begriff	Definition
Statistische Prozess-kontrolle	(Engl. »statistical process control«, SPC). Im Rahmen der SPC werden Produktions- und Fertigungsprozesse optimiert, wobei ein optimaler Weg zwischen verschiedenen Fehlervermeidungen gesucht wird, da nie alle Fehler auf einmal vermieden werden können.
Stratifizierung	Zerlegung der Grundgesamtheit in Teile, aus denen dann jeweils Teilstichproben gezogen werden, welche wiederum zusammen die Gesamtstichprobe ergeben.
Tracer-Methode	Qualitätsverfahren in der medizinischen Qualitätssicherung, bei denen von den Ergebnissen exemplarisch ausgewählter Krankheitsbilder auf andere erbrachte Leistungen geschlossen wird. Tracer müssen leicht diagnostizierbar und gut definierbar sein, hinlänglich bekannt sein und in einer hinreichenden Frequenz auftreten.
Trägergemeinschaft für Akkreditierung	TGA. Die TGA akkreditiert Zertifizierungsstellen für Managementsysteme und Zertifizierungsstellen für Personen nach den entsprechenden internationalen Normen und Regelwerken.
Validität	Gültigkeit. Grad der Genauigkeit, mit dem ein Testverfahren das misst, was es messen soll.
Verfahrensanweisungen	VA. Festlegung wichtiger Arbeitsschritte und Verantwortlichkeiten, die meist mehrere Personen bzw. Arbeitsbereiche betreffen; sie können durch Arbeitsanweisungen ergänzt werden.
Vision	Die langfristigen Ziele, die sich eine Organisation gesetzt hat. Die Vision wird in der Regel im Leitbild dargestellt.
Visitation	Bei einigen QM-Systemen synonym zum Begriff des Audits verwendet.
Vorbeugemaßnahmen	Maßnahme zur Beseitigung der Ursache eines möglichen Fehlers oder einer anderen möglichen unerwünschten Situation.
Vorschlagswesen	Konzept, Mitarbeiter stärker in die Entwicklung ihres Arbeitsplatzes einzubinden mit dem Ziel der Verbesserung der Organisation; dies kann ggf. mit Prämien für umgesetzte Vorschläge verknüpft werden.
Wirksamkeit	Wahrscheinlichkeit eines erwünschten Ereignisses als Folge einer medizinischen Behandlung; Ausmaß, in dem geplante Tätigkeiten verwirklicht und geplante Ergebnisse erreicht werden.
Zertifizierung	Verfahren, nach dem eine dritte Stelle schriftlich bestätigt, dass ein Produkt, ein Prozess oder eine Dienstleistung mit den festgelegten Anforderungen konform ist.

B   Internetadressen

QM-Systeme	
http://www.din.de	Deutsches Institut für Normung e.V.
http://www.iso.org/iso/en/ISOOnline.openerpage	Selbstbewertung und Zertifizierung
http://www.deutsche-efqm.de	Deutsches EFQM-Center
http://www.efqm.org	European Foundation for Quality Management
http://www.jcaho.org/news/nb333.html	Joint Commission International; Reha und Akutbereich
http://www.vdr.de	Peer Review, Manual mit Prozessmerkmalen und Checklisten; Rehabilitation, Psychosomatik und Somatik
http://www.ktq.de	Kooperation für Transparenz und Qualität im Gesundheitswesen
http://www.degemed.de/	Deutsche Gesellschaft für Medizinische Rehabilitation e. V. (DEGEMED) – ein Spitzenverband der medizinischen Rehabilitation in Deutschland
http://www.dequs.de/	Deutsche Gesellschaft für Qualitätsmanagement in der Suchttherapie (deQus) e.V.
http://www.procum-cert.de/	Procum-Cert Konfessionelles QM- und Zertifizierungsmodell
http://www.diakonie.de/de/html/1.html	Diakoniesiegel, Heime, Orientierung an der ISO 9001
http://www.bdpk.de	IQMP-Reha, Zertifizierung (EFQM-basiert)
http://www.gsb.de	Motivationshilfe und Umsetzungsstrategien auf dem Weg zum KTQ
http://www.deming.de/	Homepage der Deutschen EFQM – QM, TQM, ISO 9000
http://www.iqmp.de/qualitaetsmanagement.php/cat/17/title/IQMP-Reha	Qualitätsmanagement in der Rehabilitation. Programm basierend auf Selbstbewertung der Einrichtung – interne Qualitätsentwicklung
http://www.onkozert.de/	OnkoZert. Unabhängiges Institut, das im Auftrag der Deutschen Krebsgesellschaft das Zertifizierungssystem zur Überprüfung von Organkrebszentren und Onkologischen Zentren gemäß den entsprechenden Fachlichen Anforderungen betreut.
http://www.tumorzentrum-muenchen.de	Als gemeinsame Einrichtung an den Medizinischen Fakultäten der beiden Münchner Universitäten besteht das Tumorzentrum München (TZM). Im TZM sind derzeit 16 Projektgruppen mit 1.500 Mitgliedern aktiv. Das TZM hat eine eigene Zertifizierungsstelle für onkologische Zentren.
http://www.emas.de/unterrubrik-8.html	EMAS - Gemeinschaftssystem für das freiwillige Umweltmanagement und die Umweltbetriebsprüfung (Eco-Management and Audit Scheme, EMAS). Von der Europäischen Gemeinschaft 1993 entwickeltes Instrument für Unternehmen, die ihre Umweltleistung verbessern wollen

http://www.din.de/cmd;jsession d=498F2A7EF272455D1296B706 A78BBDBF.2?workflowname=din Search&languageid=de	ISO 14001:2004 Standards und Zertifizierung für Umweltmanagementsysteme in Kliniken und medizinischen Einrichtungen

Beratung und Information

http://www.quality.de/	Internetlexikon über die Organisationen und Aktivitäten, die sich in Deutschland, Österreich und der Schweiz mit dem Thema Qualität, DIN/ISO EN 9000 ff., Total Quality Management (TQM) oder Umweltmanagement befassen
http://www.qm-world.de	Registrierungsstelle für zertifizierte Unternehmen

Zertifizierungsmodelle für Praxen

http://www.kvwl.de/arzt/ q_sicherung/qm/index.htm	KPQM 2006, das Praxisqualitätsmanagementsystem der KVWL (Kassenärztliche Vereinigung Westfalen/Lippe)
http://www.krno.de/mitglieder/ qualitaet/qualmanage/	Mit qu.no bietet die Kassenärztliche Vereinigung (KV) Nordrhein ein Qualitätsmanagement-System (QM-System) an, das auf die Bedürfnisse niedergelassener Ärzte und Psychotherapeuten zugeschnitten ist.
http://www.kbv.de/ QEP-Newsletter.htm	Die KBV hat zusammen mit den Kassenärztlichen Vereinigungen das Qualitätsmanagement (QM)-Verfahren QEP – Qualität und Entwicklung in Praxen® – entwickelt

Qualitätspreise

http://www.quality.nist.gov	Malcolm Baldridge National Quality Award Office
http://www.ludwig-erhard- stiftung.de/preis.htm	Ludwig-Erhard-Preis (LEP)
http://www.bayerischer- qualitaetspreis.de/index.shtml	Bayerischer Qualitätspreis

IT-Technologie

http://www.gmds.de	Gesellschaft für Medizinische Informatik, Biometrie und Epidemiologie
http://www.gsf.de/imei/ biohealth/	eHealth-Standards für Sicherheit und Identitätsmanagement einschließlich Biometrie

Medizin allgemein

http://www.aerzte-seite.de	Dateien und Links zu internationalen Ärzteseiten, Diskussionsforen
http://www.healthgate.com	Datenbank Medline
http://www.eucomed.be	European confederation of Medical Devices
http://www.gsf.de	Forschungszentrum für Umwelt und Gesundheit

http://www.forumgesundheits-politik.de/index.htm	Forum Gesundheitspolitik
http://www.g-ba.de	Gemeinsamer Bundesausschuss
http://www.gesundheitspilot.de	Informationsdienst
http://www.med.uni-giessen.de/hygiene/	International Society of Environmental Medicine
http://www.HealthAtoZ.com	Internationale medizinische Suchmaschine
http://www.hpm.org/de/index.html	Internationalen Netzwerks Gesundheitspolitik
http://www.klinikheute.de	Internetportal für das gesamte Krankenhaus
http://www.kkc.net	KKC Krankenhaus-Kommunikations-Centrum
http://www.pei.de	Paul-Ehrlich-Institut
http://www.rki.de	Robert-Koch-Institut
http://www.medscape.com	Umfangreiches med. Informationsangebot für Profis im Gesundheitswesen
http://www.who.ch	World Health Organisation
http://www.medonline.de	Tagesaktuelle Meldungen, Hintergrundberichte, Selbsthilfegruppen
http://www.medinfoweb.de/quality.htm	Qualitätsmanagement im Krankenhaus
http://www.aezq.de	Ärztliche Zentrum für Qualität in der Medizin
http://www.cochrane.de/deutsch/ccbackg.htm	Deutsches Cochrane Zentrum, Verfassen, Aktualisieren und Verbreiten systematischer Übersichtsarbeiten in der Medizin
Strahlenschutz	
http://www3.bdn-online.de	Berufsverband Deutscher Nuklearmediziner
http://www.bfs.de	Bundesamt für Strahlenschutz
http://www.fs-ev.de	Deutsch-Schweizerischer Fachverband für Strahlenschutz e.V.
http://www.nuklearmedizin.de	Deutsche Gesellschaft für Nuklearmedizin
http://www.mh-hannover.de/epi.html	Epidemiologie, Sozialmedizin und Gesundheitssystemforschung
http://www.ifk-braunschweig.de	Institut für das Krankenhauswesen, Braunschweig
http://www.icru.org	International Commission on Radiation Units and Measurements
http://www.icrp.org	Internationale Strahlenschutzkommission
http://www.ssk.de	Strahlenschutzkommission

http://www.cocir.org	Comité de Coordination des Industries Radiologiques et Electromédicales

Behörden/Verbände/Gesellschaften/Institute

http://www.baq-bayern.de/	Bayerische Arbeitsgemeinschaft für Qualitätssicherung in der stationären Versorgung
http://www.bgw-online.de	Berufsgenossenschaft für Gesundheitsdienst und Wohlfahrtspflege
http://www.bsi.de	Bundesamt für Sicherheit in der Informationstechnik
http://www.baua.de	Bundesanstalt für Arbeitsschutz und Arbeitsmedizin
http://www.bfarm.de	Bundesinstitut für Arzneimittel und Medizinprodukte
http://www.bmg.bund.de	Bundesministerium für Gesundheit
http://www.bvmed.de	Bundesverband Medizintechnologie
http://www.bdi-online.de	Bundesverband der Deutschen Industrie
http://www.bam.de	Deutscher Akkreditierungsrat c/o Bundesanstalt für Materialforschung und -prüfung (BAM)
http://www.bqs-online.de/	Bundesgeschäftsstelle Qualitätssicherung
http://www.edma-ivd.be	European Diagnostic Manufactures Association
http://europa.eu.int	Europäische Union
http://www.g-ba.de	Gemeinsamer Bundesausschuss der Ärzte und Krankenkassen
http://www.hvbg.de	Hauptverband der gewerblichen Berufsgenossenschaften
http://www.iqwig.de	IQWIG – Institut für Qualität und Wirtschaftlichkeit im Gesundheitswesen
http://www.iso.ch	International Organization for Standardization, Genf
http://www.medicdat.de	Leitprojekt des BMBF
http://www.quality.nist.gov	National Institute for Standards and Technology (Malcolm Baldridge Award)
http://www.nih.gov	National Institute of Health (amerik.)
http://www.ptb.de	Physikalisch Technische Bundesanstalt
http://www.zlg.de	Zentralstelle der Länder für Gesundheitsschutz bei Arzneimitteln und Medizinprodukten
http://www.dnqp.de/	Deutsches Netzwerk für Qualitätsentwicklung in der Pflege (DNQP)
http://www.bqs-online.de/	BQS Bundesgeschäftsstelle Qualitätssicherung gGmbH

http://www.baq-bayern.de/	Bayerische Arbeitsgemeinschaft für Qualitätssicherung
http://www.gqmg.de	Gesellschaft für QM in der Gesundheitsversorgung; die Fachgesellschaft der QM-Koordinatoren in Deutschland
http://www.dgq.de	Deutsche Gesellschaft für Qualität e.V.
http://www.grb.de/	Gesellschaft für Risikoberatung mbH, Spezialist für klinisches Risiko-Management, Risikoberatung in Hochsicherheitsbereichen, Reorganisation, Zwischenfallanalyse
http://www.dar.bam.de	DAR (Deutscher Akkreditierungsrat)c/o Bundesanstalt für Materialforschung und -prüfung (BAM)
http://www.dgq.de	Deutsche Gesellschaft für Qualität e.V. (DGQ)
http://www.hdt-essen.de	Haus der Technik e.V.
http://www.refa.de	REFA-Verband für Arbeitsgestaltung Betriebsorganisation und Unternehmensentwicklung e.V.
http://www.tae.de	Technische Akademie Esslingen Weiterbildungszentrum
http://www.taw.de	Technische Akademie Wuppertal
http://www.qm-trends.de	Qualitätsmanagement – © Symposion Publishing Januar '99
http://www.tqu.de	Steinbeis-Transferzentrum Qualität und Umwelt
http://www.vdi.de	Verein Deutscher Ingenieure
http://www.tuevs.de	TÜV Bayern Hessen Sachsen Südwest e.V.(TÜV Süddeutschland)

Qualitätsmanagement

http://www.asq.org	American Society for Quality
http://www.uni-duesseldorf.de/www/awmf	Arbeitsgemeinschaft der Wissenschaftlichen Medizinischen Fachgesellschaften
http://www.arzt-auskunft.de	Arzt-Such-Service der gemeinnützigen Stiftung Gesundheit
http://www.asklepios-qm.de	Asklepios-Kliniken, QM und Benchmarking
http://www.dar.bam.de	Deutscher Akkreditierungsrat
http://www.eoq.org	European Organization for Quality
http://www.hkg-online.de	Hessische Krankenhaus-Gesellschaft
http://www.iqwig.de	Institut für Qualität und Wirtschaftlichkeit im Gesundheitswesen
http://www.mba-tuttlingen.de	International Business School, Medical Devices & Healthcare Management
http://www.hpm.org/de/index.html	Internationales Netzwerk zur Gesundheitspolitik

http://www.pvs-pq.de/forum.php	PVS PQ Fachforum
http://www.qmk-online.de	Qualitäts-Modellkrankenhaus
http://www.tga-gmbh.de	Trägergemeinschaft für Akkreditierung GmbH
http://www.managementsys-tems.com	TÜV Management Systems GmbH
http://www.qm-aktuell.de	a) Aktuelles mit TOP-News zu QM auf der Seite des TÜV-Verlages; b) Standardwerke, z. B. QM im Gesundheitswesen

Fehlermanagement

http://www.meldeportal.ch	Beispiel für ein Meldeformular für das CIRS. Informationen zum St. Galler CIRS-Konzept
http://www.patientensicherheit.ch	Betrieben von der Schweizer Stiftung für Patientensicherheit. Informationen zur Patientensicherheit und zu Critical Incidents. Es werden e-mail Alerts herausgesendet, wenn es wichtige neue Erkenntnisse in CORS bzw. Fehlermanagement gibt.
http://www.forum-patientensi-cherheit.de	Forum Patientensicherheit der Bundesärztekammer und der Kassenärztlichen Bundesvereinigung
http://www.jeder-fehler-zaehlt.de	Fehlermeldeportal für Hausärzte in Deutschland mit online Datenbank der gemeldeten, anonymen Fehler
http://www.cirsmedical.ch	CIRS-Seite der Schweiz mit Möglichkeit zur anonymen Fehlermeldung
http://www.cirsmedical.de	Deutsche CIRS-Seite mit Möglichkeit zur anonymen Fehlermeldung, betrieben vom ÄZQ. Online-Datenbank der gemeldeten Fehler
http://www.pasos-ains.de	Patienten-Sicherheits-Optimierungs-System der Deutschen Gesellschaft für Anästhesie und Intensivmedizin
http://www.kritische-ereignisse.de	Online Berichts- und Lernsystem für die Altenpflege

Allgemein

http://www.auma.de	Ausstellungs- und Messe-Informationspartner
http://www.iges.de	IGES Institut für Gesundheits- und Sozialforschung GmbH

Medizintechnik/Fachverbände

http://www.akm-aachen.de	Aachener Kompetenzzentrum Medizintechnik
http://www.ambb.de	Arbeitskreis Medizintechnik Berlin Brandenburg
http://www.amd-gmbh.de	Arbeitsmedizinische Dienste GmbH
http://www.dgbmt.de	Deutsche Gesellschaft für Biomedizinische Technik
http://www.dgmp.de	Deutsche Gesellschaft für Medizinische Physik

http://www.degum.de	Deutsche Gesellschaft für Ultraschall in der Medizin e.V.
http://www.dega-akustik.de	Deutsche Gesellschaft für Akustik e.V.
http://www.dimdi.de	Deutsches Institut für Medizinische Dokumentation und Information/ Virtual Museum of Anestesiology
http://www.spectaris.de	Deutscher Industrieverband für optische, medizinische und mechatronische Technologien
http://www.fbmt.de	Fachverband Biomedizinische Technik
http://www.fkt.de	Fachvereinigung Krankenhaustechnik
http://www.ophthalmoinnova-tion.de	Forschung und Service für die Augenheilkunde, Thüringen
http://www.ffm-luebeck.com	Forum für Medizintechnik e.V.
http://www.fide-online.org	Fédération de l´Industrie Dentaire en Europe
http://www.teltra.de	Gesellschaft für telematische Traumatologie mbH
http://www.hdt-essen.de	Haus der Technik, Essen
http://www.hoerzentrumolden-burg.de	Hörzentrum Oldenburg
http://www.iec.ch	International Electrotechnical Commission
http://www.lifetecruhr.de/php/ ueber_uns. php?lang=de&sub=bmt-r	Kompetenz in Biomedizintechnik
http://www.kmr-bochum.de/	Kompetenzzentrum Medizintechnik Ruhr Bochum
http://www.mittev.org/	Kompetenzzentrum Minimal Invasive Medizin & Technik, Tübingen – Tuttlingen
http://www.motiv-medtech.de/	Kompetenzzentrum für Miniaturisierte Monitoring- und Interventionssysteme
http://www.spectaris.de/english	Medical Technology Fédération Européenne de l'Industrie l'Optique et la Mécanique de Précision
http://www.metnet.de	Medizintechnik Netzwerk NRW
http://www.medizintechnikpor-tal.de	Medizintechnikportal
http://www.tuv.com	TÜV Rheinland
http://www.tuv.com/de/koeln/ standort_tuev_rheinland_pro-duct_safety_540_ueberblick.html	TÜV Rheinland Product Safety
http://www.tuev.com/de/ bildung_und_consulting.html	TÜV Rheinland Akademie GmbH

http://www.tuev-media.de	TÜV Media GmbH
http://www.ruhr-uni-bochum. de/uzmt/	Universitätszentrum Medizintechnik
http://www.vddi.de	Verband der Deutschen Dental-Industrie e.V.
http://www.vdgh.de	Verband der diagnostischen Industrie
http://www.vdi.de	Verein deutscher Ingenieure
http://www.vdi.de/fgmt	Verein deutscher Ingenieure, Fachgebiet Medizintechnik
http://www.wgkt.de	Wissenschaftliche Gesellschaft für Krankenhaustechnik gem.e.V.
http://www.mt-medizintechnik. de	Zeitschrift für Medizintechnik
http://www.zvei.org	Zentralverband Elektrotechnik- und Elektronikindustrie
http://www.medica.de	medica Düsseldorf, Messe für Medizintechnik

C   Weiterführende Literatur

Amon U, Weidringer JW (2005) Implementation and development of quality management in hospitals and private practice – present state of the art. J Dtsch Dermatol Ges 3(6):473–476

Angell M, Kassirer JP (1996) Quality and the medical marketplace – Following elephants. N Engl J Med 335:883–885

Arbeitsgemeinschaft der Medizinischen Wissenschaftlichen Fachgesellschaften, Ärztliche Zentralstelle Qualitätssicherung (2001) Das Leitlinien Manual von AWMF und ÄZQ. Z Arztl Fortbild Qualitätssich (ZaeFQ) 95(Suppl 1):1–84

Ärztliche Zentralstelle Qualitätssicherung (1999) Leitlinien-In-Fo – Das Leitlinien- Informations- und Fortbildungsprogramm. ÄZQ-Schriftenreihe, Bd 1. Zuckschwerdt, München. Aktuelle Version unter http://www.leitlinien.de

Ärztliches Zentrum für Qualität in der Medizin (Hrsg) (2004) Kompendium Q-M-A. Qualitätsmanagement in der ambulanten Versorgung, Deutscher Ärzte-Verlag, Köln

Bahrs O, Gerlach FM, Szecsenyi J, Andres E (Hrsg) (1999) Ärztliche Qualitätszirkel – Leitfaden für Klinik und Praxis, 4. Aufl. Deutscher Ärzte-Verlag, Köln

Baker GR et al (2004) The Canadian Adverse Events Study: the incidence of adverse events among hospital patients in Canada. CMAJ 170(11):1678–1686

Barach P, Small SD (2000) Reporting and preventing medical mishaps: Lessons from non-medical near miss reporting systems. Br Med J 320:759–763

Beske F, Hallauer JF (1999) Das Gesundheitswesen in Deutschland. Deutscher Ärzte-Verlag, Köln

Blendon RJ, Desroches CM, Brodie M et al (2202) Views of practicing physicians and the public on medical errors. N Engl J Med 347:1933–1940

Blumenthal D, Epstein AM (1996) The role of physicians in the future of quality management. N Engl J Med 335:1328–1331

Blumenthal D (1996) Quality of care – What is it? N Engl J Med 335:891–894

Blumenthal D (1996) The origins of the quality-of-care debate. N Engl J Med 335:1146–1149

Brennan TA et al (1991) Incidence of adverse events and negligence in hospitalized patients. Results of the Harvard Medical Practice Study I. N Engl J Med 324(6):370–376

Breyer F, Zweifel P (1997) Gesundheitsökonomie, 2. Aufl. Springer, Berlin Heidelberg New York

Brook RH, McGlynn EA, Cleary PD (1996) Quality of health care (Part 2): Measuring quality of care. N Engl J Med 335:966–969

Bundesärztekammer, Kassenärztliche Bundesvereinigung (Hrsg) (1997) Beurteilungskriterien für Leitlinien in der medizinischen Versorgung. Dtsch Ärztebl 94:A2154–55

Bundesärztekammer, Kassenärztliche Bundesvereinigung, Arbeitsgemeinschaft der Wissenschaftlichen Medizinischen Fachgesellschaften (Hrsg) (1996) Curriculum Qualitätssicherung/Ärztliches Qualitätsmanagement. Eigenverlag der BÄK, Köln

Bundesärztekammer, Kassenärztliche Bundesvereinigung (1999) Das Leitlinien-Clearingverfahren. Dtsch Ärztebl 96:A2105–06

Callahan D (1996) Controlling the costs of health care for the elderly – fair means and foul. N Engl J Med 335:744–746

Chassin MR (1996) Improving the quality of care. N Engl J Med 335:1060–1063

Conrad H-J, Schrappe M (2004) Qualitätsdarlegung und Qualitätsmanagement im Krankenhaus als Teil der betrieblichen Steuerung. Das Krankenhaus 96:24–27

Conrad H-J (2001) Die Balanced-Scorecard als modernes Managementinstrument im Krankenhaus. Baumann, Kulmbach

Dean B, Schachter M, Vincent C, Barber N (2002) Causes of prescribing errors in hospital inpatients: a prospective study. Lancet 359:1373–1378

Deming WE (1991) Out of the crisis. Quality, productivity, and competitive position. Cambridge University Press, Cambridge

Donabedian A (1980, 1982, 1985) Explorations in quality assessment and monitoring, vols I–III. Health Administration Press, Ann Arbor

Eckardt J, Sens B (2006) Praxishandbuch Integrierte Behandlungspfade – Intersektorale und sektorale Prozesse professioneller gestalten. Economica, Heidelberg

Eichhorn S (Hrsg) (1997) Integratives Qualitätsmanagement im Krankenhaus. Konzeption und Methoden eines qualitäts- und kostenintegrierten Krankenhausmanagements. Kohlhammer, Stuttgart

Gerlach FM (2001) Qualitätsförderung in Praxis und Klinik. Thieme, Stuttgart

Grol R, Grimshaw J (2003) From best evidence to best practice: Effective implementation of change in patients' care. Lancet 362:1225–1230

Heimerl-Wagner P, Köck C (Hrsg) (1996) Management in Gesundheitsorganisationen. Ueberreuter Wirtschaftsverlag, Wien

Holzer E, Thomeczek C, Hauke E, Conen D, Hochreutener MA (2005) Patientensicherheit. Leitfaden für den Umgang mit Risiken im Gesundheitswesen. Facultas, Wien

Hurwitz B (1999) Legal and political considerations of clinical practice guidelines. Br Med J 318:661–664

Imai M (1986) Kaizen – The key to Japan's competitive success. McGraw Hill, New York

Institute of Medicine (2000) To err is human: Building a safer health system. National Press, Washington, DC

Ishikawa K (1985) What is total quality control? The Japanese way. Prentice-Hall, Englewood Cliffs

Jaster H-J (1997) Qualitätssicherung im Gesundheitswesen. Thieme, Stuttgart

Jencks SF, Huff ED, Cuerdon T (2003) Change in the quality of care delivered to medicare beneficiaries, 1998–1999 to 2000–2001. JAMA 289:305–312

Kamiske GF, Brauer J P (2006) Qualitätsmanagement von A bis Z, 5. Aufl. Hanser, München

Kopp IB, Geraedts M, Jäckel WH, Altenhofen L, Thomeczek C, Ollenschläger G (2007) The German program for disease management guidelines: evaluation by use of quality indicators. Med Klin (Munich) 102(8):678–682

Lauterbach K, Schrappe M (Hrsg) (2004) Gesundheitsökonomie und Qualitätsmanagement – ein systematisches Lehrbuch, 2. Aufl. Schattauer, Stuttgart

Leape LL et al (1991) The nature of adverse events in hospitalized patients. Results of the Harvard Medical Practice Study II. N Engl J Med 324(6):377–384

Localio AR et al (1991) Relation between malpractice claims and adverse events due to negligence. Results of the Harvard Medical Practice Study III. N Engl J Med 325(4):245–251

Marshall MN, Shekelle PG, Leatherman S, Brook RH (2000) The public release of performance data – What do we expect to gain? A review of the evidence. JAMA 283:1866–1874

Nagorny HO, Plocek M et al (1997) Praxishandbuch Qualitätsmanagement im Krankenhaus. Baumann, Kulmbach

Paschen U, Bastek A (2000) Do we need a special language in quality management? Z Arztl Fortbild Qualitatssich 94(9):733–739

Pronovost PJ, Nolan T, Zeger S, Miller M, Rubin H (2004) How can clinicians measure safety and quality in acute care? Lancet 363:1061–1067

Reason J (2000) Human error: models and management. Br Med J 320(7237):768–70

Roland M (2004) Linking physicians' pay to the quality of care – A major experiment in the United Kingdom. N Engl J Med 251:1448–1454

Romano PS, Geppert JJ, Davies S, Miller MR, Elixhauser A, McDonald KM (2003) A national profile of patient safety in U.S. hospitals. A low-cost, universally available administrative data set allows tracking of patient safety indicators in hospitals across the country. Health Affairs 22:154–166

Rose N, Germann D (2005) Resultate eines krankenhausweiten Critical Incident Reporting Systems (CIRS). Gesundh Ökon Qual Manag 10:83–89

Scheibe O (1996) Qualitätsmanagement in der Medizin. ecomed, Landsberg/Lech

Schneeweiss S, Wang PS, Avorn J, Glynn RJ (2003) Improved comorbidity adjustment for predicting mortality in Medicare populations. Health Serv Res 38(4):1103–1120

Schneeweiss S, Sangha O (2001) Leistungsvergleiche in der Medizin. Bedarf, Anforderungen und Wege zur Akzeptanz. Dtsch Med Wochenschr 126:918–924

Schrappe M (2001) Das Indikatorenkonzept: zentrales Element des Qualitätsmanagements. Med Klinik 96:642–647

Schrappe M (2005) Patientensicherheit und Risikomanagement. Med Klinik 100:478–485

Selbmann HK (2007) High quality and restricted resources – a contradiction in terms? Z Arztl Fortbild Qualitatssich101(6):391–396

Selbmann HK (Hrsg) (1995) Evaluation qualitätssichernder Maßnahmen in der Medizin. Bleicher, Gerlingen

Sens B, Fischer B (Hrsg) (2007) Qualitätsmanagement in der Medizin: Begriffe und Konzepte des Qualitätsmanagements, 3. Aufl.

Shewhart WA (1931) Economic control of quality of manufactured product. Van Nostrand, New York

Studdert DM, Mello MM, Brennan TA (2004) Medical malpractice. N Engl J Med 350:283–292

Thomeczek C, Birkner B, Everz D et al (2003) The German quality management system for outpatient care (Q-M-A) Checklist – an instrument for assessing quality management systems in outpatient care. Gesundheitswesen 65(10):585–592

Thomeczek C, Bock W, Conen D (2004) Das Glossar Patientensicherheit – ein Beitrag zur Definitionsbestimmung und zum Verständnis der Thematik »Patientensicherheit« und »Fehler in der Medizin«. Gesundheitswesen 66:833–840

Vincent C et al (2001) Adverse events in British hospitals: preliminary retrospective record review. Br Med J 322(7285):517–519

Vincent C (2003) Understanding und responding to adverse events. N Engl J Med 348:1051–1056

Von Laue N, Schwappach DLB, Koeck CM (2003) The epidemiology of medical errors: A review of the literature. Wien Klin Wochenschr 115:318–325

Von Laue N, Schwappach DLB, Koeck CM (2003) The epidemiology of preventable adverse drug events: a review of the literature. Wien Klin Wochenschr 115:407–415

Weidringer JW, Thaler CJ (2000) Certification in health services – insignificant or significant? Z Arztl Fortbild Qualitatssich 94(8):633

Wilson RM et al (1995) The quality in Australian health care study. Med J Aust 163(9):458–471

Zhan C, Miller M (2003) Excess length of stay, charges, and mortality attributable to medical injuries during hospitalization. JAMA 290:1868–1874

Zollonz H-D (2006) Grundlagen Qualitätsmanagement: Einführung in Geschichte, Begriffe, Systeme und Konzepte. Oldenburg

Sachverzeichnis

A

Audits 160–165

B

Balanced Scorecard 79–80
Befragungen 165–167
Benchmarking 140
Berater, extern 172
Beschwerdemanagement 156–157
Best Practice Sharing 144–145
BQS-Verfahren s. Qualitätssiche-
  rung, externe vergleichende
Brainstorming 138

C

Crosby, P. B. 8
Critical Incident Reporting
  System (CIRS) 152–154

D

DEGEMED 49–51
Deming, W. E. 4
Deming-Preis 40
Deming-Zyklus 6
deQus 51–52
Deutsche Institut für Normung e.V.
  (DIN) 30
Dokumentenlenkung 98–100, 112
Dokumentensturz 112

E

EFQM
– Befähigerkriterien 41–43
– Ergebniskriterien 41–43
– Excellence Award (EEA) 41
– Grundkonzepte 41
– RADAR-Bewertungsmatrix 43
EFQM-Modell 40
Europäische Praxis-Assessment
  (EPA) 52–53
European Quality Award (EQA) 41

F

Failure Mode and Effects Analysis
  (FMEA) 72–74
Fehlermanagement 150–152
Fehlermeldesystem 149–154
Fischgrätendiagramm (s. auch
  Ishikawa-Diagramm) 139
Ford, H. 4
Fortschrittskontrolle 121
Führungsprozesse 94
Führungsverantwortung der
  obersten Leitung 85–87

G

good manufacturing practice
  (GMP) 63–64
Gantt-Charts 141
Gemeinsamer
Bundesausschuss (G-BA) 20
gesetzliche Anforderungen
  130–136
good clinical practice (GCP) 60–62
good laboratory practice
  (GLP) 62–63

H

Handbuch 115–117
House of Quality 75

I

Institut für Qualität und
  Wirtschaftlichkeit im
  Gesundheitswesen (IQWiG) 20
integriertes
Managementsystem 46–47
interessierte Parteien 84
Ishikawa, K. 6
Ishikawa-Diagramm 6, 139
ISO 13485:2003 59
ISO 14971:2007 60
ISO 15189:2003 60
ISO 17025:2000 60
ISO 9000-Normenfamilie 30
ISO 9001:2008 31–34
– Grundsätze 32
– Hauptkategorien 31
– Management Review 31
– Muss-Prozesse 98
– Zertifizierung 33

J

Joint Commission International
  (JCI) 34
Joint Commission on Accreditation
  of Health Care Organizations
  (JCAHO) 34
Just-in-Time (JiT) Konzept 7

K

»Kaizen« 45
Kamiske, G.F. 9
Kanban-Karten 7
Kano, N. 9
Kernprozesse 95–96
Kick-Off-Veranstaltung 122
Kooperation für Transparenz und
   Qualität im Gesundheitswesen
   s. KTQ
KPQM 54–55
Kraftfeldanalyse 126–127
Krankenhäuser, nach § 108
   zugelassene 19
KTQ (Kooperation für
   Transparenz und Qualität
   im Gesundheitswesen) 35
– Katalog 37
– Visitationen 37
Kunde 84

L

lean production 8
Lieferanten 84

M

Malcolm Baldridge National
   Quality Award 40
Malorny, C. 9
Managementpläne 116–119
Management Review 87
Masing, W. 9
Maßnahmenpläne 117–120
Medizinproduktegesetz (MPG) 136
Mindmapping 138
Moderationstechniken 138–142
Morphologischer Kasten 140

N

Null-Fehler-Theorie 8

O

Ohno, T. 7
OnkoZert 58
ÖNORM (Österreichisches
   Normeninstitut) 30

P

Patientensicherheit 148–149
PDCA-Zyklus 7
Personalentwicklung 87–89
Personalführung 87–89
Portfolio-Matrix 141
Präaudit 175
proCum Cert 39
Prozessbenchmarking 110
Prozessbeschreibungen 101–106
– Flussdiagramme 103
– Symbole 106
– Verantwortungsmatrix zu 102
Prozessentwicklung 89–91
Prozesskennzahlen 105
Prozessmanagement 106–110
– Prozesskoordinator 108
– Prozessteams 108
– Steuerungsteam 108
Prozessmodell 94

Q

QEP (Qualität und Entwicklung in
   Praxen) 53–54
qu.no 55–56

Qualitätsbegriff 2
Qualitätsmanagement,
   Verpflichtung zum 19
Qualitätsmodell
   Krankenhaus 47–49
Qualitätsnetzwerke 146
Qualitätssicherung, externe
   vergleichende 26–28
Qualitätszirkel 145
Quality Function Deployment
   (QFD) 74–77

R

RADAR-Matrix 43
Reaktionskette nach Deming 5
Rezertifizierung 176–177
Risikomanagement 154–156

S

Schulungskonzept 123–124
Schweizerische Normen-
   Vereinigung (SN) 30
Shewhart, W. A. 4
Six Sigma 80–82
– 7 × 7 Toolbox 81–82
– DMAIC-Methode 81
SMART-Regel 117
Stakeholderanalyse 124–127
Statistical Process Control
   (SPC) 77–79
Strukturierter
   Qualitätsbericht 22–25

T

Taylor, F. W. 3
Teamentwicklung 88
TQM (Total Quality Management)
   44–46

U

unterstützende Prozesse 96

W

Wertschöpfungsanalyse 96–97
Widerstände, Umgang mit
    127–130

Z

Zertifizierung 170
Zertifizierungsgesellschaften 176

Printing: Krips bv, Meppel, The Netherlands
Binding: Stürtz, Würzburg, Germany